企业内部控制流程手册

（第 3 版）

许国才　徐　健　编著

人 民 邮 电 出 版 社

北　京

图书在版编目（ＣＩＰ）数据

企业内部控制流程手册 / 许国才，徐健编著. -- 3
版. -- 北京：人民邮电出版社，2017.8（2024.2重印）
ISBN 978-7-115-46391-3

Ⅰ. ①企… Ⅱ. ①许… ②徐… Ⅲ. ①企业管理—手
册 Ⅳ. ①F272-62

中国版本图书馆CIP数据核字(2017)第167579号

内 容 提 要

内部控制是企业管理工作的基础，是企业持续健康快速发展的重要保证。构建内控精细化管理制度并不是一件简单的事情，而是一项内容繁多、程序复杂的系统工程。

《企业内部控制流程手册（第3版）》采用"管理流程＋业务流程＋核心流程＋支持流程"的内容设计模式，提供了100多个企业内部控制流程的设计模板，将内部控制风险防范、职责权限划分、任务事项分配等内容全部融入到流程的描述中，能够帮助企业实现不同层级的员工与各类事务之间的有机结合，达到提升企业运营效率、防范经营风险的目的。

《企业内部控制流程手册（第3版）》讲的不是空洞的理念，而是拿来即用、立竿见影的解决方法。本书适合企业各级经营管理人员、内控体系设计人员、内控培训机构以及各大院校相关专业的师生阅读参考，也可作为企业实施内控管理的培训教材。

◆ 编　　著　许国才　徐　健
　　责任编辑　姜　珊
　　执行编辑　付微微
　　责任印制　焦志炜

◆ 人民邮电出版社出版发行　　北京市丰台区成寿寺路11号
　　邮编 100164　电子邮件 315@ptpress.com.cn
　　网址 http://www.ptpress.com.cn
　　北京七彩京通数码快印有限公司印刷

◆ 开本：787×1092　1/16
　　印张：16　　　　　　　　　　　2017年8月第3版
　　字数：210千字　　　　　　　　2024年2月北京第29次印刷

定　价：59.00元

读者服务热线：（010）81055656　印装质量热线：（010）81055316
反盗版热线：（010）81055315

广告经营许可证：京东市监广登字20170147号

前　言

在当前激烈的市场竞争环境中，企业所面临的风险出现了多样性和复杂性的特点。作为企业管理的一种重要手段，内部控制在防范、管控企业各种经营风险和财务风险的过程中起着重要的作用。

《企业内部控制流程手册》自首次出版以来，在市场上持续热销，赢得了读者的广泛关注，已成为很多企业经营管理者手边的常备工具书。读者对本书的针对性、实用性、方便性、专业性等给予了高度评价，同时针对书中存在的问题也提出了客观的批评和有效的改进建议。在对读者反映的问题、建议进行充分研究的基础上，结合企业实际需求，我们对《企业内部控制流程手册》进行了第3次改版。

《企业内部控制流程手册》以《企业内部控制应用指引》为依据，采用"管理流程＋业务流程＋核心流程＋支持流程"的内容设计模式，提供了100多个企业内部控制流程的设计模板，将内部控制风险防范、职责权限划分、任务事项分配等内容全部融入到流程的描述中，能够帮助企业将复杂的事项简单化、混淆的关系清晰化、无序的秩序标准化、抽象的要求具体化。

具体来说，本书在《企业内部控制流程手册（第2版）》的基础上，做了如下修改和补充。

1. 将每个章节的内容划分为两大模块，分别为内控流程风险控制图与控制表，这样一来，本书结构更加清晰，更具系统性，与《企业内部控制基本规范》更贴切。

2. 紧贴《企业内部控制应用指引》的每一项条款，对第2版中部分实用性欠佳、使用率不高或遗漏的关键内容进行了增删、合并处理，有助于企业快速建立起一套规范的内部控制流程体系。

3. 对部分模板进行了重新设计和优化，使页面更加整洁、紧凑，凸显了本书的实务特色。

企业可结合自身的实际情况对本书提供的流程模板进行个性化的修改，以达到提升企业运营效率、防范经营风险的目的。

在本书修订的过程中，孙立宏、刘井学、孙宗坤、董建华、程富建负责资料的收集和整理工作，贾月负责图表的编排工作，王兰会参与修订了本书的第1章，孙宗虎参与修订了本书的第2章，王淑燕参与修订了本书的第3章，程淑丽参与修订了本书的第4章，刘伟参与修订了本书的第5章，王淑霞参与修订了本书的第6章，于增元参与修订了本书的第7章，齐艳霞参与修订了本书的第8章，李作学参与修订了本书的第9章，袁艳烈参与修订了本书的第10章，李瑞峰参与修订了本书的第11章，张红兵参与修订了本书的第12章，曾令萍参与修订了本书的第13章，高玉卓参与修订了本书的第14章，赵铭皓参与修订了本书的第15章，刘少丹参与修订了本书的第16章，池永明参与修订了本书的第17章，周轩参与修订了本书的第18章，全书由许国才、徐健统撰定稿。

目　录

第1章　企业内部控制流程——组织架构

1.1　组织架构设计与运行

1.1.1　组织架构设计流程

1. 组织架构设计流程与风险控制图

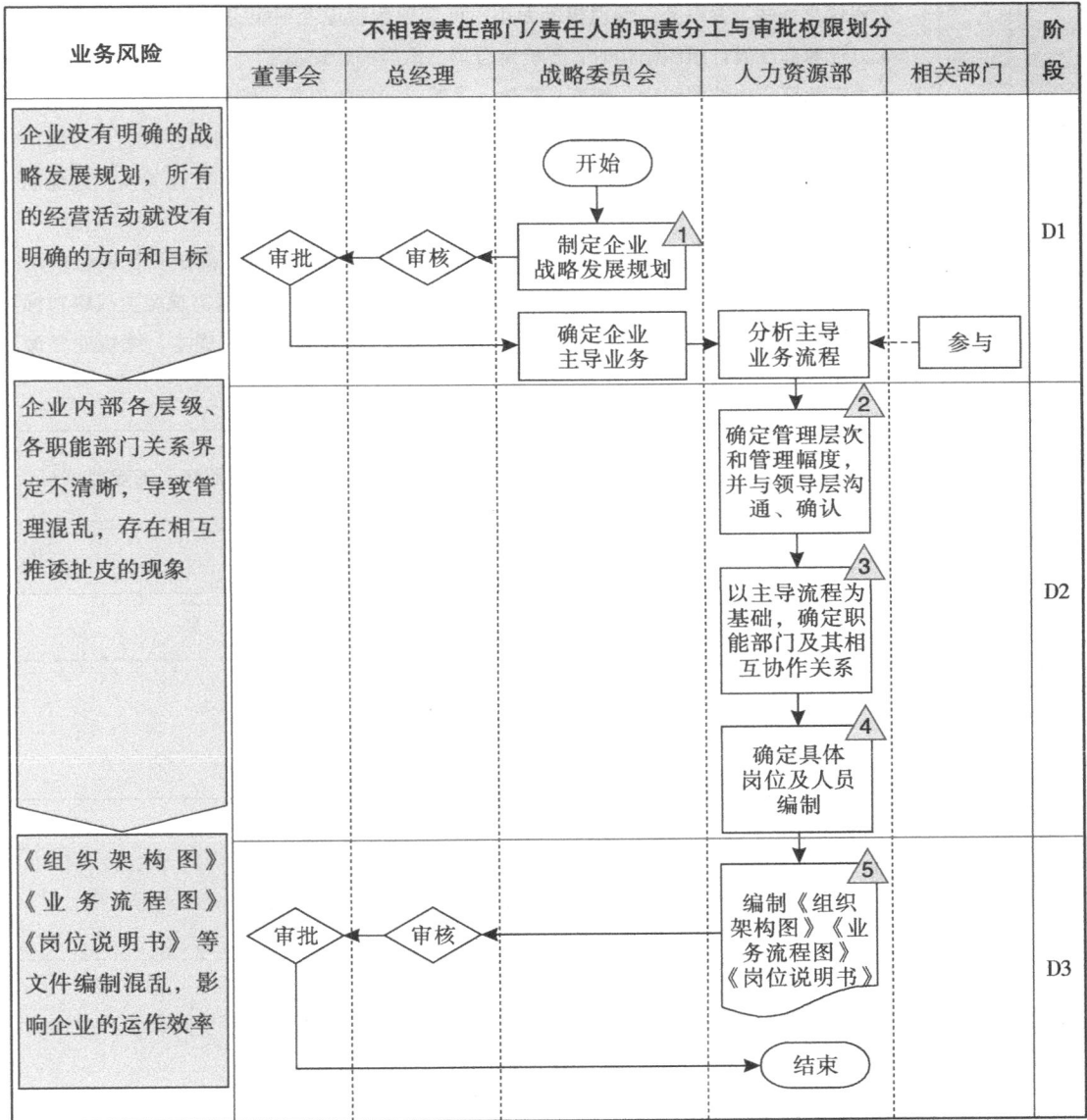

业务风险	不相容责任部门/责任人的职责分工与审批权限划分					阶段
	董事会	总经理	战略委员会	人力资源部	相关部门	
企业没有明确的战略发展规划，所有的经营活动就没有明确的方向和目标			开始 制定企业战略发展规划① 确定企业主导业务	分析主导业务流程	参与	D1
审批 ← 审核						
企业内部各层级、各职能部门关系界定不清晰，导致管理混乱，存在相互推诿扯皮的现象				确定管理层次和管理幅度，并与领导层沟通、确认② 以主导流程为基础，确定职能部门及其相互协作关系③ 确定具体岗位及人员编制④		D2
《组织架构图》《业务流程图》《岗位说明书》等文件编制混乱，影响企业的运作效率	审批 ← 审核			编制《组织架构图》《业务流程图》《岗位说明书》⑤ 结束		D3

1

2. 组织架构设计流程控制表

控制事项		详细描述及说明	
阶段控制	D1	1. 战略委员会在制定企业发展战略时，要考虑内、外部环境的影响与制约；企业发展战略和目标应经过企业总经理和董事会的集体讨论、审核与审批	
	D2	2. 每一个部门、每一位管理者都要有合理的管理幅度。管理幅度太大，可能导致管理者无暇顾及一些重要事务；管理幅度太小，可能导致管理者不能完全发挥作用。所以，人力资源部在设计组织结构时，要确定合理、恰当的管理幅度 3. 人力资源部应当按照科学、精简、高效、透明、制衡的原则，综合考虑企业性质、发展战略、文化理念和管理要求等因素，合理设置内部职能机构，明确各机构、各部门的职能和权限，形成各司其职、各负其责、相互制约、相互协调的工作关系，避免职能交叉、缺失或权责过于集中 4. 人力资源部应当对各机构、各部门的职能进行科学合理的分解，确定具体岗位的名称、职责和工作要求等，明确各个岗位的权限和相互关系；在确保实现企业战略目标的前提下，力求部门数量最少、人员编制最精，以达到节省沟通成本、缩短业务流程、提高运营效率的目的	
	D3	5.《组织架构图》《业务流程图》和《岗位说明书》等文件资料应按照统一的规范编写	
相关规范	应建规范	☐《组织架构设计规范》 ☐《岗位说明书编写规范》	
	参照规范	☐《企业内部控制应用指引》 ☐《中华人民共和国公司法》	
文件资料		☐《组织架构图》 ☐《业务流程图》 ☐《岗位说明书》	
责任部门及责任人		☐ 战略委员会、人力资源部、相关部门 ☐ 总经理、副总经理、人力资源总监、相关部门负责人	

1.1.2　组织架构调整流程

1. 组织架构调整流程与风险控制图

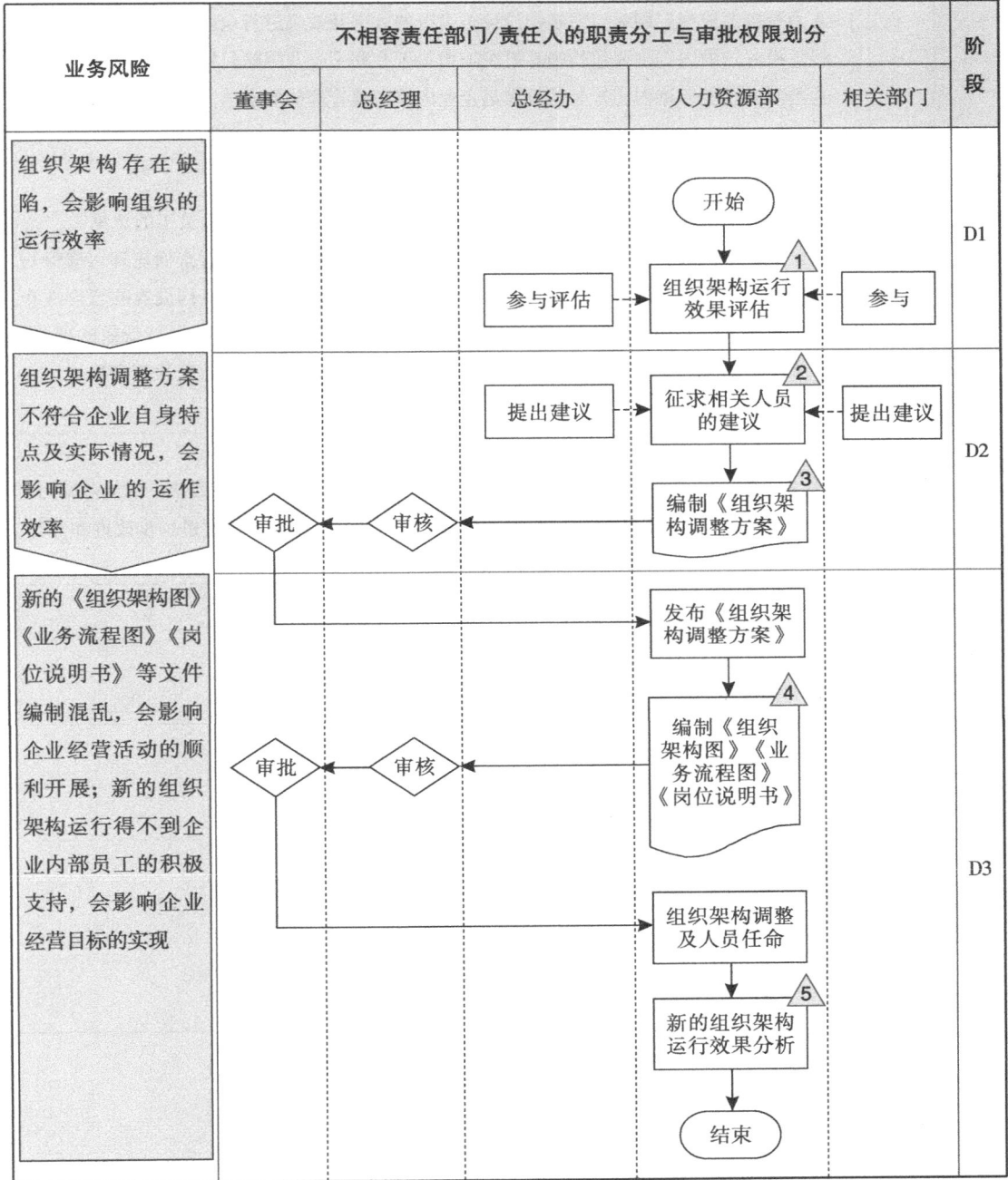

业务风险	不相容责任部门/责任人的职责分工与审批权限划分					阶段
	董事会	总经理	总经办	人力资源部	相关部门	
组织架构存在缺陷，会影响组织的运行效率			参与评估	开始 → ① 组织架构运行效果评估	参与	D1
组织架构调整方案不符合企业自身特点及实际情况，会影响企业的运作效率	审批 ← 审核		提出建议	② 征求相关人员的建议 → ③ 编制《组织架构调整方案》	提出建议	D2
新的《组织架构图》《业务流程图》《岗位说明书》等文件编制混乱，会影响企业经营活动的顺利开展；新的组织架构运行得不到企业内部员工的积极支持，会影响企业经营目标的实现	审批 ← 审核			发布《组织架构调整方案》 → ④ 编制《组织架构图》《业务流程图》《岗位说明书》→ 组织架构调整及人员任命 → ⑤ 新的组织架构运行效果分析 → 结束		D3

2. 组织架构调整流程控制表

控制事项		详细描述及说明
阶段控制	D1	1. 人力资源部应当定期对组织架构设计与运行的效率及效果进行全面评估。组织架构运行效果评估的内容主要包括现有组织架构是否有利于企业战略目标的实现、是否与企业内部主导业务流程相符、是否满足企业内部高效管理的要求
	D2	2. 在调整组织架构之前应广泛征求董事、监事、高级管理人员和其他员工的意见 3. 企业应根据组织架构设计规范对现有治理结构和内部机构设置进行全面梳理，确保其符合现代企业制度要求；企业设置内部机构，应当重点关注内部机构设置的合理性和运行的高效性等，一旦发现内部机构设置和运行中存在职能交叉或运行低效的现象，必须及时解决；企业《组织架构调整方案》应按规定权限和程序进行决策审批
	D3	4.《组织架构图》《业务流程图》和《岗位说明书》等文件资料应按照统一的规范编写 5. 新的组织架构运行时，应及时查找运行中存在的问题和缺陷，以便进一步改进和优化
相关规范	应建规范	▢《组织架构设计规范》 ▢《岗位说明书编写规范》
	参照规范	▢《企业内部控制应用指引》 ▢《中华人民共和国公司法》
文件资料		▢《组织架构图》 ▢《业务流程图》 ▢《岗位说明书》
责任部门及责任人		▢ 人力资源部、相关部门 ▢ 总经理、人力资源部经理、相关部门负责人

1.1.3　重大事项决策流程

1. 重大事项决策流程与风险控制图

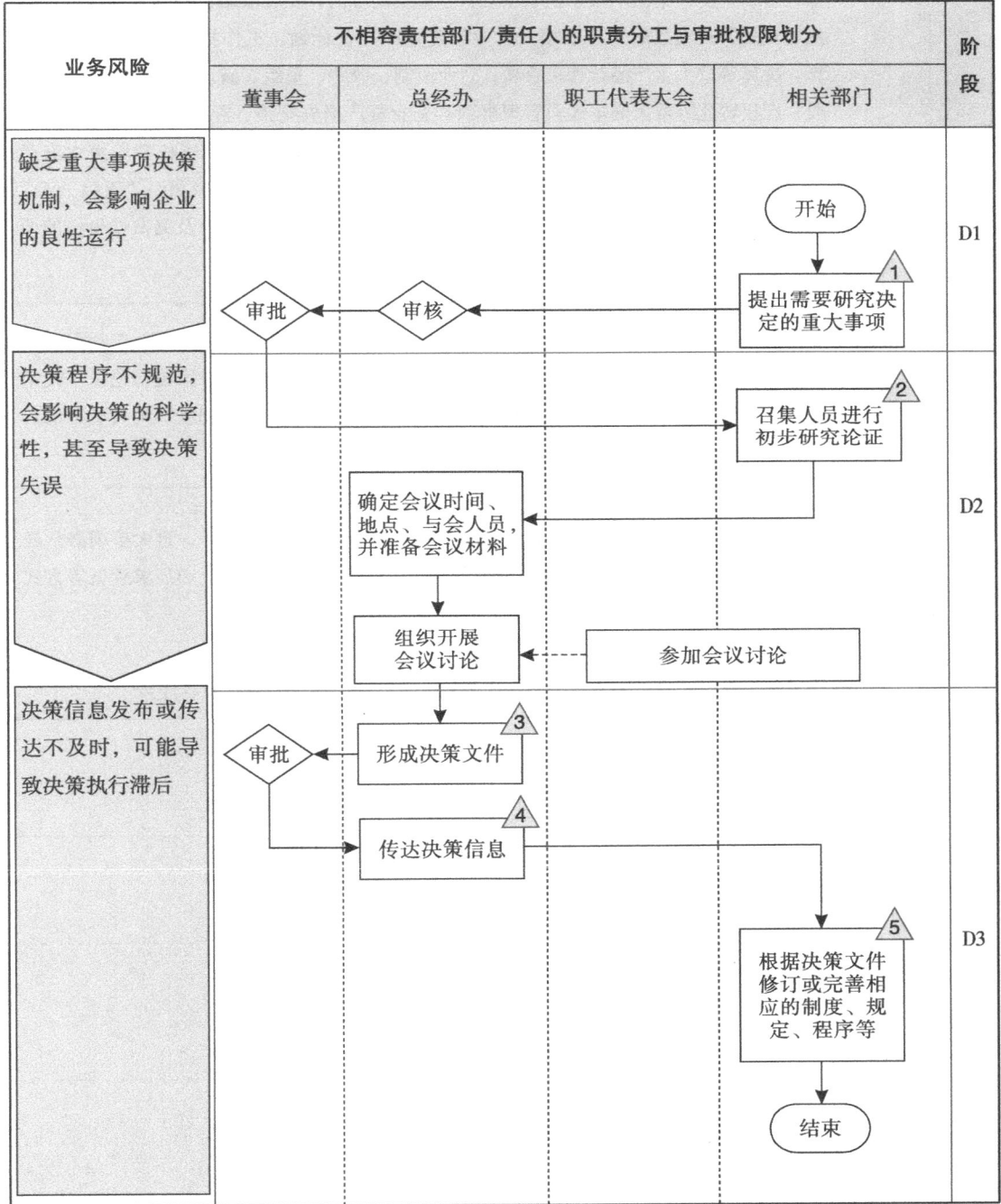

业务风险	不相容责任部门/责任人的职责分工与审批权限划分				阶段
	董事会	总经办	职工代表大会	相关部门	
缺乏重大事项决策机制，会影响企业的良性运行				开始　→　提出需要研究决定的重大事项 ①	D1
	审批 ←	审核 ←			
决策程序不规范，会影响决策的科学性，甚至导致决策失误				召集人员进行初步研究论证 ②	D2
		确定会议时间、地点、与会人员，并准备会议材料			
		组织开展会议讨论 ←	参加会议讨论		
决策信息发布或传达不及时，可能导致决策执行滞后	审批 ←	形成决策文件 ③			D3
	传达决策信息 ④				
				根据决策文件修订或完善相应的制度、规定、程序等 ⑤	
				结束	

2. 重大事项决策流程控制表

控制事项		详细描述及说明
阶段控制	D1	1. 重大事项主要包括但不限于以下项目：企业发展方向、发展战略、经营方针、中长期发展规划等重大战略管理事项；企业年度生产经营计划、工作报告、财务计划、预算、决算等重大生产经营管理事项；企业改制、兼并、重组、破产或者变更、投资参股、产权转让等重大资本运营管理事项；企业资产损失核销、资产处置（资产出售、出借、出租、顶账等）、产权变动、利润分配和弥补亏损、缴纳国家税费等重大资产（产权）管理事项；企业绩效考核、薪酬分配、福利待遇、招工减员、"五险一金"缴纳等涉及职工切身利益的重要事项；企业重大安全、质量等事故及突发性事件的调查处理；企业高层管理者认为应该集体决策的其他重要事项
	D2	2. 重大事项议题明确后，相关职能部门应召集有关人员进行初步研究论证，广泛深入调查研究，充分听取各方意见，对专业性、技术性较强的事项组织专家进行论证、技术咨询、决策评估；对与企业员工利益密切相关的事项应实行公示制度，扩大员工的参与度，进一步征求意见和建议
	D3	3. 重大事项应按规定程序进行决策。除遇重大突发事件或紧急情况外，重大事项必须经高层管理者以会议形式集体决策，不得以传阅会签、开碰头会或个别征求意见等方式代替集体决策 4. 会议决策应以书面形式通知相关部门或单位 5. 各相关职能部门应按决策文件尽快完善或修订有关的制度、规定及程序等
相关规范	应建规范	□《重大事项决策制度》 □《集体决策纪律规范》
	参照规范	□《企业内部控制应用指引》 □《中华人民共和国公司法》
文件资料		□ 相关决策文件 □ 相关会议记录
责任部门及责任人		□ 董事会、总经办、职工代表大会、相关部门 □ 董事会成员、总经理、相关部门负责人

1.2　子公司管控

1.2.1　子公司内部审计流程

1. 子公司内部审计流程与风险控制图

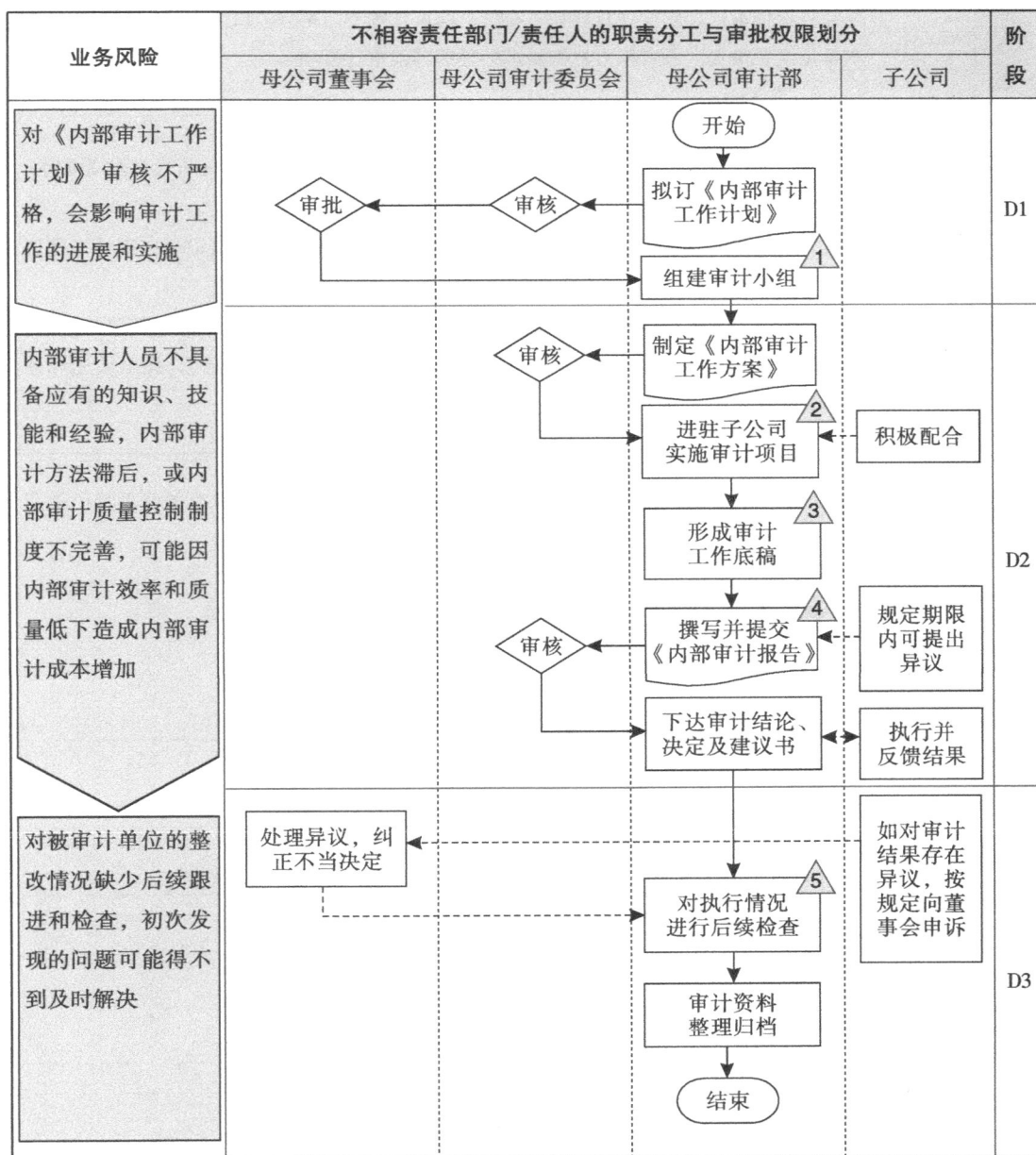

业务风险	不相容责任部门/责任人的职责分工与审批权限划分				阶段
	母公司董事会	母公司审计委员会	母公司审计部	子公司	
对《内部审计工作计划》审核不严格，会影响审计工作的进展和实施	审批 ←	← 审核	开始 → 拟订《内部审计工作计划》① 组建审计小组		D1
内部审计人员不具备应有的知识、技能和经验，内部审计方法滞后，或内部审计质量控制制度不完善，可能因内部审计效率和质量低下造成内部审计成本增加		审核	制定《内部审计工作方案》② 进驻子公司实施审计项目 ③ 形成审计工作底稿	积极配合	D2
		审核	撰写并提交《内部审计报告》④ 下达审计结论、决定及建议书	规定期限内可提出异议 执行并反馈结果	
对被审计单位的整改情况缺少后续跟进和检查，初次发现的问题可能得不到及时解决	处理异议，纠正不当决定		对执行情况进行后续检查 ⑤ 审计资料整理归档 结束	如对审计结果存在异议，按规定向董事会申诉	D3

2. 子公司内部审计流程控制表

控制事项		详细描述及说明
阶段控制	D1	1. 审计小组的组成人员应由具备相应资格和业务能力的审计人员担任，并需要明确小组成员的职责和权限。审计小组的审计事项包括遵循性审计、风险审计、绩效审计、任期经济责任审计、建设项目审计、物资采购审计等专门审计，以及法律法规规定的和本单位主要负责人或者权力机构要求办理的其他审计事项
	D2	2. 内部审计人员可以运用审核、观察、监盘、询问、函证、计算和分析性复核等方法，获取充分、相关、可靠的审计证据，以支持审计结论和建议 3. 内部审计人员应将审计程序的执行过程及收集和评价的审计证据记录在审计工作底稿中 4. 审计报告的编制应当以经过核实的审计证据为依据，做到客观、完整、清晰、及时，具有建设性，并体现重要性原则；审计报告应说明审计目的、范围，提出结论和建议，注明被审计单位的反馈意见
	D3	5. 内部审计人员应根据后续审计的执行过程和结果，向被审计单位及有关管理部门提交后续审计报告
相关规范	应建规范	☐《内部审计工作方案》 ☐《审计人员工作纪律要求》 ☐《审计报告编制说明》
	参照规范	☐《企业内部控制应用指引》 ☐《中华人民共和国审计法》 ☐《中华人民共和国审计法实施条例》
文件资料		☐《内部审计工作计划》 ☐《审计项目工作方案》 ☐《内部审计报告》
责任部门及责任人		☐ 董事会、审计委员会、审计部、其他被审计单位 ☐ 审计部人员、审计项目组组长、审计项目组其他成员

1.2.2　子公司重大投资审核流程

1. 子公司重大投资审核流程与风险控制图

业务风险	不相容责任部门/责任人的职责分工与审批权限划分					阶段
	母公司董事会	母公司投资管理部门	子公司董事会	子公司投资管理部门	子公司投资业务部门	
项目可行性研究没有充分考虑到投资项目的风险，可能导致企业的投资收益减少				组织专家评审 ②	开始 → 进行项目可行性研究 → 提交《投资申请报告》①	D1
重大投资项目存在越权审批、违规操作的现象，导致企业经济损失增加	提出意见 → 根据意见参与表决 ④ → 审批	汇总项目资料并上报 ③ → 形成决议 ⑤	审批（权限外）（权限内）	提交"请示审批表"		D2
母公司董事会没有及时跟踪投资项目的实施情况，使投资项目存在投资不合理、违规操作等情况，可能导致企业投资收益减少	安排财务审计部门进行监督检查　会同子公司人员进行项目后评估				制订《项目投资计划》⑥ → 实施《项目投资计划》⑦ → 完成投资项目 ⑧ → 结束	D3

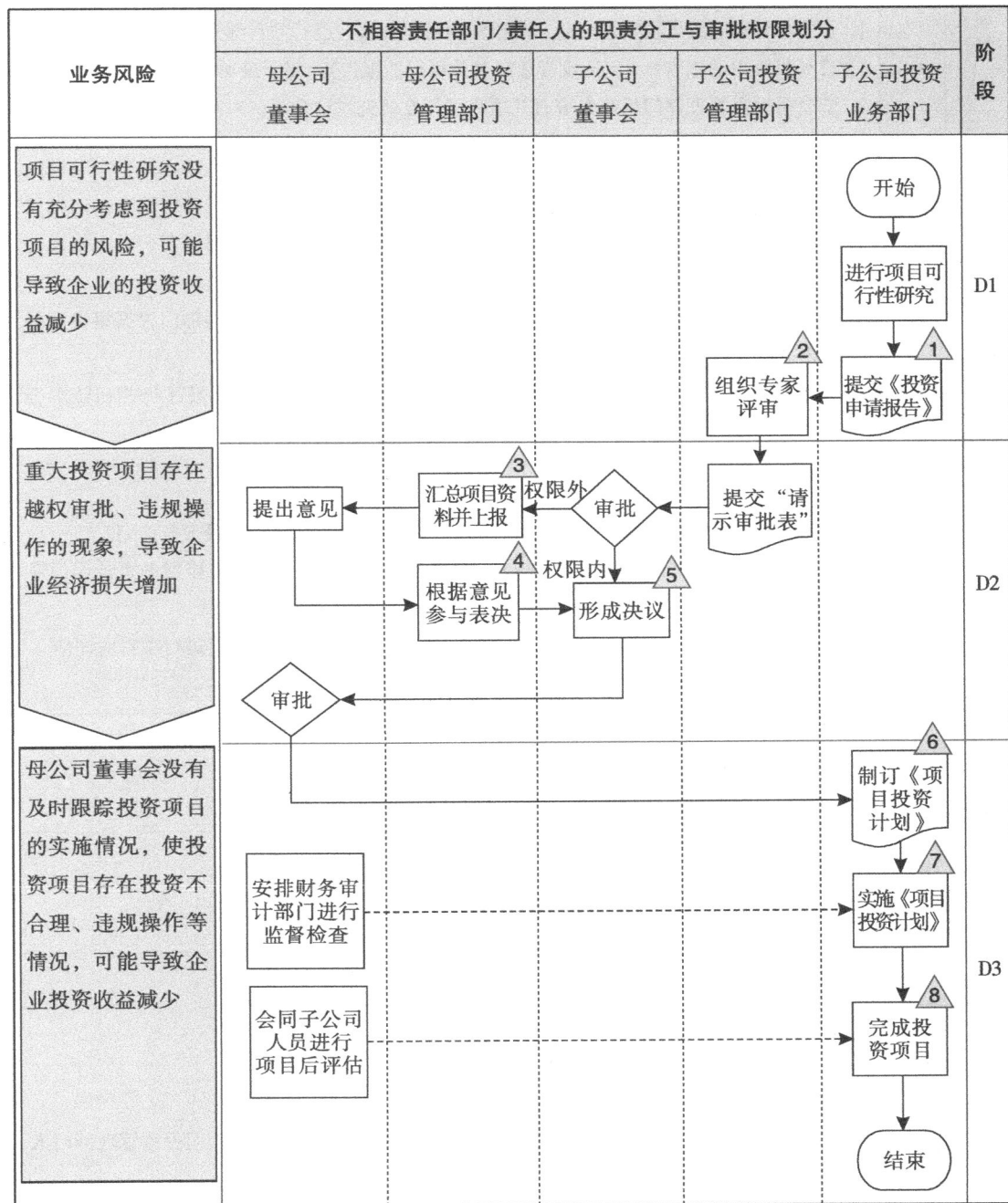

2. 子公司重大投资审核流程控制表

控制事项		详细描述及说明	
阶段控制	D1	1. 子公司管理层提出投资意向后，由投资项目业务部门进行项目筛选及可行性论证，形成《投资申请报告》（包括投资意向书及可行性报告），报子公司投资管理部门评审 2. 子公司投资管理部门组织专家召开项目可行性研究讨论会议，对项目进行评审	
	D2	3. 子公司投资管理部门向子公司董事会提交"请示审批表"；属于子公司董事会审批权限范围之外的重大投资项目，由母公司投资管理部门负责汇总项目资料，并上报母公司董事会审批 4. 母公司董事会对工程项目进行研究，审议通过后，子公司投资管理部门根据审议意见做出表决，确定项目的可行性 5. 项目审批在子公司董事会或母公司董事会通过后，形成决议，并报送母公司董事会审批	
	D3	6. 决议得到母公司董事会审批后，由子公司投资业务部门制订《项目投资计划》 7. 子公司投资业务部门实施《项目投资计划》，母公司董事会同时安排财务审计部门对子公司项目的实施情况进行监督检查 8. 子公司投资业务部门完成投资项目，母公司董事会会同子公司人员进行项目后评估	
相关规范	应建规范	❑《子公司业务授权审批制度》 ❑《子公司重大投资项目管理方法》	
	参照规范	❑《企业会计制度》 ❑《企业内部控制应用指引》	
文件资料		❑《投资申请报告》《投资意向书》《可行性报告》 ❑ 请示审批表、《项目投资计划》	
责任部门及责任人		❑ 母公司董事会、母公司投资管理部门 ❑ 子公司董事会、子公司投资管理部门、子公司投资业务部门、子公司投资管理部门人员、子公司投资业务部门人员	

第 2 章 企业内部控制流程——发展战略

2.1 企业发展战略制定

2.1.1 企业发展战略制定流程

1. 企业发展战略制定流程与风险控制图

业务风险	不相容责任部门/责任人的职责分工与审批权限划分				阶段
	股东大会	董事会	战略委员会	战略管理部	
企业的战略规划偏离发展目标，可能导致企业经营活动失败				开始 → ①制定企业发展目标 → ②根据企业发展目标制定战略规划	D1
发展战略过于激进，脱离企业实际能力或偏离主业，可能因过度扩张导致企业经营失败			③组织有关部门对发展目标和战略规划进行可行性研究和科学论证 → 形成《发展战略建议方案》 → ④听取外部专家的咨询意见		D2
企业发展战略方案的审议和审批过于随意，不按规定的权限和程序进行，可能导致企业发展战略方案决策失误	⑥审批	⑤审议	提交《发展战略规划方案》	形成企业《发展战略规划方案》正式文件 → 发布企业《发展战略规划方案》 → 结束	D3

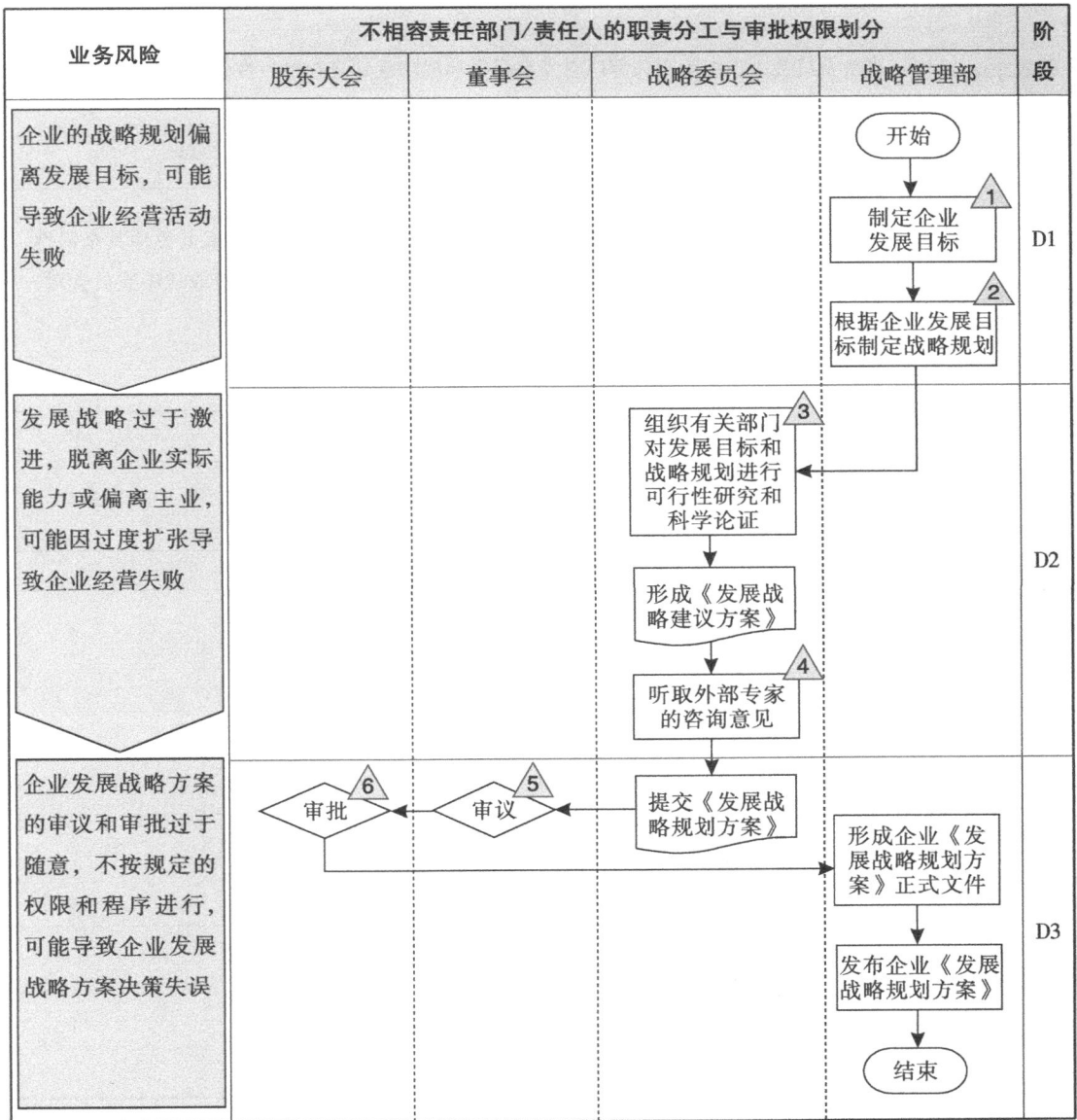

2. 企业发展战略制定流程控制表

控制事项		详细描述及说明
阶段控制	D1	1. 战略管理部应当在充分调查研究、科学分析预测和广泛征求意见的基础上制定发展目标。在制定发展目标的过程中，应当综合考虑宏观经济政策、国内外市场需求变化、技术发展趋势、行业及竞争对手状况、可利用资源水平和自身优势与劣势等影响因素 2. 战略管理部应当根据发展目标制定战略规划。战略规划应当明确战略发展的阶段性和发展程度，确定每个发展阶段的具体目标、工作任务和实施路径
	D2	3. 战略委员会应当组织有关部门对发展目标和战略规划进行可行性研究和科学论证，形成《发展战略建议方案》 4. 必要时，战略委员会可借助中介机构和外部专家的力量，咨询专业意见
	D3	5. 董事会应当严格审议战略委员会提交的《发展战略建议方案》，重点关注其全局性、长期性和可行性；董事会在审议方案中如果发现重大问题，应当责成战略委员会对方案作出调整 6.《发展战略建议方案》经董事会审议通过后，报股东大会审批
相关规范	应建规范	▯《战略委员会工作规范》
	参照规范	▯《企业内部控制应用指引》 ▯《企业内部控制基本规范》 ▯《中华人民共和国公司法》
文件资料		▯《发展战略建议方案》 ▯《发展战略规划方案》
责任部门及责任人		▯ 股东大会、董事会、战略委员会、战略管理部 ▯ 董事会成员、战略委员会成员、战略管理部经理

2.1.2　发展战略方案审议流程

1. 发展战略方案审议流程与风险控制图

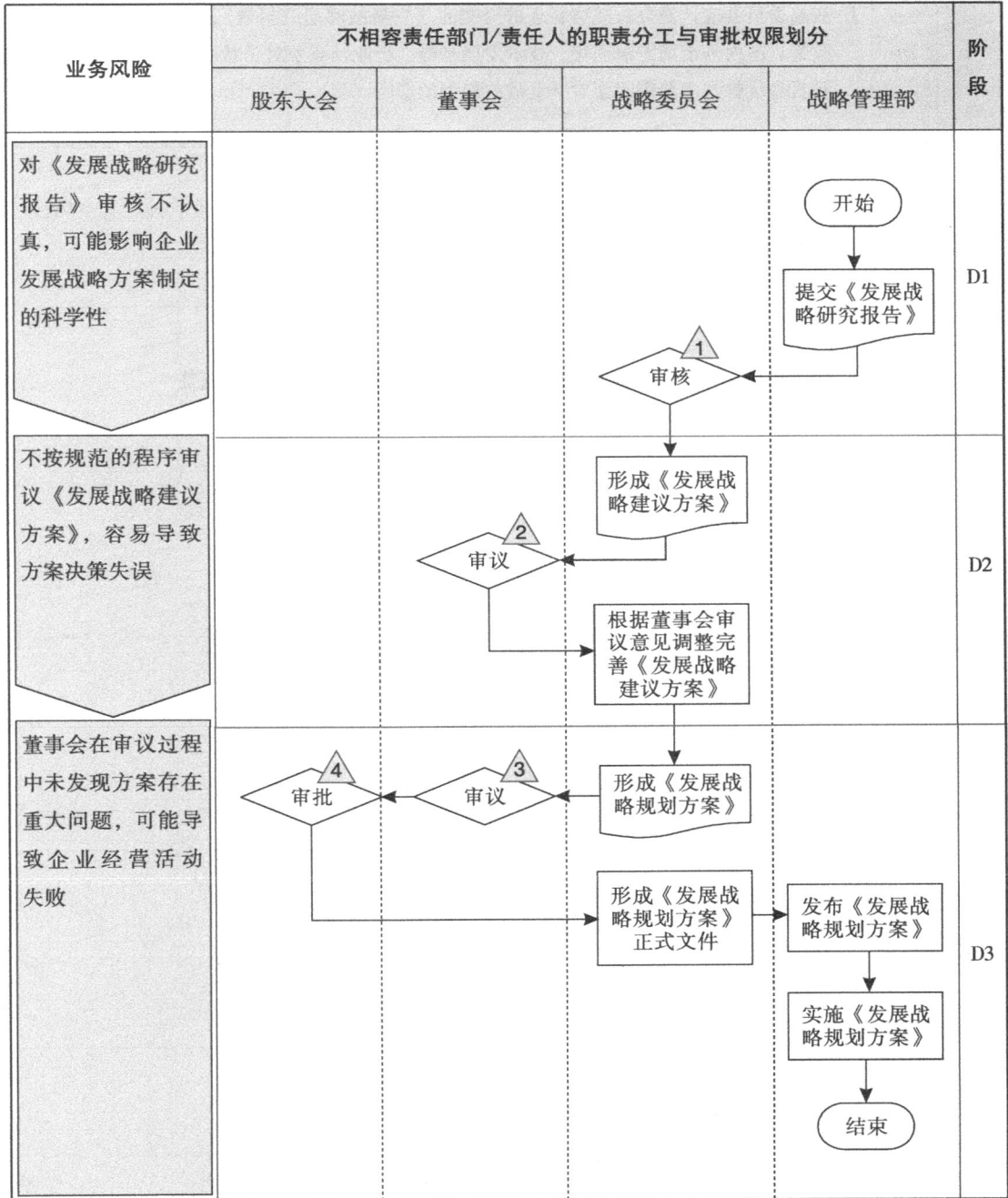

业务风险	不相容责任部门/责任人的职责分工与审批权限划分				阶段
	股东大会	董事会	战略委员会	战略管理部	
对《发展战略研究报告》审核不认真，可能影响企业发展战略方案制定的科学性			审核 ①	开始 → 提交《发展战略研究报告》	D1
不按规范的程序审议《发展战略建议方案》，容易导致方案决策失误		审议 ②	形成《发展战略建议方案》　根据董事会审议意见调整完善《发展战略建议方案》		D2
董事会在审议过程中未发现方案存在重大问题，可能导致企业经营活动失败	审批 ④	审议 ③	形成《发展战略规划方案》　形成《发展战略规划方案》正式文件	发布《发展战略规划方案》→ 实施《发展战略规划方案》→ 结束	D3

2. 发展战略方案审议流程控制表

控制事项		详细描述及说明	
阶段控制	D1	1. 战略委员会应认真分析战略管理部提交的《发展战略研究报告》，综合考虑宏观经济政策、国内外市场需求变化、技术发展趋势、行业及竞争对手状况、可利用资源水平和自身优势与劣势等因素对企业战略规划的影响	
	D2	2. 董事会应当严格审议战略委员会提交的《发展战略建议方案》，重点关注其全局性、长期性和可行性	
	D3	3. 对于方案中的重大问题，董事会应当责成战略委员会对方案做出调整 4. 《发展战略规划方案》经董事会审议通过后，报股东大会审批	
相关规范	应建规范	🗀《战略委员会工作规范》	
	参照规范	🗀《企业内部控制应用指引》 🗀《企业内部控制基本规范》 🗀《中华人民共和国公司法》	
文件资料		🗀《发展战略研究报告》 🗀《发展战略建议方案》 🗀《发展战略规划方案》	
责任部门及责任人		🗀 股东大会、董事会、战略委员会、战略管理部 🗀 董事会成员、战略委员会成员、战略管理部经理	

2.2　企业发展战略实施

2.2.1　企业发展战略实施流程

1. 企业发展战略实施流程与风险控制图

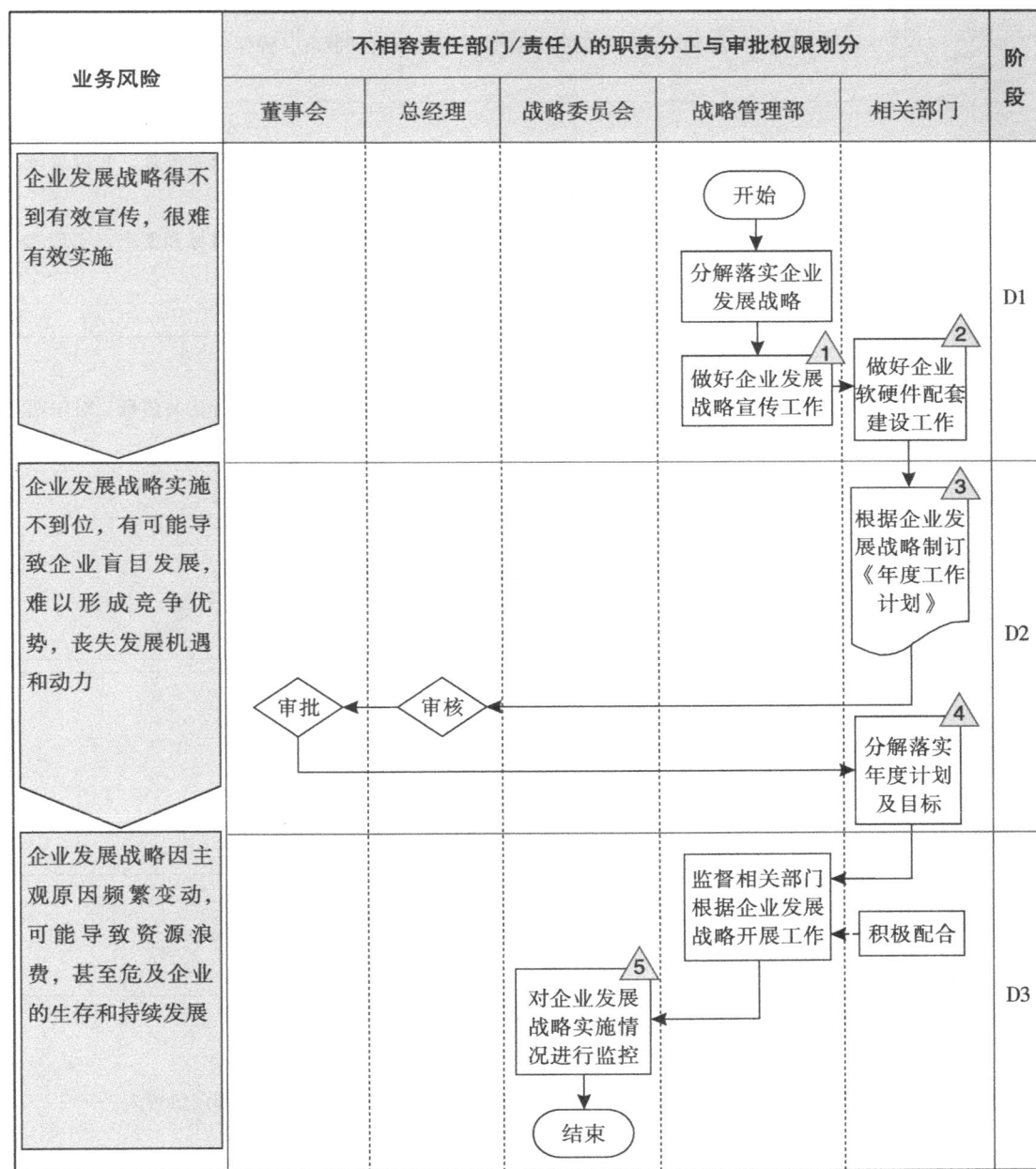

业务风险	不相容责任部门/责任人的职责分工与审批权限划分					阶段
	董事会	总经理	战略委员会	战略管理部	相关部门	
企业发展战略得不到有效宣传，很难有效实施				开始 → 分解落实企业发展战略 → 做好企业发展战略宣传工作 ①	做好企业软硬件配套建设工作 ②	D1
企业发展战略实施不到位，有可能导致企业盲目发展，难以形成竞争优势，丧失发展机遇和动力	审批 ← 审核				根据企业发展战略制订《年度工作计划》③　分解落实年度计划及目标 ④	D2
企业发展战略因主观原因频繁变动，可能导致资源浪费，甚至危及企业的生存和持续发展			对企业发展战略实施情况进行监控 ⑤ → 结束	监督相关部门根据企业发展战略开展工作	积极配合	D3

15

2. 企业发展战略实施流程控制表

控制事项		详细描述及说明
阶段控制	D1	1. 企业应当重视发展战略的宣传工作，通过内部各层级会议和教育培训等有效方式，将发展战略及其分解落实情况传递给内部各管理层级人员和全体员工 2. 企业实施发展战略需要从企业文化、组织架构、人力资源管理制度和信息系统四个软硬件方面进行配套建设，同时需要完善发展战略管理制度，确保发展战略有效实施
	D2	3. 各相关部门应当根据企业发展战略制订《年度工作计划》，编制全面预算，并报总经理审核、董事会审批 4. 企业各相关部门应将年度计划和目标逐层分解，形成具体的任务目标和要求，实现战略规划的可操作性
	D3	5. 战略委员会应当加强对发展战略实施情况的监控，定期收集和分析相关信息，对于明显偏离发展战略的情况，应当及时报告
相关规范	应建规范	🗇《战略委员会工作规范》 🗇《发展战略管理制度》
	参照规范	🗇《企业内部控制应用指引》 🗇《企业内部控制基本规范》 🗇《中华人民共和国公司法》
文件资料		🗇《年度工作计划》
责任部门及责任人		🗇 董事会、战略委员会、战略管理部、相关部门 🗇 董事会成员、总经理、战略委员会成员、战略管理部经理、相关部门负责人

2.2.2　企业发展战略调整流程

1. 企业发展战略调整流程与风险控制图

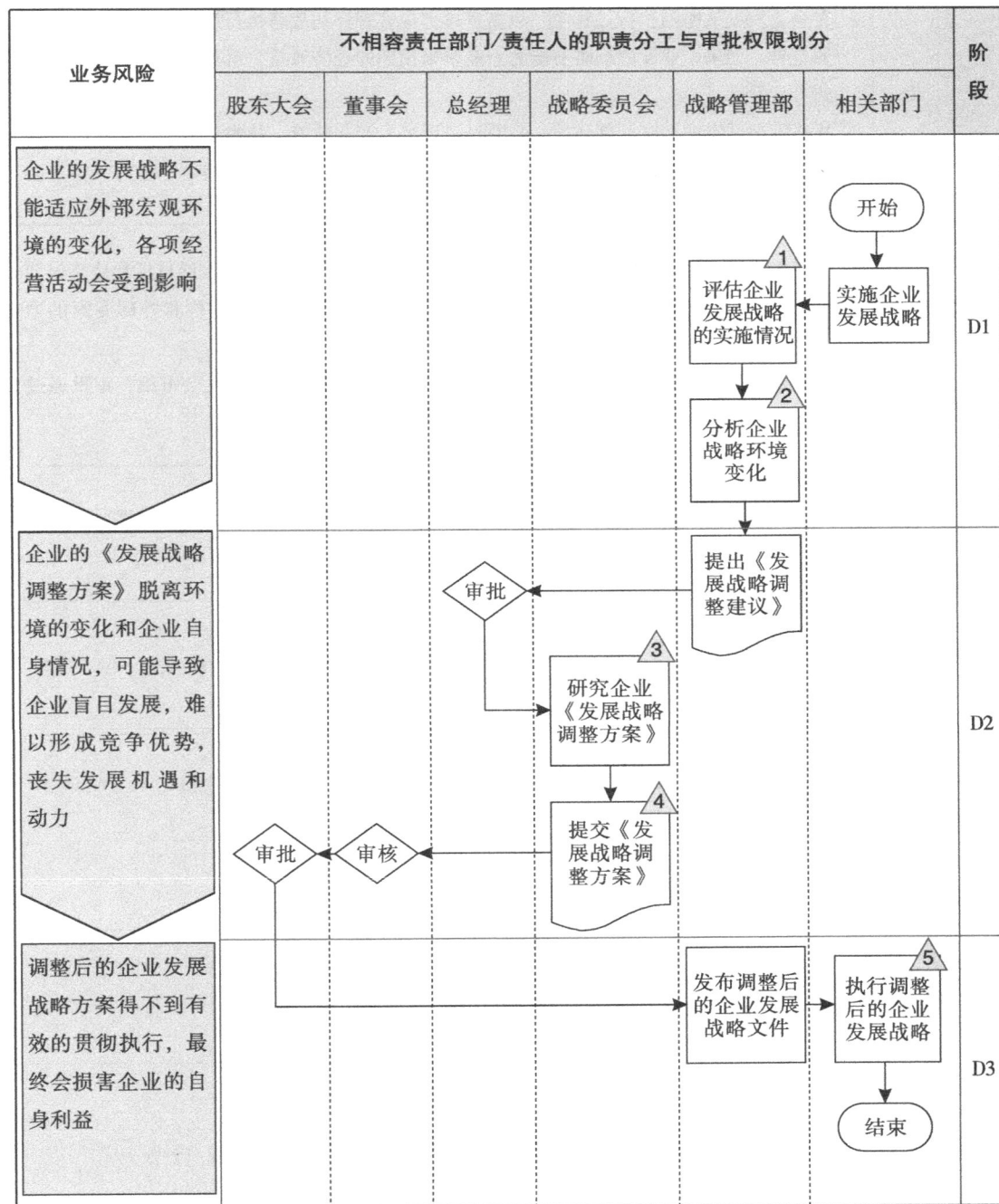

业务风险	不相容责任部门/责任人的职责分工与审批权限划分						阶段
	股东大会	董事会	总经理	战略委员会	战略管理部	相关部门	
企业的发展战略不能适应外部宏观环境的变化，各项经营活动会受到影响					评估企业发展战略的实施情况①　分析企业战略环境变化②	开始　实施企业发展战略	D1
企业的《发展战略调整方案》脱离环境的变化和企业自身情况，可能导致企业盲目发展，难以形成竞争优势，丧失发展机遇和动力	审批	审批　审核	审批　研究企业《发展战略调整方案》③　提交《发展战略调整方案》④		提出《发展战略调整建议》		D2
调整后的企业发展战略方案得不到有效的贯彻执行，最终会损害企业的自身利益					发布调整后的企业发展战略文件	执行调整后的企业发展战略⑤　结束	D3

2. 企业发展战略调整流程控制表

控制事项		详细描述及说明
阶段控制	D1	1. 在企业发展战略的执行过程中，战略管理部应客观评估战略执行情况与战略目标之间的差异。如果企业发展战略不能为企业带来预期的经济效益，就要重新考虑这种战略的可行性 2. 战略管理部定期考察外部环境，判断经济形势、产业政策、技术进步、行业状况以及不可抗力等因素发生重大变化时，企业发展战略是否需要作出调整
	D2	3. 战略委员会在研究讨论企业《发展战略调整方案》时，应对新的发展目标和战略规划进行可行性研究和科学论证；必要时，战略委员会可借助中介机构和外部专家的力量，咨询专业意见 4. 战略委员会应提交《发展战略调整方案》，报董事会审核、股东大会审批，审批通过后方可下发执行
	D3	5. 各相关部门应积极执行调整后的企业发展战略，战略管理部对其执行情况进行跟踪监督，战略委员会对其实施情况进行动态监控
相关规范	应建规范	❒《战略委员会工作规范》 ❒《发展战略管理制度》
	参照规范	❒《企业内部控制应用指引》 ❒《企业内部控制基本规范》 ❒《中华人民共和国公司法》
文件资料		❒《发展战略调整建议》 ❒《发展战略调整方案》
责任部门及责任人		❒ 股东大会、董事会、战略委员会、战略管理部、相关部门 ❒ 董事会成员、总经理、战略委员会成员、战略管理部经理、相关部门负责人

第3章　企业内部控制流程——人力资源

3.1　人力资源引进与开发

3.1.1　人力需求分析管理流程

1. 人力需求分析管理流程与风险控制图

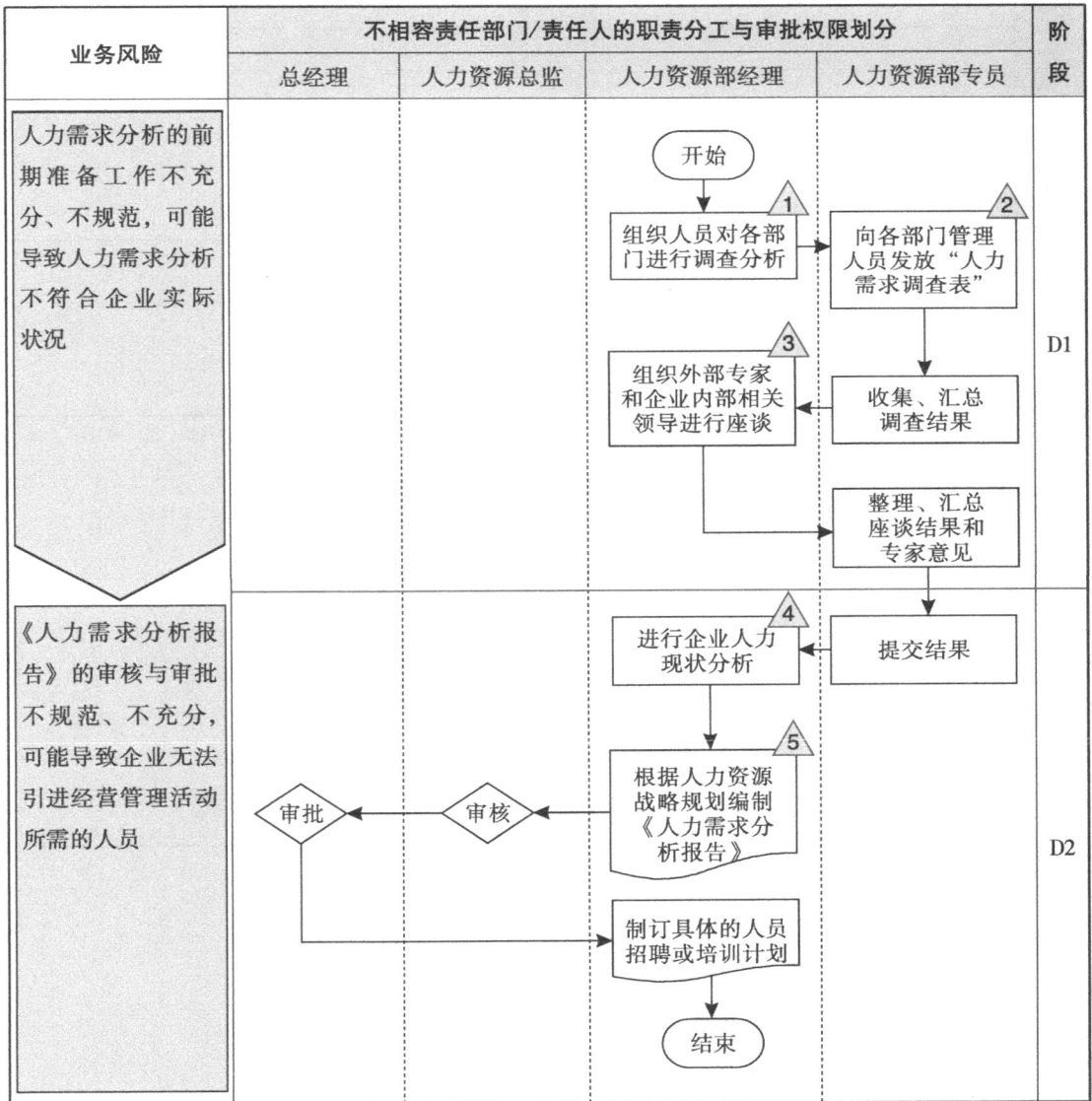

业务风险	不相容责任部门/责任人的职责分工与审批权限划分				阶段
	总经理	人力资源总监	人力资源部经理	人力资源部专员	
人力需求分析的前期准备工作不充分、不规范，可能导致人力需求分析不符合企业实际状况			开始 ① 组织人员对各部门进行调查分析 ③ 组织外部专家和企业内部相关领导进行座谈	② 向各部门管理人员发放"人力需求调查表" 收集、汇总调查结果 整理、汇总座谈结果和专家意见	D1
《人力需求分析报告》的审核与审批不规范、不充分，可能导致企业无法引进经营管理活动所需的人员	审批	审核	④ 进行企业人力现状分析 ⑤ 根据人力资源战略规划编制《人力需求分析报告》 制订具体的人员招聘或培训计划 结束	提交结果	D2

19

2. 人力需求分析管理流程控制表

控制事项		详细描述及说明
阶段控制	D1	1. 人力资源部经理组织人员对各部门的人力需求进行调查分析 2. 人力资源部专员向各部门管理人员发放"人力需求调查表" 3. 人力资源部经理组织外部专家和企业内部相关领导进行座谈
	D2	4. 人力资源部经理进行企业人力现状分析 5. 人力资源部经理根据人力资源战略规划编制《人力需求分析报告》
相关规范	应建规范	《人力资源管理制度》
	参照规范	《企业内部控制应用指引》
文件资料		《人力需求分析报告》 《人员招聘计划》《人员培训计划》
责任部门及责任人		人力资源部 总经理、人力资源总监、人力资源部经理、人力资源部专员

3.1.2 招聘管理流程

1. 招聘管理流程与风险控制图

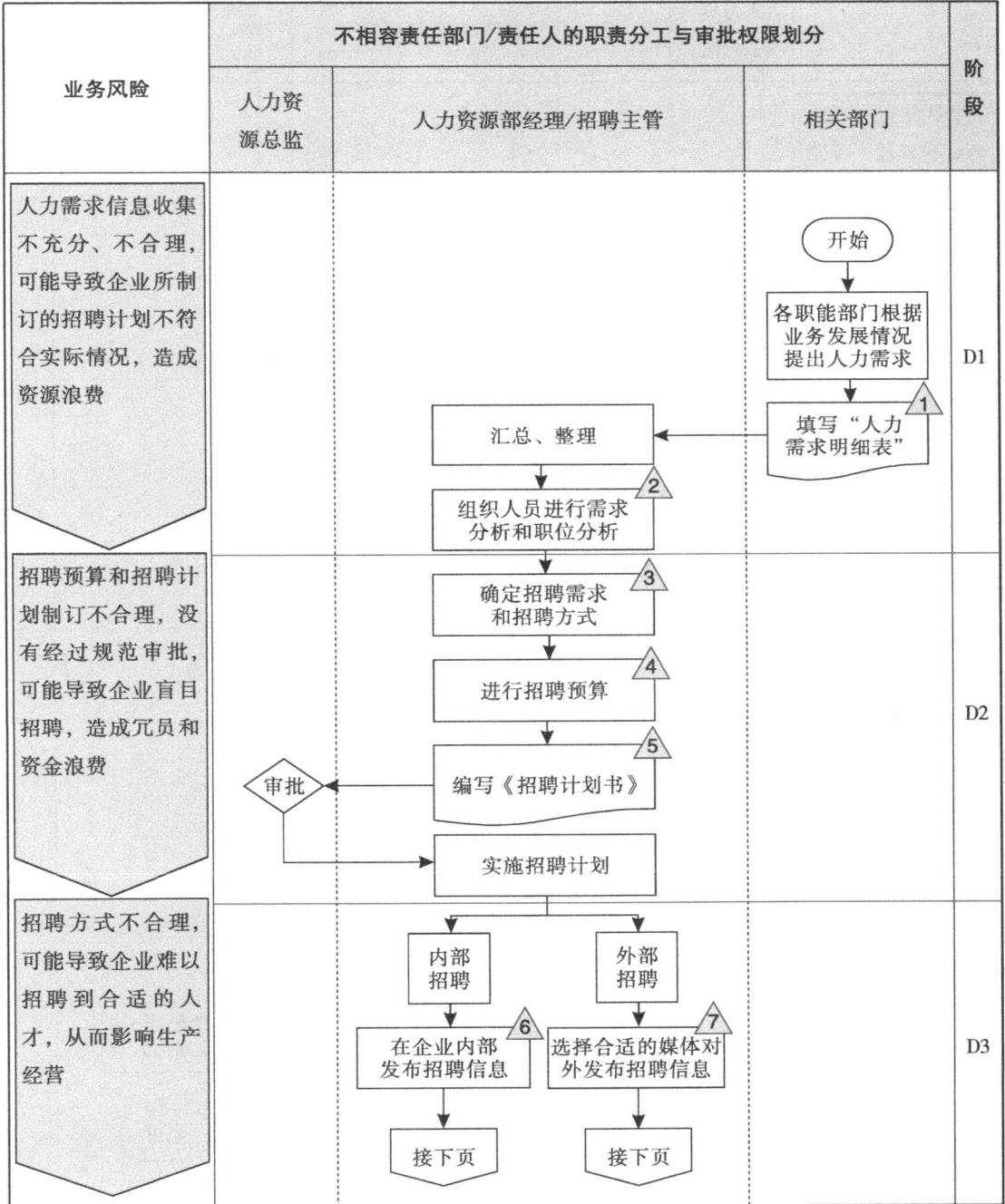

业务风险	不相容责任部门/责任人的职责分工与审批权限划分			阶段
	人力资源总监	人力资源部经理/招聘主管	相关部门	
人力需求信息收集不充分、不合理，可能导致企业所制订的招聘计划不符合实际情况，造成资源浪费		汇总、整理 ← 组织人员进行需求分析和职位分析 ②	开始 ↓ 各职能部门根据业务发展情况提出人力需求 ↓ 填写"人力需求明细表" ①	D1
招聘预算和招聘计划制订不合理，没有经过规范审批，可能导致企业盲目招聘，造成冗员和资金浪费	审批 ◇	确定招聘需求和招聘方式 ③ ↓ 进行招聘预算 ④ ↓ 编写《招聘计划书》 ⑤ ↓ 实施招聘计划		D2
招聘方式不合理，可能导致企业难以招聘到合适的人才，从而影响生产经营		内部招聘 → 在企业内部发布招聘信息 ⑥ → 接下页	外部招聘 → 选择合适的媒体对外发布招聘信息 ⑦ → 接下页	D3

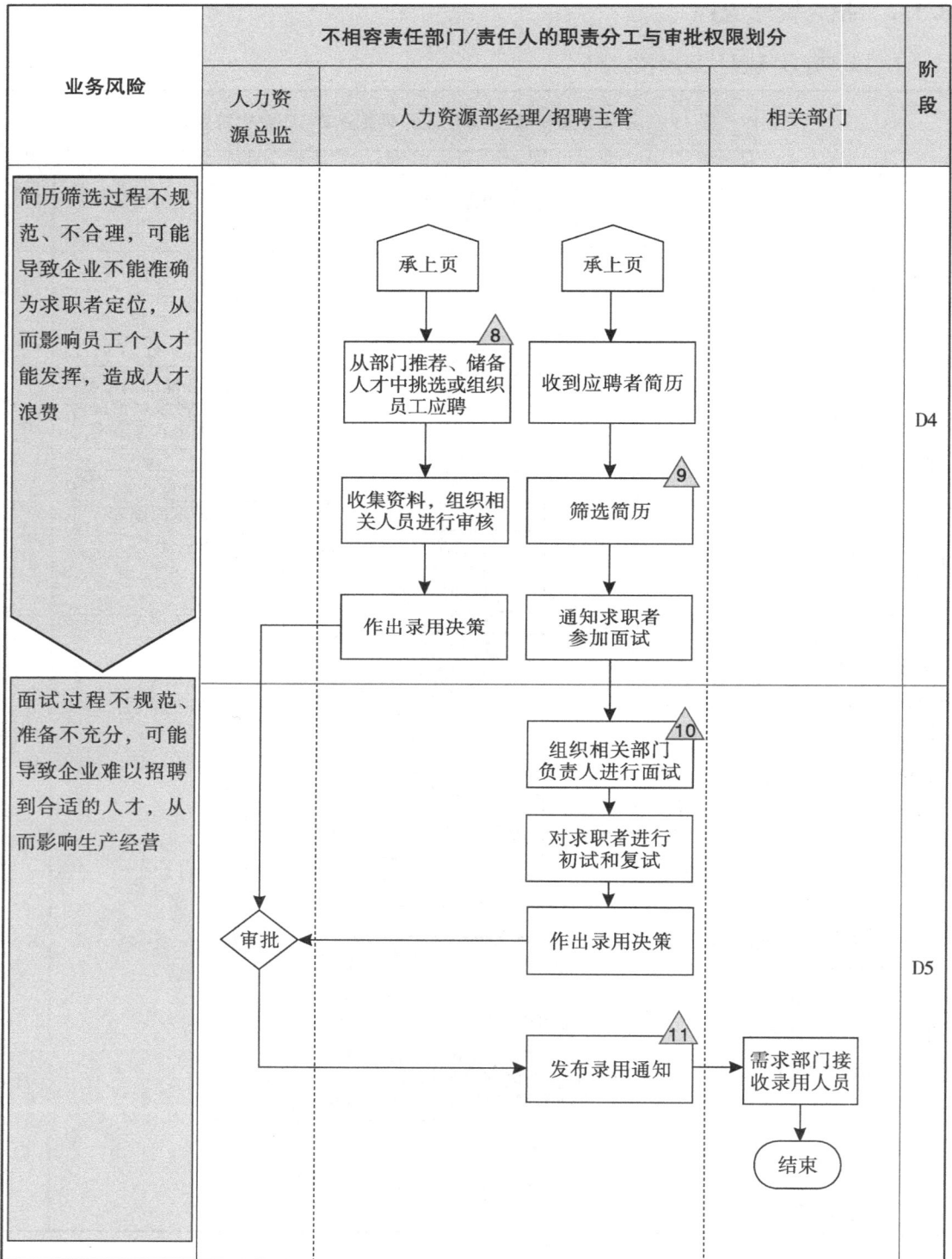

（续）

业务风险	不相容责任部门/责任人的职责分工与审批权限划分			阶段
	人力资源总监	人力资源部经理/招聘主管	相关部门	
简历筛选过程不规范、不合理，可能导致企业不能准确为求职者定位，从而影响员工个人才能发挥，造成人才浪费		承上页 → 从部门推荐、储备人才中挑选或组织员工应聘⑧ → 收集资料，组织相关人员进行审核 → 作出录用决策 承上页 → 收到应聘者简历 → 筛选简历⑨ → 通知求职者参加面试		D4
面试过程不规范、准备不充分，可能导致企业难以招聘到合适的人才，从而影响生产经营	审批	发布录用通知⑪	组织相关部门负责人进行面试⑩ → 对求职者进行初试和复试 → 作出录用决策 需求部门接收录用人员 → 结束	D5

22

2. 招聘管理流程控制表

控制事项		详细描述及说明
阶段控制	D1	1. 各职能部门根据业务发展情况提出人力需求,填写"人力需求明细表" 2. 招聘主管组织人员进行需求分析和职位分析
	D2	3. 招聘主管确定招聘需求和招聘方式 4. 招聘主管进行招聘预算 5. 人力资源部经理编制《招聘计划书》
	D3	6. 属于内部招聘的,在企业内部发布招聘信息 7. 属于外部招聘的,选择合适的媒体对外发布招聘信息
	D4	8. 内部招聘主要有部门推荐、从储备人才中挑选和员工竞聘三种方式 9. 外部招聘在收到应聘者简历后进行筛选
	D5	10. 招聘主管组织相关部门负责人进行面试 11. 录用决策经人力资源总监审批后,由招聘主管发布录用通知
相关规范	应建规范	▢《人力资源管理制度》
	参照规范	▢《企业内部控制应用指引》
文件资料		▢《招聘计划书》
责任部门及责任人		▢ 人力资源部 ▢ 人力资源总监、人力资源部经理、招聘主管

3.1.3　员工培训流程

1. 员工培训流程与风险控制图

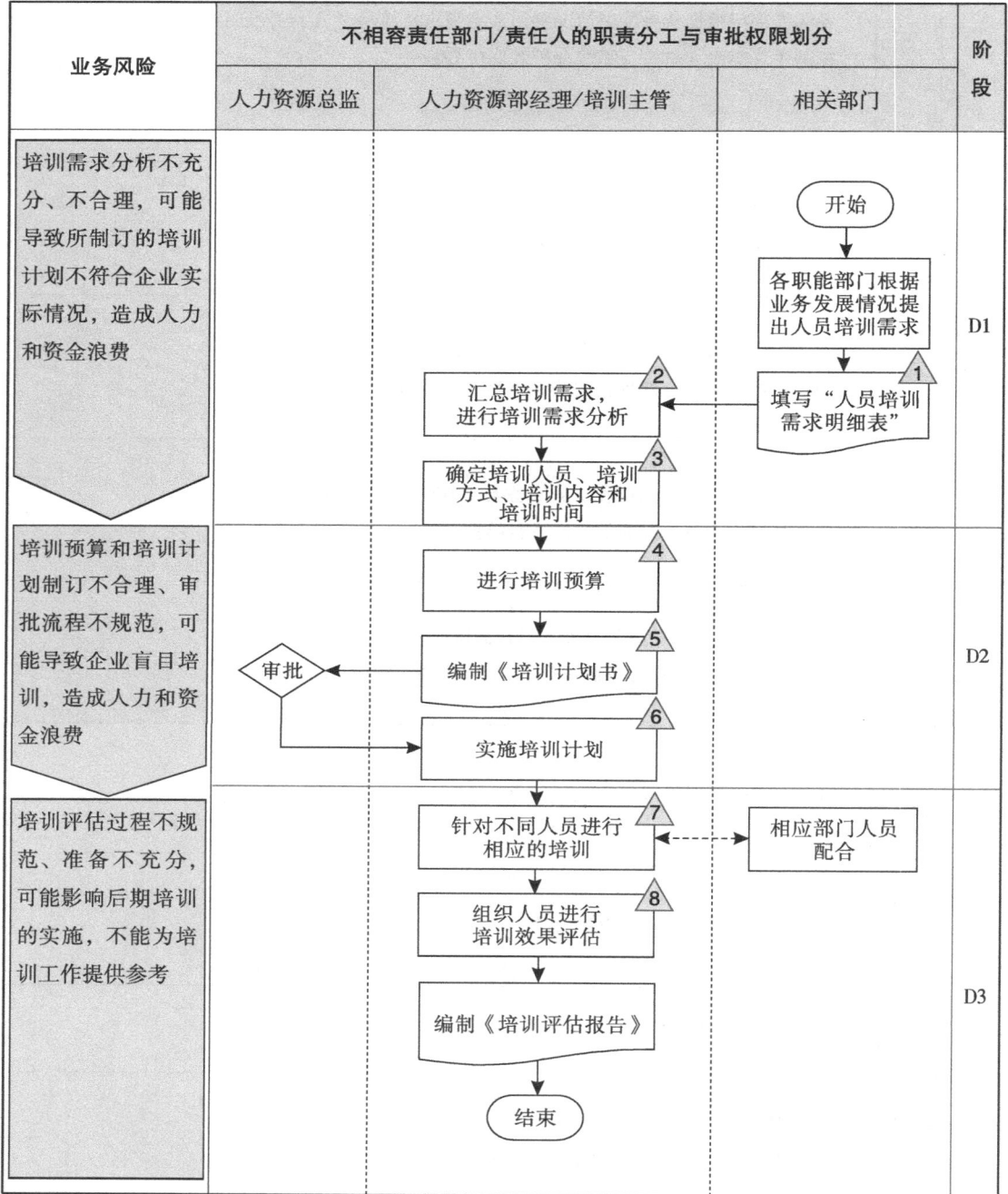

业务风险	不相容责任部门/责任人的职责分工与审批权限划分			阶段
	人力资源总监	人力资源部经理/培训主管	相关部门	
培训需求分析不充分、不合理，可能导致所制订的培训计划不符合企业实际情况，造成人力和资金浪费			开始 → 各职能部门根据业务发展情况提出人员培训需求 → ① 填写"人员培训需求明细表"	D1
		② 汇总培训需求，进行培训需求分析 → ③ 确定培训人员、培训方式、培训内容和培训时间		
培训预算和培训计划制订不合理、审批流程不规范，可能导致企业盲目培训，造成人力和资金浪费	审批	④ 进行培训预算 → ⑤ 编制《培训计划书》 → ⑥ 实施培训计划		D2
培训评估过程不规范、准备不充分，可能影响后期培训的实施，不能为培训工作提供参考		⑦ 针对不同人员进行相应的培训 → ⑧ 组织人员进行培训效果评估 → 编制《培训评估报告》 → 结束	相应部门人员配合	D3

2. 员工培训流程控制表

控制事项		详细描述及说明
阶段控制	D1	1. 各职能部门根据业务发展情况提出人员培训需求，填写"人员培训需求明细表" 2. 培训主管组织人员汇总培训需求，做出培训需求分析 3. 培训主管确定培训人员、培训方式、培训内容和培训时间
	D2	4. 培训主管进行培训预算 5. 人力资源部经理编制《培训计划书》 6. 人力资源部经理和培训主管组织实施培训计划
	D3	7. 针对不同人员安排相应的培训，职能部门做好配合工作 8. 培训主管组织人员进行培训效果评估
相关规范	应建规范	▯《培训管理制度》
	参照规范	▯《企业内部控制应用指引》
文件资料		▯ 人员培训需求明细表 ▯《培训计划书》
责任部门及责任人		▯ 人力资源部 ▯ 人力资源总监、人力资源部经理、培训主管

3.1.4　岗位轮换流程

1. 岗位轮换流程与风险控制图

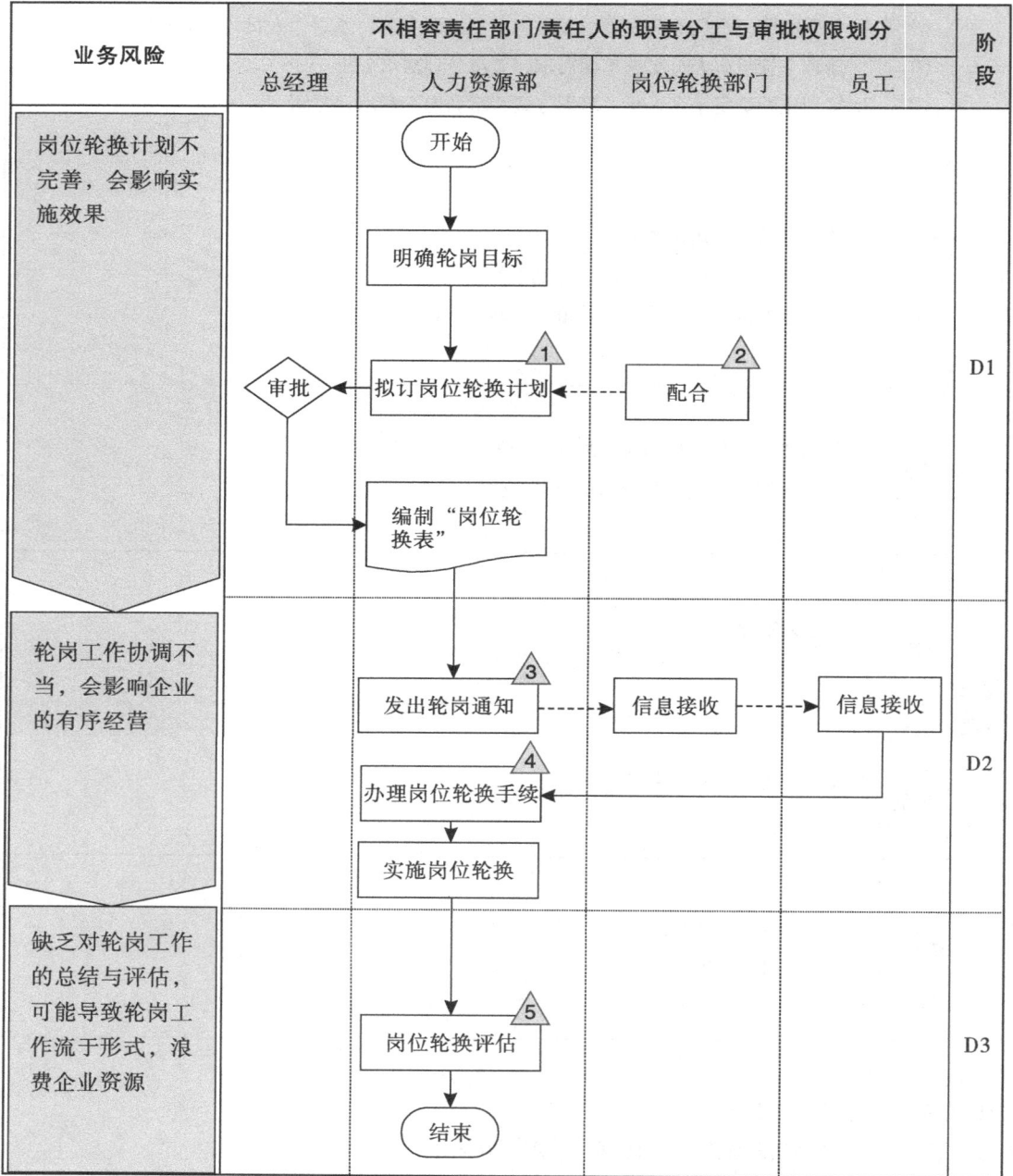

业务风险	不相容责任部门/责任人的职责分工与审批权限划分				阶段
	总经理	人力资源部	岗位轮换部门	员工	
岗位轮换计划不完善，会影响实施效果	审批	开始 → 明确轮岗目标 → 拟订岗位轮换计划 ① → 编制"岗位轮换表"	配合 ②		D1
轮岗工作协调不当，会影响企业的有序经营		发出轮岗通知 ③ → 办理岗位轮换手续 ④ → 实施岗位轮换	信息接收	信息接收	D2
缺乏对轮岗工作的总结与评估，可能导致轮岗工作流于形式，浪费企业资源		岗位轮换评估 ⑤ → 结束			D3

2. 岗位轮换流程控制表

控制事项		详细描述及说明
阶段控制	D1	1. 根据企业发展需要，人力资源部拟订岗位轮换计划 2. 岗位轮换部门配合人力资源部做好岗位轮换工作
	D2	3. 人力资源部经理将审批后的岗位轮换计划发放至各部门 4. 人力资源部为岗位轮换员工办理手续
	D3	5. 人力资源部对岗位轮换工作进行评估和总结，对出现的问题提出建议，防止问题重复发生
相关规范	应建规范	◻《岗位轮换管理制度》
	参照规范	◻《企业内部控制应用指引》
文件资料		◻《岗位轮换计划》 ◻《岗位轮换工作总结与评估报告》
责任部门及责任人		◻ 人力资源部、各职能部门 ◻ 人力资源部经理、各部门经理及轮岗员工

3.2 人力资源的使用与退出

3.2.1 绩效考核流程

1. 绩效考核流程与风险控制图

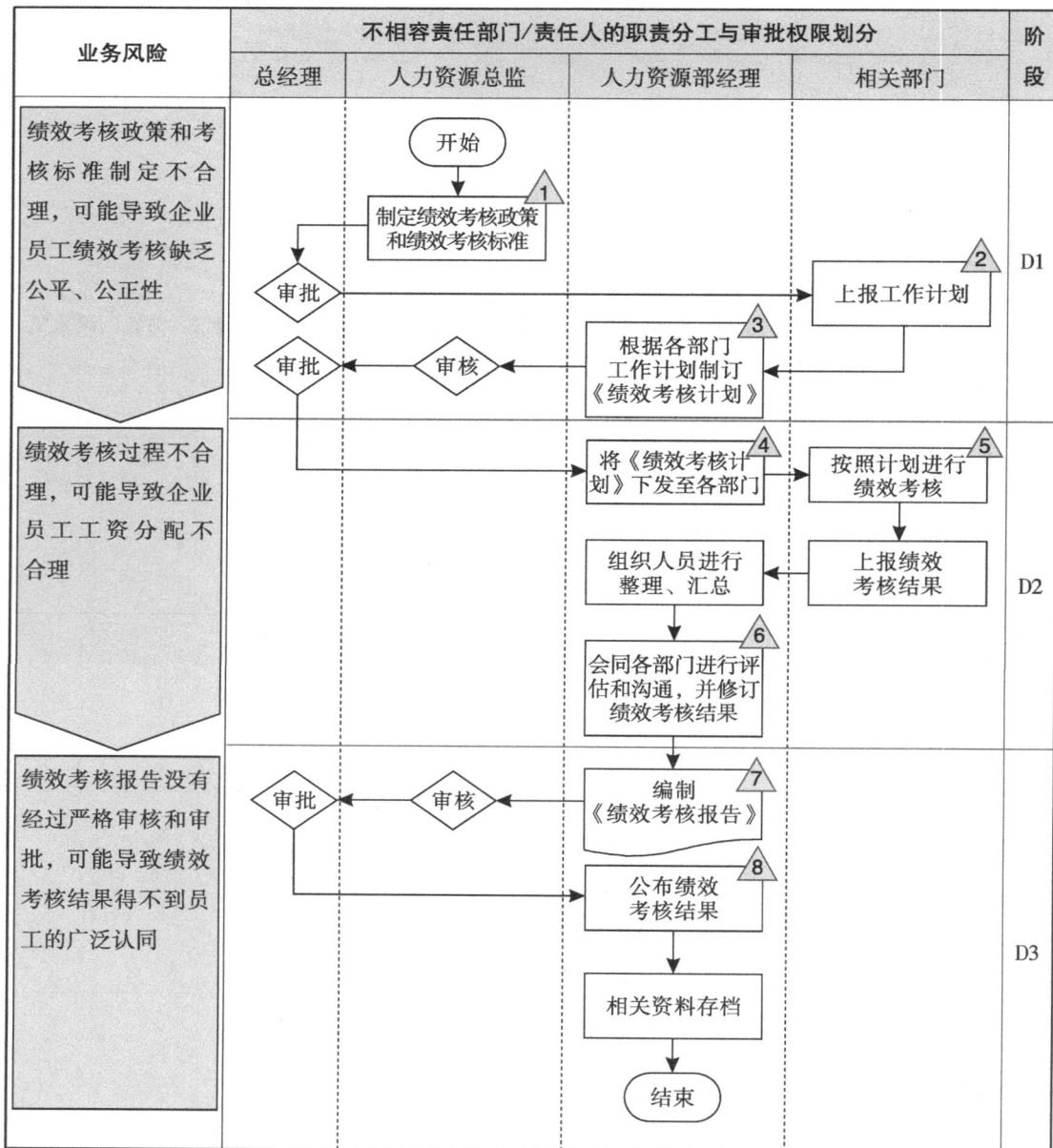

业务风险	不相容责任部门/责任人的职责分工与审批权限划分				阶段
	总经理	人力资源总监	人力资源部经理	相关部门	
绩效考核政策和考核标准制定不合理，可能导致企业员工绩效考核缺乏公平、公正性	审批 审批	开始 ① 制定绩效考核政策和绩效考核标准 审核	③ 根据各部门工作计划制订《绩效考核计划》	② 上报工作计划	D1
绩效考核过程不合理，可能导致企业员工工资分配不合理		④ 将《绩效考核计划》下发至各部门 组织人员进行整理、汇总 ⑥ 会同各部门进行评估和沟通，并修订绩效考核结果	⑤ 按照计划进行绩效考核 上报绩效考核结果		D2
绩效考核报告没有经过严格审核和审批，可能导致绩效考核结果得不到员工的广泛认同	审批 审核	⑦ 编制《绩效考核报告》 ⑧ 公布绩效考核结果 相关资料存档 结束			D3

2. 绩效考核流程控制表

控制事项		详细描述及说明
阶段控制	D1	1. 人力资源总监制定适合企业发展战略的绩效考核政策和考核标准 2. 职能部门上报工作计划 3. 人力资源部经理根据各部门工作计划制订《绩效考核计划》
	D2	4. 人力资源部经理将审批后的绩效考核计划发放至各部门 5. 各部门按照绩效考核计划实施绩效考核 6. 各部门上报绩效考核结果，人力资源部经理会同各部门负责人进行评估，修订考核结果
	D3	7. 人力资源部经理编制《绩效考核报告》，提交总经理审批 8. 《绩效考核报告》审批通过后予以公布
相关规范	应建规范	☐《绩效考核管理制度》
	参照规范	☐《企业内部控制应用指引》
文件资料		☐《绩效考核报告》
责任部门及责任人		☐ 人力资源部 ☐ 总经理、人力资源总监、人力资源部经理

3.2.2　员工离职流程

1. 员工离职流程与风险控制图

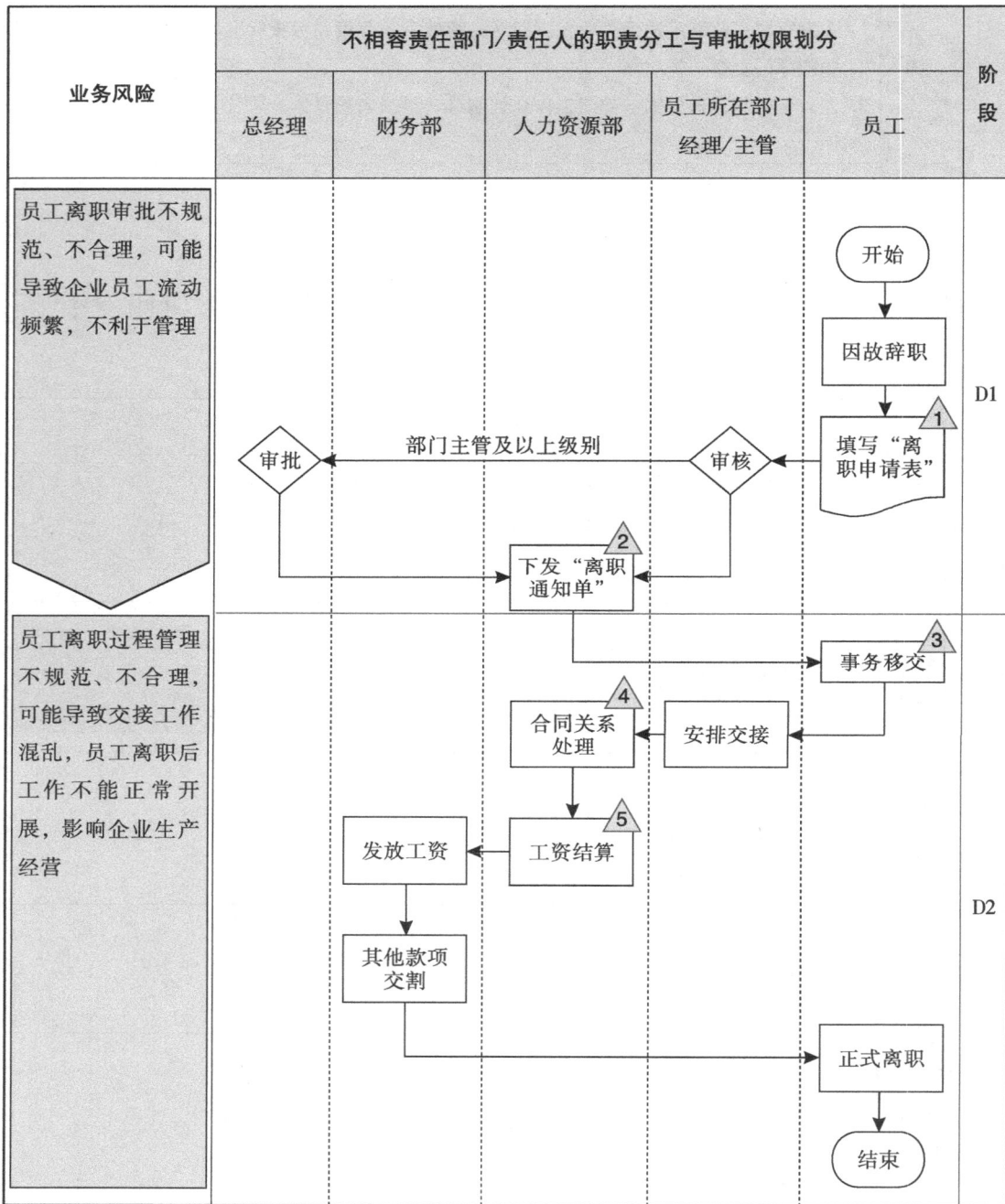

业务风险	不相容责任部门/责任人的职责分工与审批权限划分					阶段
	总经理	财务部	人力资源部	员工所在部门经理/主管	员工	
员工离职审批不规范、不合理，可能导致企业员工流动频繁，不利于管理	审批 ← 部门主管及以上级别 ← 审核		下发"离职通知单" ②	审核	开始 → 因故辞职 → 填写"离职申请表" ①	D1
员工离职过程管理不规范、不合理，可能导致交接工作混乱，员工离职后工作不能正常开展，影响企业生产经营		合同关系处理 ④ → 发放工资 → 工资结算 ⑤ → 其他款项交割 → 正式离职 → 结束		安排交接	事务移交 ③	D2

2. 员工离职流程控制表

控制事项		详细描述及说明
阶段控制	D1	1. 员工因故辞职应填写"离职申请表"，内容包括入职时间、职位、离职原因等 2. "离职申请表"经过审批后，由人力资源部下发"离职通知单"
	D2	3. 离职员工应在本部门进行工作交接和事务交接 4. 人力资源部进行合同关系处理 5. 人力资源部结算工资，扣除离职员工拖欠未付的借款、罚金及赔偿金
相关规范	应建规范	🗇《员工管理制度》
	参照规范	🗇《企业内部控制应用指引》
文件资料		🗇 离职申请表、离职通知单
责任部门及责任人		🗇 人力资源部、财务部 🗇 总经理、人力资源部经理、财务部经理

第4章 企业内部控制流程——社会责任

4.1 企业安全生产控制

4.1.1 安全生产管理流程

1. 安全生产管理流程与风险控制图

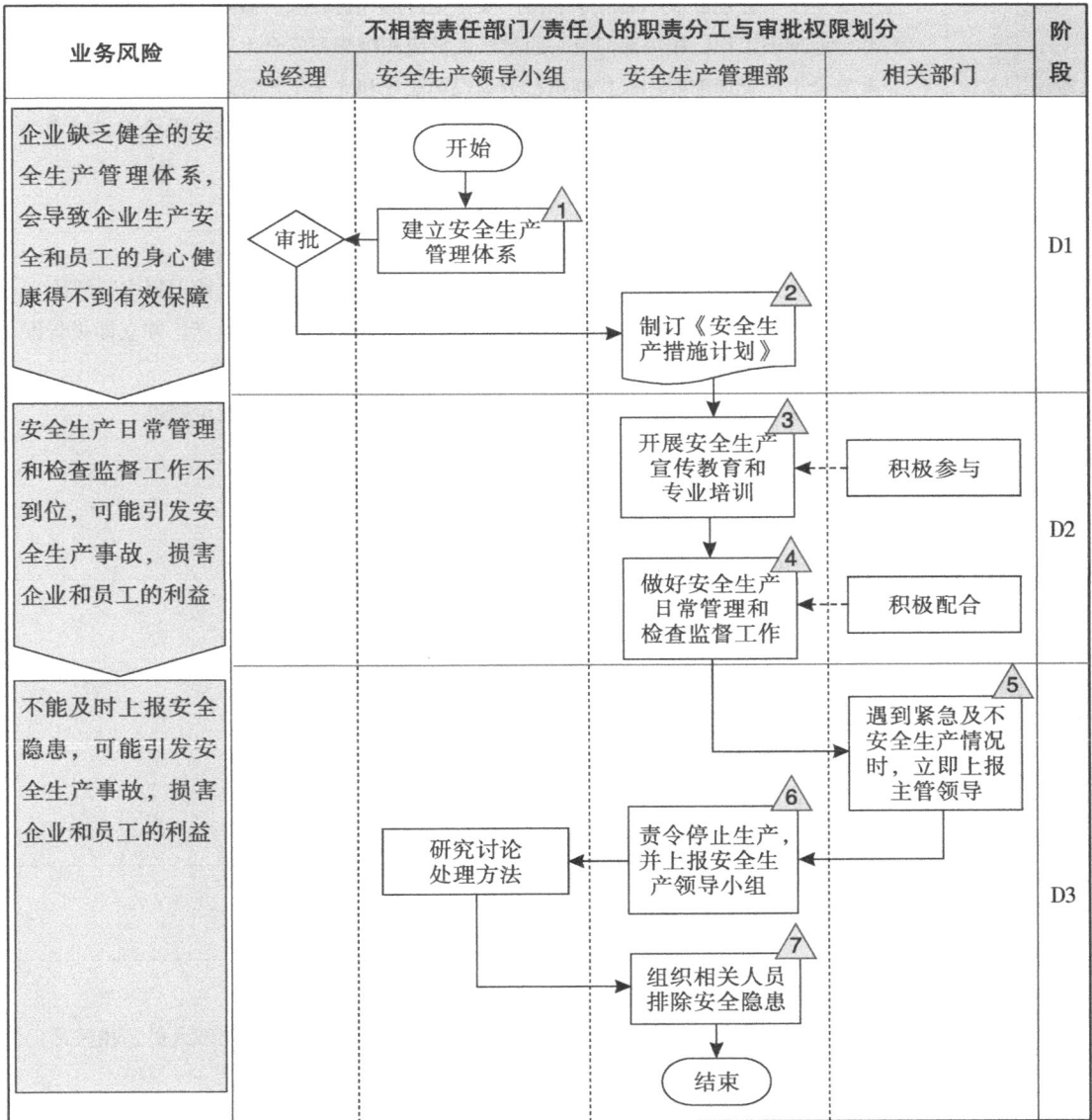

业务风险	不相容责任部门/责任人的职责分工与审批权限划分				阶段
	总经理	安全生产领导小组	安全生产管理部	相关部门	
企业缺乏健全的安全生产管理体系，会导致企业生产安全和员工的身心健康得不到有效保障	审批	开始 → 建立安全生产管理体系 ①	制订《安全生产措施计划》 ②		D1
安全生产日常管理和检查监督工作不到位，可能引发安全生产事故，损害企业和员工的利益			开展安全生产宣传教育和专业培训 ③；做好安全生产日常管理和检查监督工作 ④	积极参与；积极配合	D2
不能及时上报安全隐患，可能引发安全生产事故，损害企业和员工的利益		研究讨论处理方法	责令停止生产，并上报安全生产领导小组 ⑥；组织相关人员排除安全隐患 ⑦ → 结束	遇到紧急及不安全生产情况时，立即上报主管领导 ⑤	D3

2. 安全生产管理流程控制表

控制事项		详细描述及说明
阶段控制	D1	1. 企业安全生产领导小组应当根据国家有关安全生产的规定，结合本企业实际情况，建立严格的安全生产管理体系 2. 企业安全生产管理部应制订具体的《安全生产措施计划》，确保企业的生产安全
	D2	3. 企业安全生产管理部应不断总结和推广安全生产的先进经验，做好安全生产的宣传教育和专业培训工作，相关部门及一线生产人员应积极学习安全生产的相关知识和技能 4. 企业安全生产管理部要积极贯彻执行劳动保护法规和安全生产管理制度，处理本单位安全生产日常事务和安全生产检查监督工作；定期组织开展安全生产大检查，经常深入现场指导生产中的劳动保护工作
	D3	5. 相关部门及安全生产一线人员遇到紧急及不安全生产情况时，应立即上报主管领导 6. 安全生产管理部在遇到紧急及不安全生产情况时，有权责令停止生产，并立即报告安全生产领导小组做出处理 7. 安全生产管理部应根据领导小组的处理意见，组织相关人员排除安全隐患
相关规范	应建规范	❒《安全生产实施细则》 ❒《安全生产操作规范》 ❒《安全生产检查制度》
	参照规范	❒《企业内部控制应用指引》 ❒《企业内部控制基本规范》 ❒《中华人民共和国安全生产法》
文件资料		❒《安全生产措施计划》
责任部门及责任人		❒ 安全生产领导小组、相关部门 ❒ 总经理、安全生产领导小组成员、安全生产管理人员、安全生产一线人员、相关部门负责人

4.1.2　安全事故调查流程

1. 安全事故调查流程与风险控制图

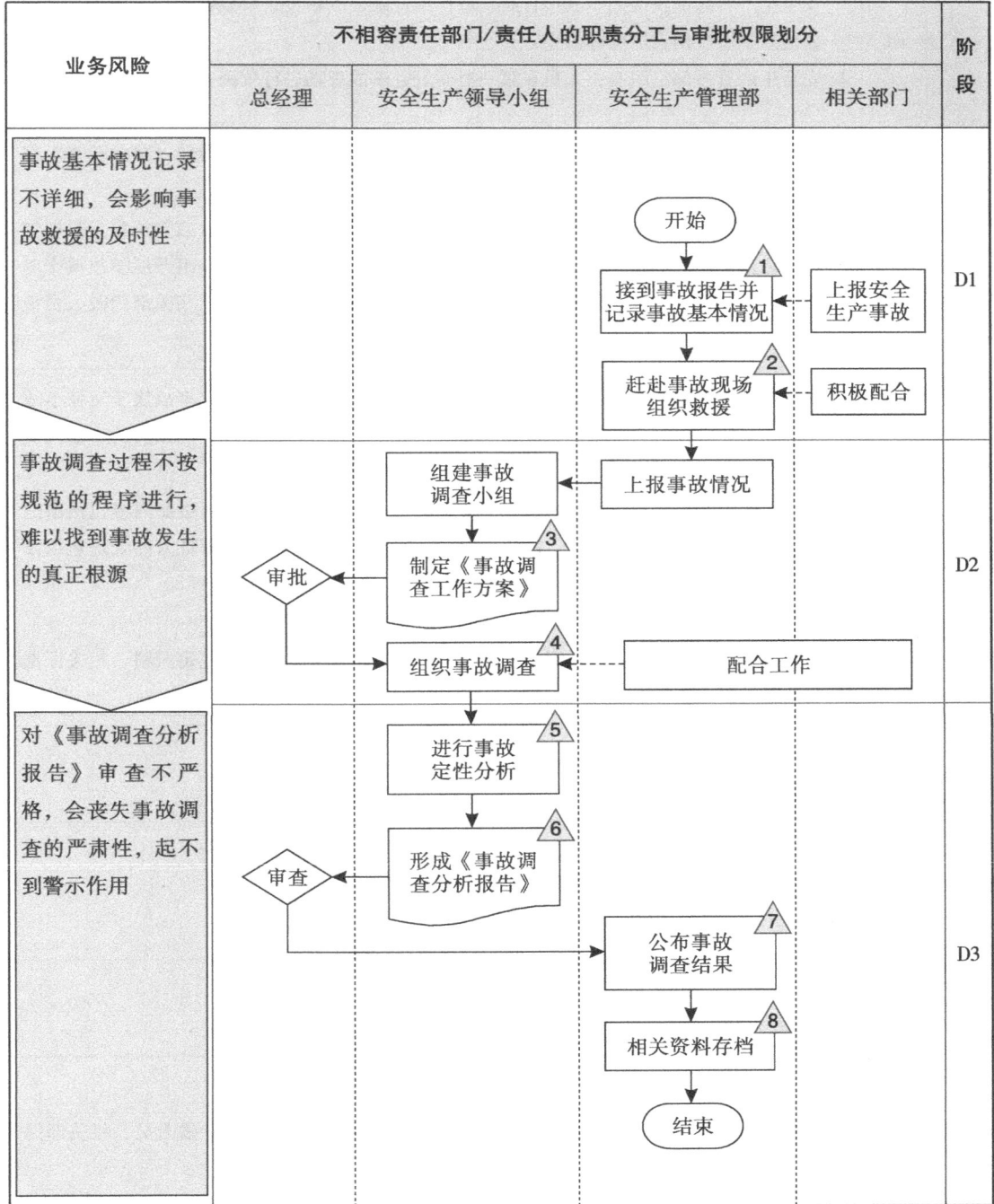

业务风险	不相容责任部门/责任人的职责分工与审批权限划分				阶段
	总经理	安全生产领导小组	安全生产管理部	相关部门	
事故基本情况记录不详细，会影响事故救援的及时性			开始 ①接到事故报告并记录事故基本情况 ②赶赴事故现场组织救援	上报安全生产事故 积极配合	D1
事故调查过程不按规范的程序进行，难以找到事故发生的真正根源	审批	组建事故调查小组 ③制定《事故调查工作方案》 ④组织事故调查	上报事故情况	配合工作	D2
对《事故调查分析报告》审查不严格，会丧失事故调查的严肃性，起不到警示作用	审查	⑤进行事故定性分析 ⑥形成《事故调查分析报告》	⑦公布事故调查结果 ⑧相关资料存档 结束		D3

2. 安全事故调查流程控制表

控制事项		详细描述及说明
阶段控制	D1	1. 安全生产管理部在接到事故报告后，应详细记录事故单位、事故类别、事故时间、事故地点、事故伤亡情况等信息 2. 安全生产管理部组织有关人员在第一时间赶赴事故现场进行救援
	D2	3. 安全生产领导小组应根据事故调查小组的法定职责制定科学、可行的《事故调查工作方案》 4. 安全生产领导小组应组织相关人员进行事故调查，包括勘察现场、收集资料、提取物证、记录证人证言、计算损失、进行技术鉴定等；安全生产领导小组开展事故调查时应按规范的程序和职权进行，以保证事故调查的科学性和严肃性，相关部门及人员应积极配合调查
	D3	5. 安全生产领导小组通过调查事故原因对事故进行定性分析，即界定事故属于责任事故还是非责任事故；除不可抗力因素导致的事故外，具有可预见性、能预防的事故均属于责任事故 6. 安全生产领导小组通过调查形成《事故调查分析报告》，该报告的主要内容包括事故发生概况、原因、人员伤亡、经济损失、事故责任认定、对事故责任人的处理建议及事故防范和整改措施等。《事故调查分析报告》应提交总经理审查 7. 安全生产管理部公布事故调查结果，通报对责任人员的处理结果 8. 事故调查工作全部结束后，安全生产管理部应将调查报告、技术鉴定资料、相关证据等资料进行存档
相关规范	应建规范	☐《安全事故管理制度》 ☐《事故调查工作规范》
	参照规范	☐《企业内部控制应用指引》 ☐《企业内部控制基本规范》 ☐《中华人民共和国安全生产法》
文件资料		☐《事故调查工作方案》 ☐《事故调查分析报告》
责任部门及责任人		☐ 安全生产领导小组、相关部门 ☐ 总经理、安全生产领导小组成员、安全生产管理人员、安全生产一线人员、相关部门负责人

4.1.3　安全事故处理流程

1. 安全事故处理流程与风险控制图

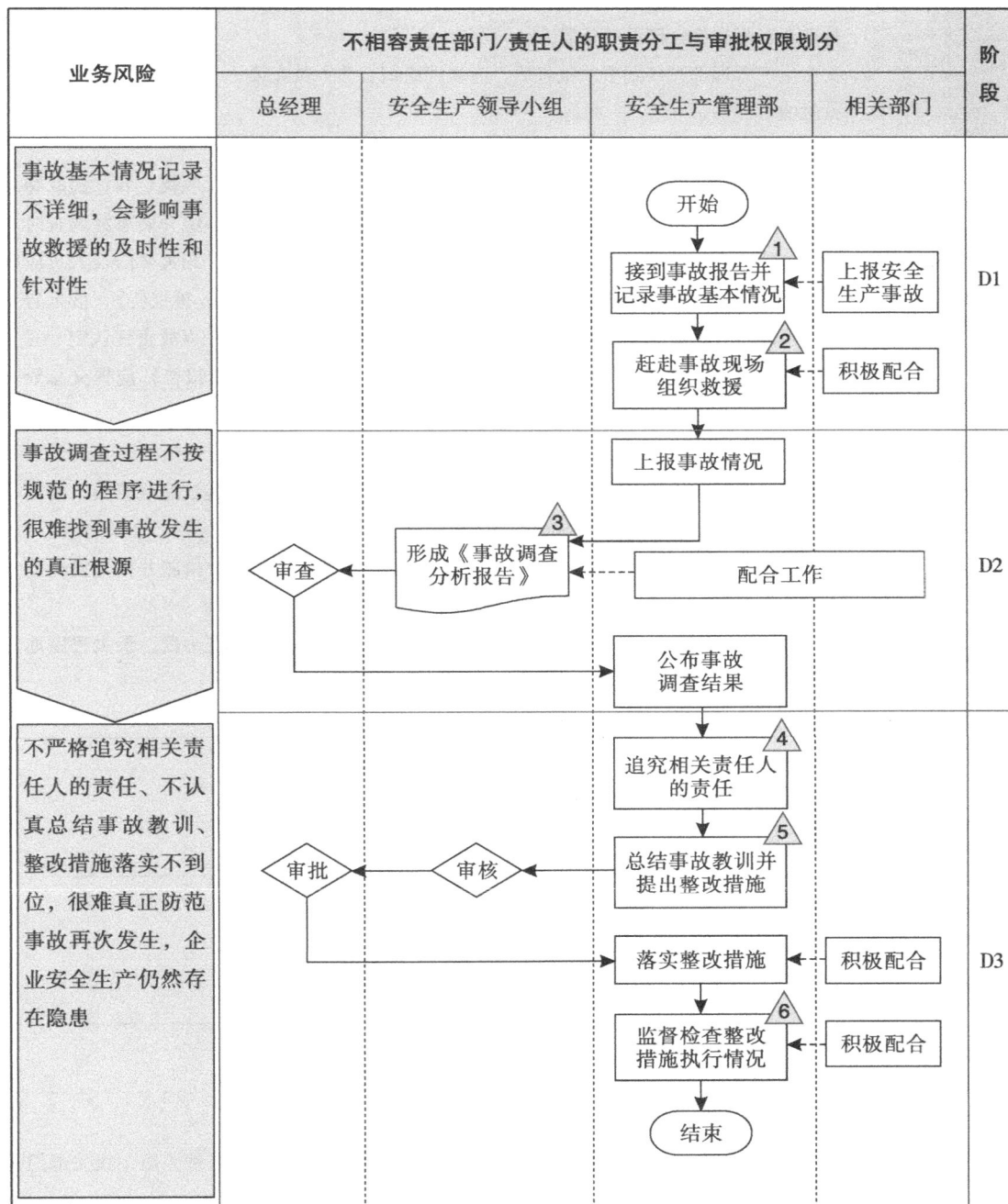

业务风险	不相容责任部门/责任人的职责分工与审批权限划分				阶段
	总经理	安全生产领导小组	安全生产管理部	相关部门	
事故基本情况记录不详细，会影响事故救援的及时性和针对性			开始 ↓ 接到事故报告并记录事故基本情况 ① ↓ 赶赴事故现场组织救援 ②	上报安全生产事故 积极配合	D1
事故调查过程不按规范的程序进行，很难找到事故发生的真正根源	审查	形成《事故调查分析报告》 ③	上报事故情况 ↓ 公布事故调查结果	配合工作	D2
不严格追究相关责任人的责任、不认真总结事故教训、整改措施落实不到位，很难真正防范事故再次发生，企业安全生产仍然存在隐患	审批	审核	追究相关责任人的责任 ④ ↓ 总结事故教训并提出整改措施 ⑤ ↓ 落实整改措施 ↓ 监督检查整改措施执行情况 ⑥ ↓ 结束	积极配合 积极配合	D3

2. 安全事故处理流程控制表

控制事项		详细描述及说明
阶段控制	D1	1. 安全生产管理部在接到事故报告后，应详细记录事故单位、事故类别、事故时间、事故地点、事故伤亡情况等信息 2. 安全生产管理部在接到事故报告后，应立即组织有关人员在第一时间赶赴事故现场进行救援
	D2	3. 安全生产领导小组应组织相关人员进行事故调查，包括勘察现场、收集资料、提取物证、记录证人证言、计算损失、进行技术鉴定等；安全生产领导小组开展事故调查时应按规范的程序和职权进行，以保证事故调查的科学性和严肃性，相关部门及人员应积极配合调查；安全生产领导小组根据调查结果编制《事故调查分析报告》，该报告的主要内容包括事故发生概况、原因、人员伤亡情况、经济损失、事故责任认定、对事故责任人的处理建议及事故防范和整改措施等；《事故调查分析报告》应提交总经理审查
	D3	4. 根据事故原因分析确定责任单位和责任人，界定责任程度并罗列违法违规事实，按相关程序和处理建议追究相关单位和责任人的责任 5. 安全生产管理部应认真总结事故教训及处理经验，提出相应的整改措施并提交安全生产领导小组审核、总经理审批 6. 安全生产管理部应积极组织和落实整改措施，加大安全监督和检查力度，最大程度地防范同类事故再次发生
相关规范	应建规范	⬚《安全事故管理制度》 ⬚《安全生产责任追究制度》 ⬚《重大安全事故应急预案》
	参照规范	⬚《企业内部控制应用指引》 ⬚《企业内部控制基本规范》 ⬚《中华人民共和国安全生产法》
文件资料		⬚《事故调查分析报告》
责任部门及责任人		⬚ 安全生产领导小组、相关部门 ⬚ 总经理、安全生产领导小组成员、安全生产管理人员、安全生产一线人员、相关部门负责人

4.2　企业产品质量控制

4.2.1　产品质量检验流程

1. 产品质量检验流程与风险控制图

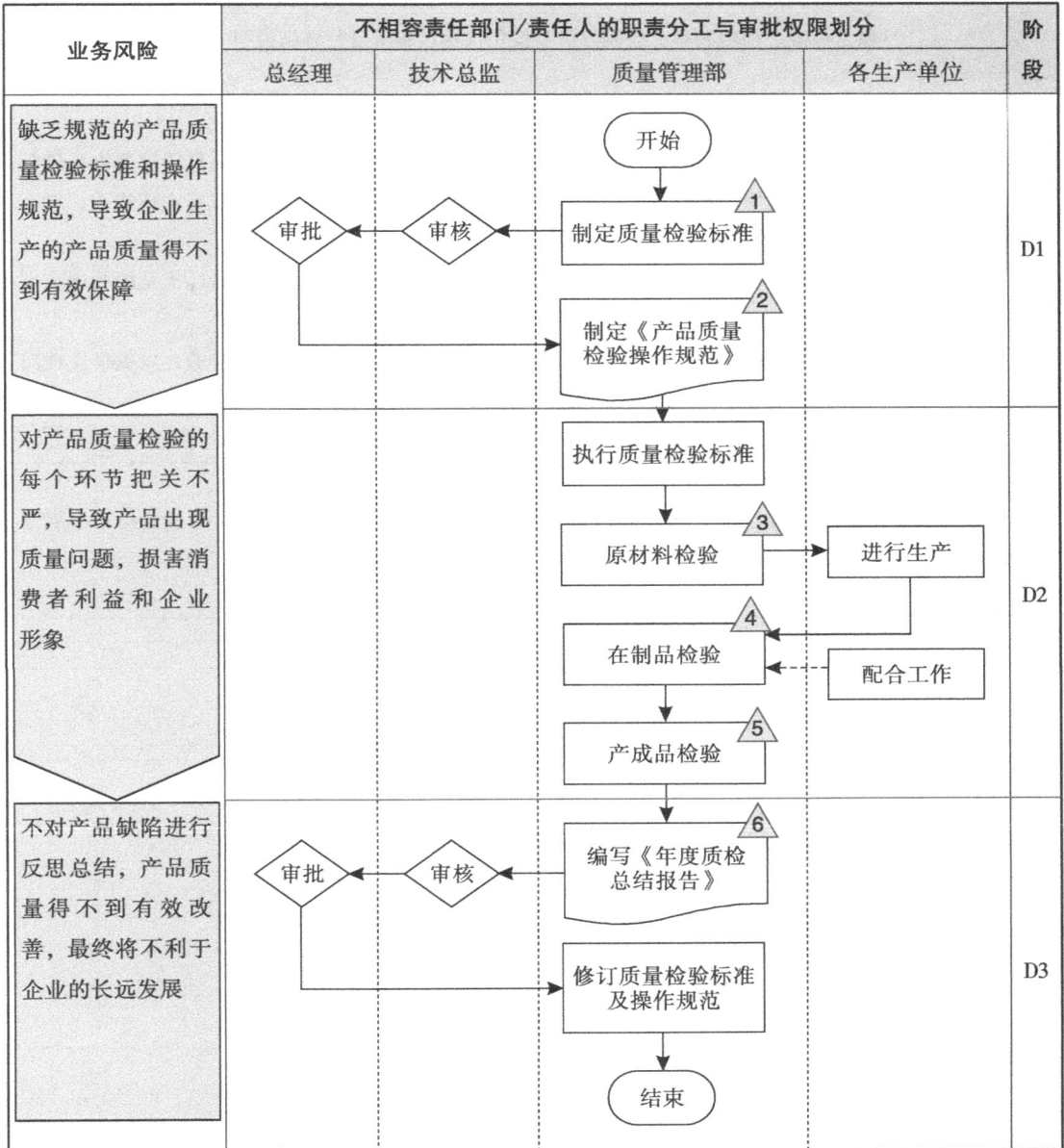

业务风险	不相容责任部门/责任人的职责分工与审批权限划分				阶段
	总经理	技术总监	质量管理部	各生产单位	
缺乏规范的产品质量检验标准和操作规范，导致企业生产的产品质量得不到有效保障	审批　←　审核　←		开始 ↓ ① 制定质量检验标准 ② 制定《产品质量检验操作规范》		D1
对产品质量检验的每个环节把关不严，导致产品出现质量问题，损害消费者利益和企业形象			执行质量检验标准 ③ 原材料检验 ④ 在制品检验 ⑤ 产成品检验	进行生产 配合工作	D2
不对产品缺陷进行反思总结，产品质量得不到有效改善，最终将不利于企业的长远发展	审批　←　审核　←		⑥ 编写《年度质检总结报告》 修订质量检验标准及操作规范 ↓ 结束		D3

2. 产品质量检验流程控制表

控制事项		详细描述及说明
阶段控制	D1	1. 质量管理部会同相关部门及专业人员参考国家标准、行业标准、国外标准、客户需求及本身制造能力等，严格制定产品质量检验标准，并报技术总监审核、总经理审批 2. 质量管理部应制定《质量检验操作规范》，对原材料、在制品、产成品的检查项目、质量标准、检验频率、检验方法及使用仪器设备等进行详细说明
	D2	3. 原材料购入时，仓库管理部门应依据相关规定办理收料，并通知质量管理部人员进行检验；质量管理部检验人员应依照原材料质量标准及检验规范的规定完成检验；对不符合质检要求的原材料进行退换货处理 4. 质量管理部检验人员对制造过程中的在制品，均应依照在制品质量标准及检验规范实施质量检验，以提早发现问题并迅速处理，确保在制品质量 5. 质量管理部检验人员应依照产成品质量标准及检验规范实施质量检验，以提早发现问题并迅速处理，确保产成品质量
	D3	6. 质量管理部应每年提交《年度质检总结报告》，对本年度产品质量检验的标准、规范及执行情况进行总结，并提出产品质量检验标准及检验规范的修订意见
相关规范	应建规范	▢《产品质量管理制度》 ▢《产品质量检验操作规范》
	参照规范	▢《企业内部控制应用指引》 ▢《中华人民共和国产品质量法》
文件资料		▢《产品质量操作规范》 ▢《年度质检总结报告》
责任部门及责任人		▢ 质量管理部、相关部门 ▢ 总经理、技术总监、质量管理部经理、相关部门负责人

4.2.2　产品召回管理流程

1. 产品召回管理流程与风险控制图

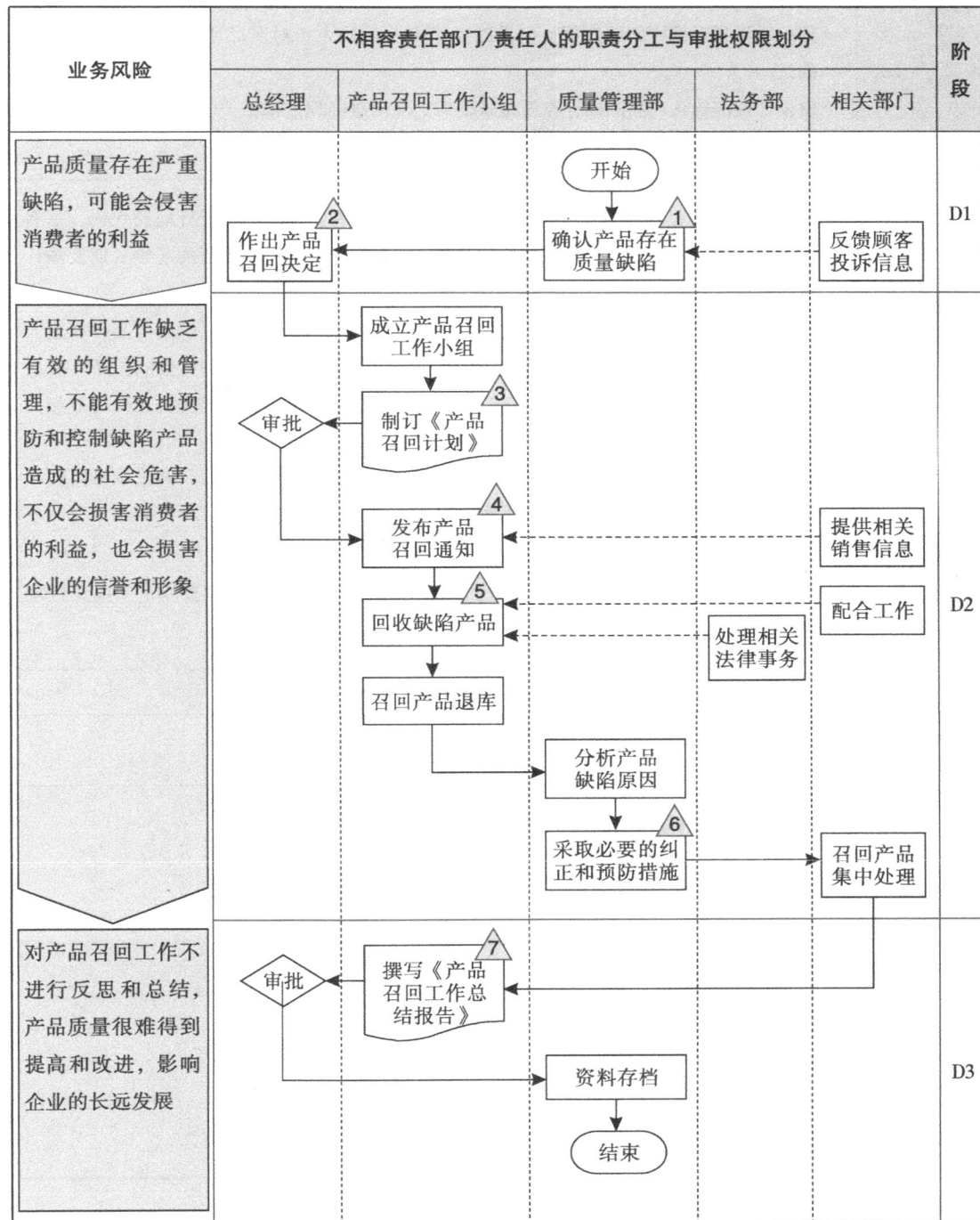

业务风险	不相容责任部门/责任人的职责分工与审批权限划分					阶段
	总经理	产品召回工作小组	质量管理部	法务部	相关部门	
产品质量存在严重缺陷，可能会侵害消费者的利益	②作出产品召回决定		①开始　确认产品存在质量缺陷		反馈顾客投诉信息	D1
产品召回工作缺乏有效的组织和管理，不能有效地预防和控制缺陷产品造成的社会危害，不仅会损害消费者的利益，也会损害企业的信誉和形象	审批	成立产品召回工作小组　③制订《产品召回计划》　④发布产品召回通知　⑤回收缺陷产品　召回产品退库	分析产品缺陷原因　⑥采取必要的纠正和预防措施	处理相关法律事务	提供相关销售信息　配合工作　召回产品集中处理	D2
对产品召回工作不进行反思和总结，产品质量很难得到提高和改进，影响企业的长远发展	审批	⑦撰写《产品召回工作总结报告》　资料存档　结束				D3

2. 产品召回管理流程控制表

控制事项		详细描述及说明
阶段控制	D1	1. 相关部门在发现产品存在缺陷或接到顾客投诉产品质量问题后，应及时通知质量管理部；质量管理部接到通知后，应及时组织专业检验人员对产品质量问题进行评估与确认 2. 质量管理部确认产品的确存在质量缺陷后，应向总经理汇报相关情况，由总经理作出产品召回决定
	D2	3. 《产品召回计划》包括以下内容：拟召回产品的名称、批次、生产日期及代码，拟召回产品的数量，产品召回的原因，召回产品的处理方式，产品召回的起始日期及预计召回的结束日期 4. 从计划实施开始，应在两日内尽力完成所有顾客的通知工作；如果缺陷产品存在重大不安全隐患，应通过媒体等方式发出警示公告，尽力将产品造成的社会危害降至最低 5. 回收缺陷产品时，工作人员应审查产品是否属于召回范围，法务部应协调处理好相关的法律事务 6. 质量管理部应及时就召回产品信息进行验证，分析缺陷产生的原因，并采取必要的纠正和预防措施，防止潜在危害的再次发生
	D3	7. 产品召回工作小组应撰写《产品召回工作总结报告》，总结经验教训，并报总经理审批
相关规范	应建规范	⏏ 《缺陷产品召回管理规定》
	参照规范	⏏ 《企业内部控制应用指引》 ⏏ 《中华人民共和国产品质量法》 ⏏ 《中华人民共和国消费者权益保护法》
文件资料		⏏ 《产品召回计划》 ⏏ 《产品召回工作总结报告》
责任部门及责任人		⏏ 产品召回工作小组、质量管理部门、法务部、相关部门 ⏏ 总经理、产品召回工作小组组长、质量管理部经理、相关部门负责人

4.3 环境保护与资源节约控制

4.3.1 三废综合治理流程

1. 三废综合治理流程与风险控制图

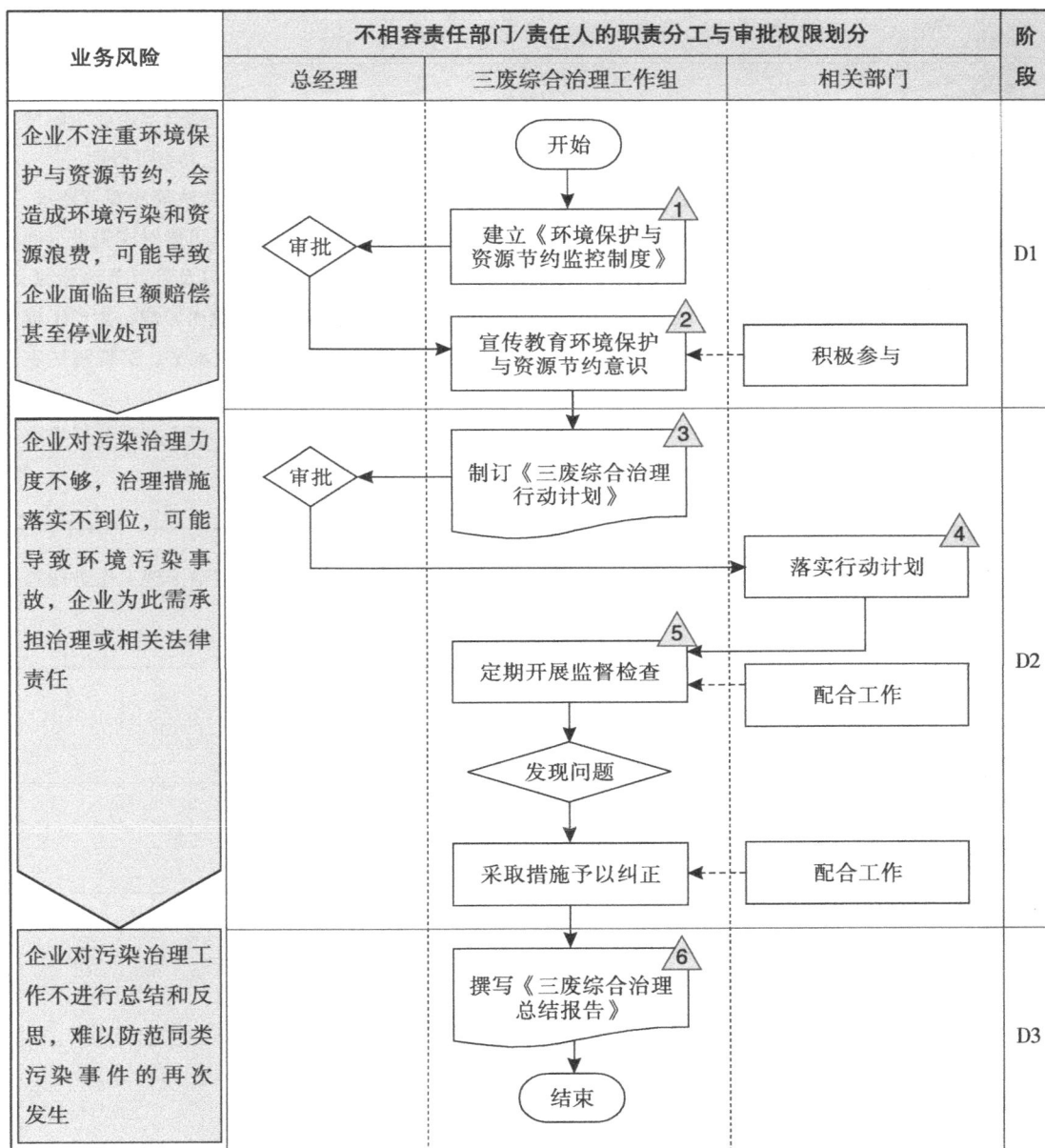

业务风险	不相容责任部门/责任人的职责分工与审批权限划分			阶段
	总经理	三废综合治理工作组	相关部门	
企业不注重环境保护与资源节约，会造成环境污染和资源浪费，可能导致企业面临巨额赔偿甚至停业处罚	审批	开始 → ① 建立《环境保护与资源节约监控制度》 ② 宣传教育环境保护与资源节约意识	积极参与	D1
企业对污染治理力度不够，治理措施落实不到位，可能导致环境污染事故，企业为此需承担治理或相关法律责任	审批	③ 制订《三废综合治理行动计划》 ④ 落实行动计划 ⑤ 定期开展监督检查 发现问题 采取措施予以纠正	配合工作 配合工作	D2
企业对污染治理工作不进行总结和反思，难以防范同类污染事件的再次发生		⑥ 撰写《三废综合治理总结报告》 结束		D3

2. 三废综合治理流程控制表

控制事项		详细描述及说明
阶段控制	D1	1. 企业应当按照国家有关环境保护与资源节约的规定，结合本企业实际情况，建立《环境保护与资源节约监控制度》 2. 企业应通过宣传教育等各种有效形式不断提高员工的环境保护和资源节约意识
	D2	3. 三废综合治理工作组应根据国家有关环境保护与资源节约的规定，结合本企业实际情况，制订《三废综合治理行动计划》。《三废综合治理行动计划》应具有可行性 4. 企业在落实环境保护行动计划时应注意：符合相关环境保护的法律法规和规章要求；减少包括原料、燃料在内的各种资源消耗；减少废料的产生，并尽可能对废料进行回收和循环利用；尽量避免产生污染环境的废料；采用环保材料，以及可以节约能源、减少废料的设计、技术和原料；尽量减少公司发展对环境造成的负面影响；为员工提供有关保护环境的培训；不断改进生产工艺流程，降低三废排放水平，实现清洁生产，创造可持续发展的环境 5. 三废综合治理工作小组定期开展监督检查工作，及时发现问题，并责令相关部门采取措施予以纠正
	D3	6. 三废综合治理工作小组负责撰写《三废综合治理总结报告》，对污染治理工作进行总结和反思，并提出工作改进意见
相关规范	应建规范	🗊《环境保护与资源节约监控制度》 🗊《废品回收与综合利用制度》
	参照规范	🗊《企业内部控制应用指引》 🗊《中华人民共和国环境保护法》
文件资料		🗊《三废综合治理行动计划》 🗊《三废综合治理总结报告》
责任部门及责任人		🗊 总经理、三废综合治理工作组、相关部门 🗊 总经理、三废综合治理工作组组长、相关部门负责人

4.3.2　污染事故处理流程

1. 污染事故处理流程与风险控制图

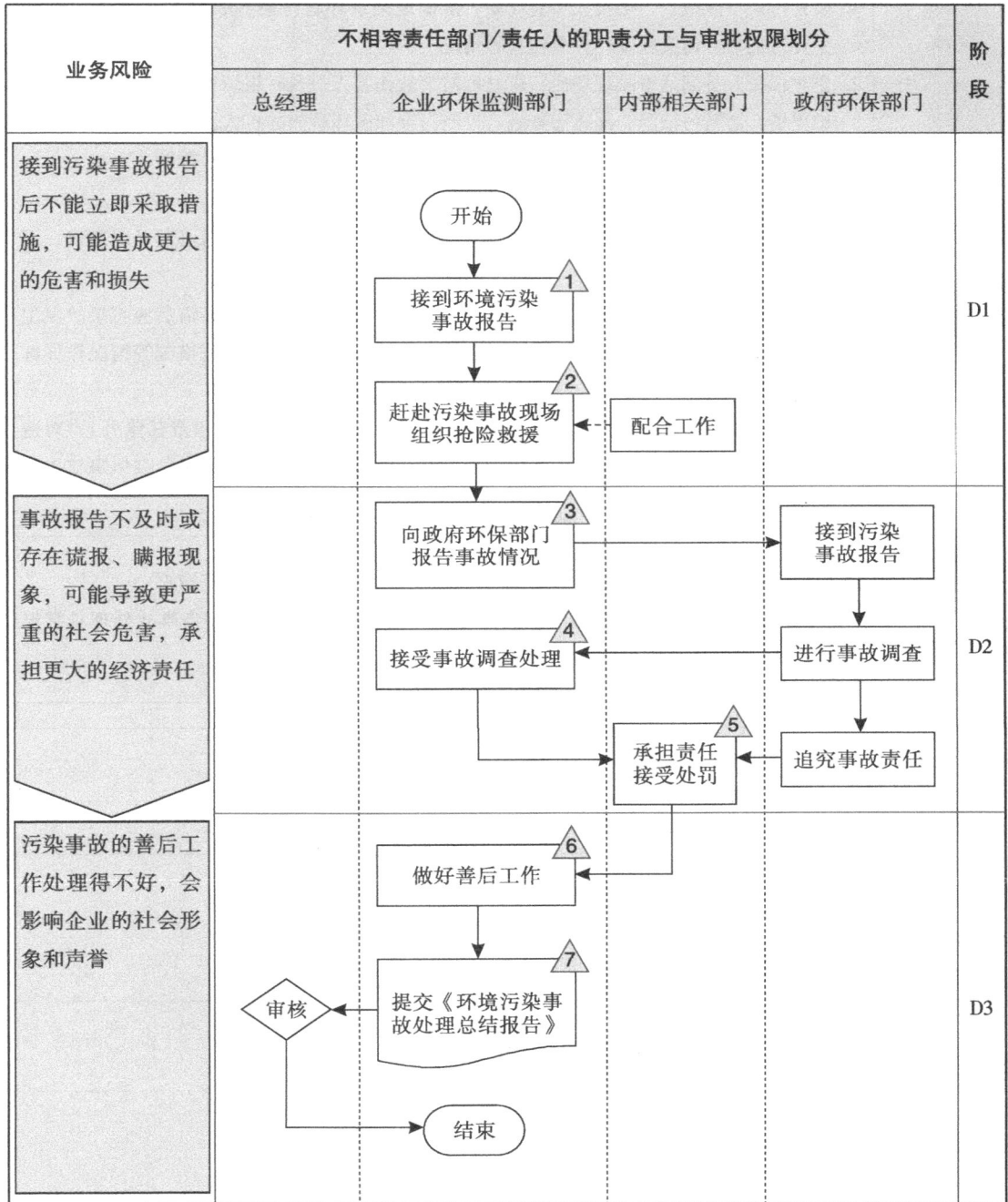

业务风险	不相容责任部门/责任人的职责分工与审批权限划分				阶段
	总经理	企业环保监测部门	内部相关部门	政府环保部门	
接到污染事故报告后不能立即采取措施，可能造成更大的危害和损失		开始 ① 接到环境污染事故报告 ② 赶赴污染事故现场组织抢险救援	配合工作		D1
事故报告不及时或存在谎报、瞒报现象，可能导致更严重的社会危害，承担更大的经济责任		③ 向政府环保部门报告事故情况 ④ 接受事故调查处理	⑤ 承担责任接受处罚	接到污染事故报告 进行事故调查 追究事故责任	D2
污染事故的善后工作处理得不好，会影响企业的社会形象和声誉	审核 结束	⑥ 做好善后工作 ⑦ 提交《环境污染事故处理总结报告》			D3

2. 污染事故处理流程控制表

控制事项		详细描述及说明
阶段控制	D1	1. 接到污染事故报告，接报人员应简要、准确地记录环境污染事故发生的时间、地点、主要污染物、污染程度、人员伤害等情况 2. 企业相关人员到达事故现场后，应立即对事故伤害人员及时组织抢救，并采取措施保护现场、切断污染源、隔离污染区、控制污染和破坏事故的扩大。若事故处理需要外部单位部门的参与支持，应及时向当地政府或有关部门报告，寻求援助
	D2	3. 污染事故发生后，企业应立即向当地环保部门报告事故情况，报告必须及时准确，不得谎报、瞒报 4. 企业应积极配合相关环境执法部门开展污染事故调查工作。事故查清后应将事故发生的原因、过程、危害、采取的措施、处理结果以及遗留问题和防范措施等情况作详细的书面报告 5. 政府环保部门应根据环境污染与破坏事故发生的情节、后果（刑事责任除外），对造成环境污染与破坏事故的单位或个人进行行政处罚，并提出杜绝和避免类似事故再次发生的措施和要求
	D3	6. 企业应组织人员清除事故现场遗留的污染物质，并制定相应的防范措施 7. 企业环保监测部门应总结事故教训和处理经验，并撰写《环境污染事故处理总结报告》，提交总经理审核
相关规范	应建规范	☐《环境保护与资源节约监控制度》 ☐《重大环境污染事件应急预案》
	参照规范	☐《企业内部控制应用指引》 ☐《中华人民共和国环境保护法》 ☐《中华人民共和国国家环境保护标准》
文件资料		☐《环境污染事故处理总结报告》
责任部门及责任人		☐ 总经理、环保监测部门、相关部门 ☐ 总经理、环保监测部门领导、相关部门负责人

4.4　促进就业与员工权益保护

4.4.1　员工权益保护管理流程

1. 员工权益保护管理流程与风险控制图

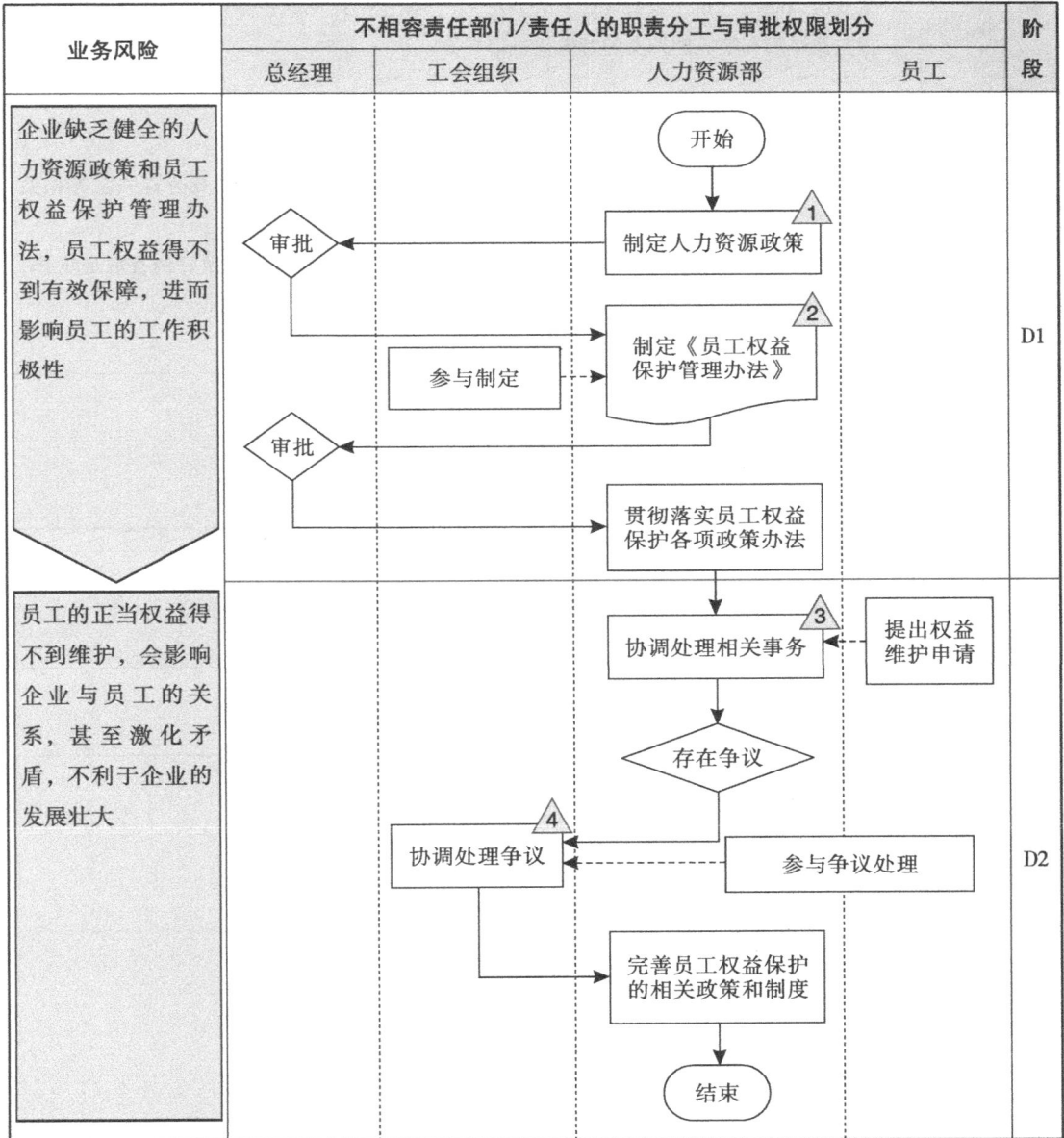

业务风险	不相容责任部门/责任人的职责分工与审批权限划分				阶段
	总经理	工会组织	人力资源部	员工	
企业缺乏健全的人力资源政策和员工权益保护管理办法，员工权益得不到有效保障，进而影响员工的工作积极性	审批	参与制定	开始 → 制定人力资源政策 ① 制定《员工权益保护管理办法》② 贯彻落实员工权益保护各项政策办法		D1
员工的正当权益得不到维护，会影响企业与员工的关系，甚至激化矛盾，不利于企业的发展壮大	协调处理争议 ④		协调处理相关事务 ③ 存在争议 完善员工权益保护的相关政策和制度 结束	提出权益维护申请 参与争议处理	D2

2. 员工权益保护管理流程控制表

控制事项		详细描述及说明
阶段控制	D1	1. 企业应当根据国家相关规定和本企业实际情况制定人力资源政策，保护员工应该享有的各项合法权益 2. 企业应当制定《员工权益保护管理办法》，具体包括员工的基本权益、女员工的基本权益及孕妇和哺乳期妇女的特殊权益保护等
	D2	3. 人力资源部负责协调处理员工招聘、培训、绩效考核、薪资发放及劳资关系等相关事务 4. 工会遵循双方自愿原则，协调处理员工争议；协助员工申诉，并做好调查取证工作，监督员工投诉处理的公正性
相关规范	应建规范	□《员工权益保护管理办法》 □《人力资源管理制度》
	参照规范	□《企业内部控制应用指引》 □《中华人民共和国劳动者权益保护法》 □《中华人民共和国劳动合同法》
文件资料		□《员工权益保护管理办法》
责任部门及责任人		□ 工会组织、人力资源部 □ 总经理、工会组织负责人、人力资源部经理

4.4.2　员工职业健康监护流程

1. 员工职业健康监护流程与风险控制图

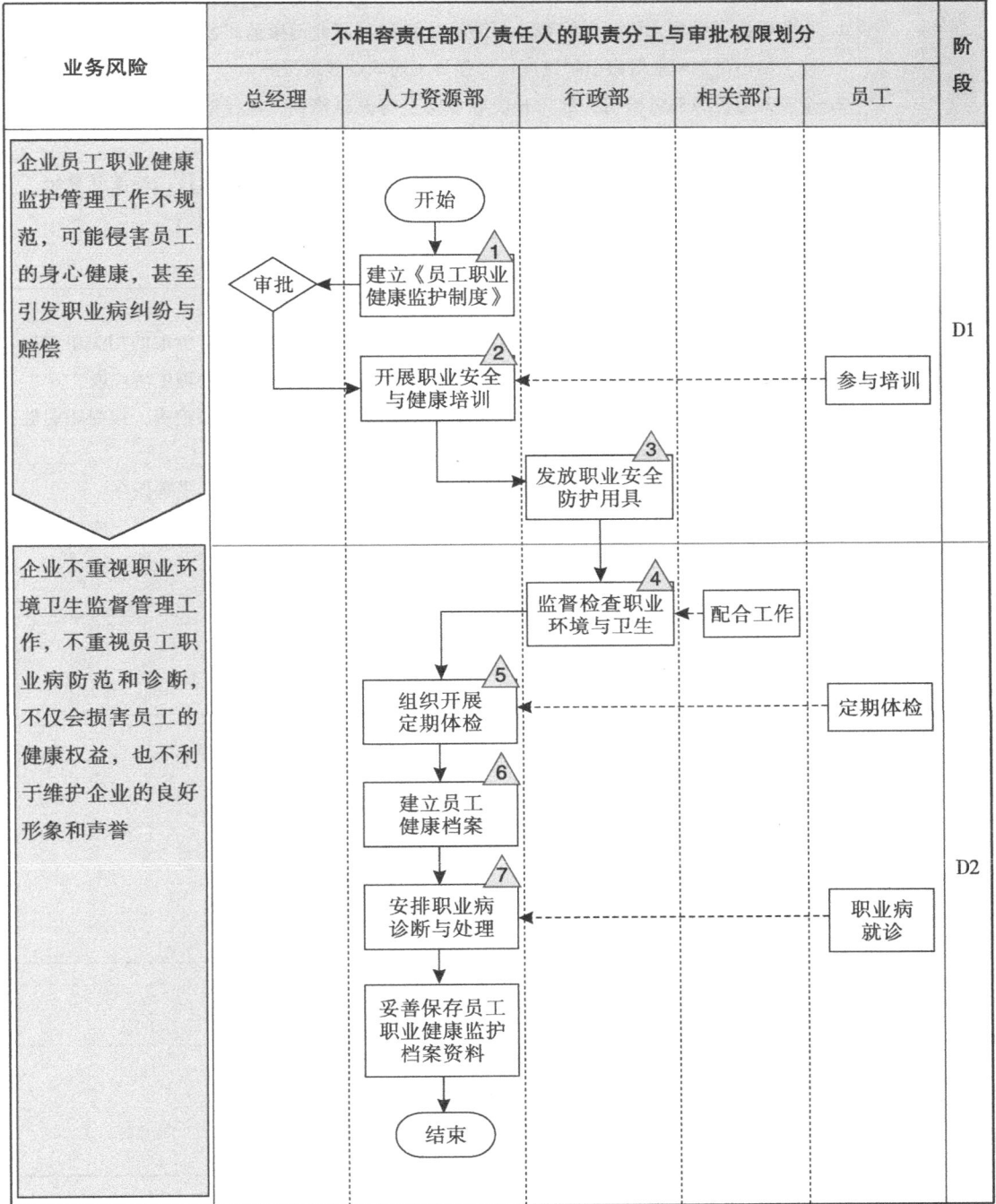

业务风险	不相容责任部门/责任人的职责分工与审批权限划分					阶段
	总经理	人力资源部	行政部	相关部门	员工	
企业员工职业健康监护管理工作不规范，可能侵害员工的身心健康，甚至引发职业病纠纷与赔偿	审批	开始 ① 建立《员工职业健康监护制度》 ② 开展职业安全与健康培训	③ 发放职业安全防护用具		参与培训	D1
企业不重视职业环境卫生监督管理工作，不重视员工职业病防范和诊断，不仅会损害员工的健康权益，也不利于维护企业的良好形象和声誉		⑤ 组织开展定期体检 ⑥ 建立员工健康档案 ⑦ 安排职业病诊断与处理 妥善保存员工职业健康监护档案资料 结束	④ 监督检查职业环境与卫生	配合工作	定期体检 职业病就诊	D2

2. 员工职业健康监护流程控制表

控制事项		详细描述及说明
阶段控制	D1	1. 企业根据《中华人民共和国职业病防治法》和《职业健康监护技术规范》等相关文件，制定员工职业健康监护制度，加强员工的职业健康保护 2. 企业人力资源部组织相关部门开展职业安全与健康培训，宣传职业健康保护相关知识，不断加强员工的职业危害防范意识 3. 对于接触职业病危害因素的员工，行政部应定期发放相关防护用具，并做好登记工作，以利于后续追踪查询。企业应确保分发的防护用品在有效期限内
	D2	4. 企业行政部不定期对作业场所环境卫生进行监督检查，对于不符合标准的相关单位提出批评和建议；对员工宿舍环境及餐饮标准进行监督管理，定期处理生活垃圾 5. 企业人力资源部定期组织接触职业病危害因素的员工进行职业健康检查，接受职业健康检查的员工视同正常出勤 6. 企业人力资源部应对员工职业健康监护档案资料进行分类整理，并妥善保存 7. 对疑似职业病的员工，应安排就诊或医学观察；对经确诊为职业病的人员，应按相关规定及标准的要求提供治疗、康复、转岗等待遇
相关规范	应建规范	❒《员工职业健康监护制度》
	参照规范	❒《企业内部控制应用指引》 ❒《中华人民共和国劳动者权益保护法》 ❒《中华人民共和国劳动合同法》 ❒《中华人民共和国职业病防治法》 ❒《职业健康监护技术规范》
文件资料		❒ 员工职业健康监护档案资料
责任部门及责任人		❒ 行政部、人力资源部、相关部门 ❒ 总经理、行政部经理、人力资源部经理、相关部门负责人

第5章　企业内部控制流程——企业文化

5.1　企业文化建设

5.1.1　企业文化建设流程

1. 企业文化建设流程与风险控制图

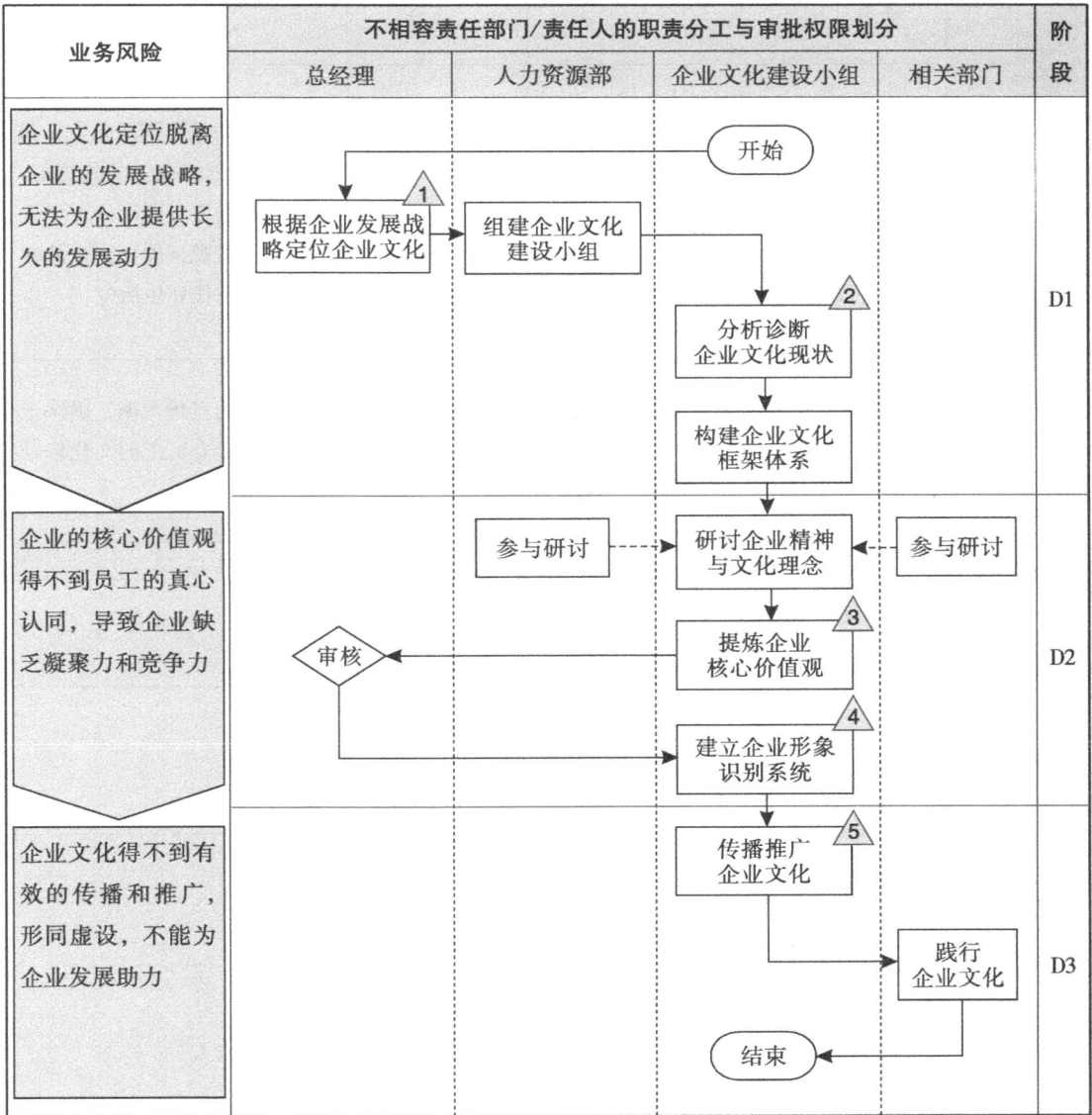

业务风险	不相容责任部门/责任人的职责分工与审批权限划分				阶段
	总经理	人力资源部	企业文化建设小组	相关部门	
企业文化定位脱离企业的发展战略，无法为企业提供长久的发展动力	根据企业发展战略定位企业文化 ①	组建企业文化建设小组	开始 → 分析诊断企业文化现状 ② → 构建企业文化框架体系		D1
企业的核心价值观得不到员工的真心认同，导致企业缺乏凝聚力和竞争力	审核	参与研讨	研讨企业精神与文化理念 → 提炼企业核心价值观 ③ → 建立企业形象识别系统 ④	参与研讨	D2
企业文化得不到有效的传播和推广，形同虚设，不能为企业发展助力			传播推广企业文化 ⑤ → 结束	践行企业文化	D3

51

2. 企业文化建设流程控制表

控制事项		详细描述及说明
阶段控制	D1	1. 企业要获得长久稳定的发展，就必须根据自身的发展战略定位企业文化，让员工明确企业的战略目标、经营方针、管理规范等，自觉地把自我价值与企业价值、个人命运与企业命运紧密地联系在一起 2. 企业文化建设小组通过研究企业文化的发展沿袭，对企业文化现状进行诊断分析，总结存在的问题，从而更好地构建具有自身特色、有利于企业长远发展的新的企业文化体系
	D2	3. 企业应当根据发展战略和实际情况总结优良传统，挖掘文化底蕴，提炼积极向上、诚实守信、开拓创新的核心价值，以确定文化建设的目标和内容，形成企业文化规范，使其成为员工行为守则的重要组成部分 4. 企业文化建设小组通过建立企业形象识别系统，将企业的核心价值观延伸到企业的软硬件设施及器物层面，使企业精神通过耳濡目染融入员工的日常工作和生活中
	D3	5. 企业应当促进文化建设在内部各层级的有效沟通，加强企业文化的宣传贯彻，确保全体员工共同遵守；企业应当加强对员工的文化教育和熏陶，全面提升员工的文化修养和内在素质
相关规范	应建规范	▢《企业文化建设制度》
	参照规范	▢《企业内部控制应用指引》 ▢《企业内部控制基本规范》
文件资料		▢《企业文化现状诊断报告》 ▢《企业文化建设方案》
责任部门及责任人		▢ 人力资源部、企业文化建设小组、相关部门 ▢ 总经理、人力资源部经理、企业文化建设小组组长、相关部门负责人

5.1.2　企业文化宣传流程

1. 企业文化宣传流程与风险控制图

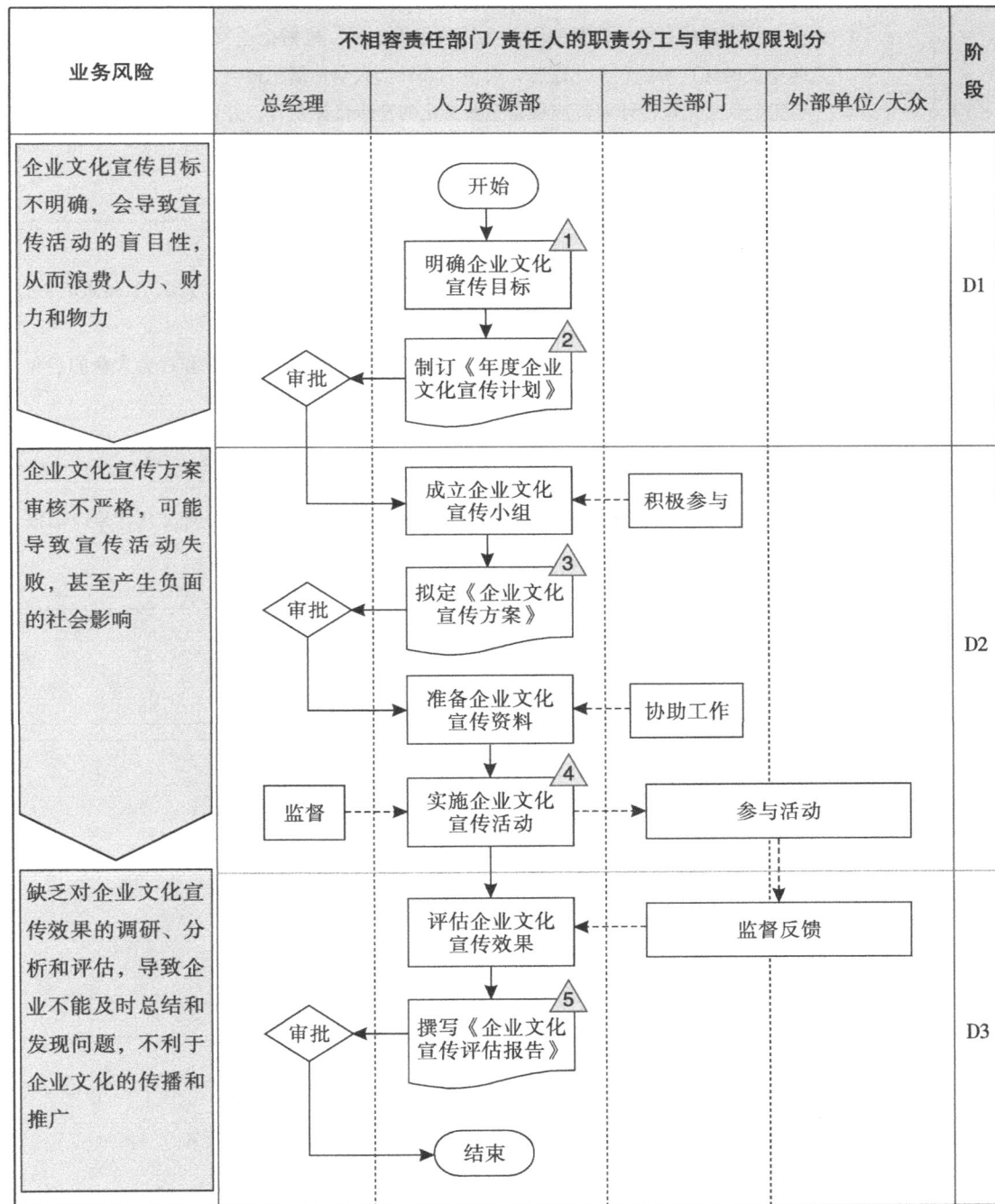

业务风险	不相容责任部门/责任人的职责分工与审批权限划分				阶段
	总经理	人力资源部	相关部门	外部单位/大众	
企业文化宣传目标不明确，会导致宣传活动的盲目性，从而浪费人力、财力和物力	审批	开始 → ①明确企业文化宣传目标 → ②制订《年度企业文化宣传计划》			D1
企业文化宣传方案审核不严格，可能导致宣传活动失败，甚至产生负面的社会影响	审批　监督	成立企业文化宣传小组 → ③拟定《企业文化宣传方案》 → 准备企业文化宣传资料 → ④实施企业文化宣传活动	积极参与　协助工作	参与活动	D2
缺乏对企业文化宣传效果的调研、分析和评估，导致企业不能及时总结和发现问题，不利于企业文化的传播和推广	审批 → 结束	评估企业文化宣传效果 → ⑤撰写《企业文化宣传评估报告》		监督反馈	D3

2. 企业文化宣传流程控制表

控制事项		详细描述及说明
阶段控制	D1	1. 企业文化宣传的目标应紧紧围绕企业的核心价值观，根据企业发展战略和自身特点，宣传企业的优良传统和文化底蕴，向员工和社会大众传播积极向上的企业文化 2.《年度企业文化宣传计划》应根据企业文化的宣传目标制订，并考虑企业可以承受的人力、财力和物力成本
	D2	3.《企业文化宣传方案》应包括宣传的时间、场所、宣传人员、宣传方式、宣传资料等，方案应具有可操作性 4. 企业文化宣传活动的开展应综合运用各种手段，调动企业内部员工和社会大众的参与热情，并注意维持大型活动现场的秩序，做好意外事故的防范工作
	D3	5. 企业文化宣传小组应对宣传活动的效果进行总结分析，并撰写《企业文化宣传评估报告》，提出活动改进的建议，提交总经理审批
相关规范	应建规范	🗍《企业文化宣传管理规定》
	参照规范	🗍《企业内部控制应用指引》 🗍《企业内部控制基本规范》
文件资料		🗍《年度企业文化宣传计划》 🗍《企业文化宣传方案》 🗍《企业文化宣传评估报告》
责任部门及责任人		🗍 人力资源部、企业文化宣传小组、相关部门 🗍 总经理、人力资源部经理、企业文化宣传小组组长、相关部门负责人

5.2　企业文化评估

5.2.1　企业文化评估流程

1. 企业文化评估流程与风险控制图

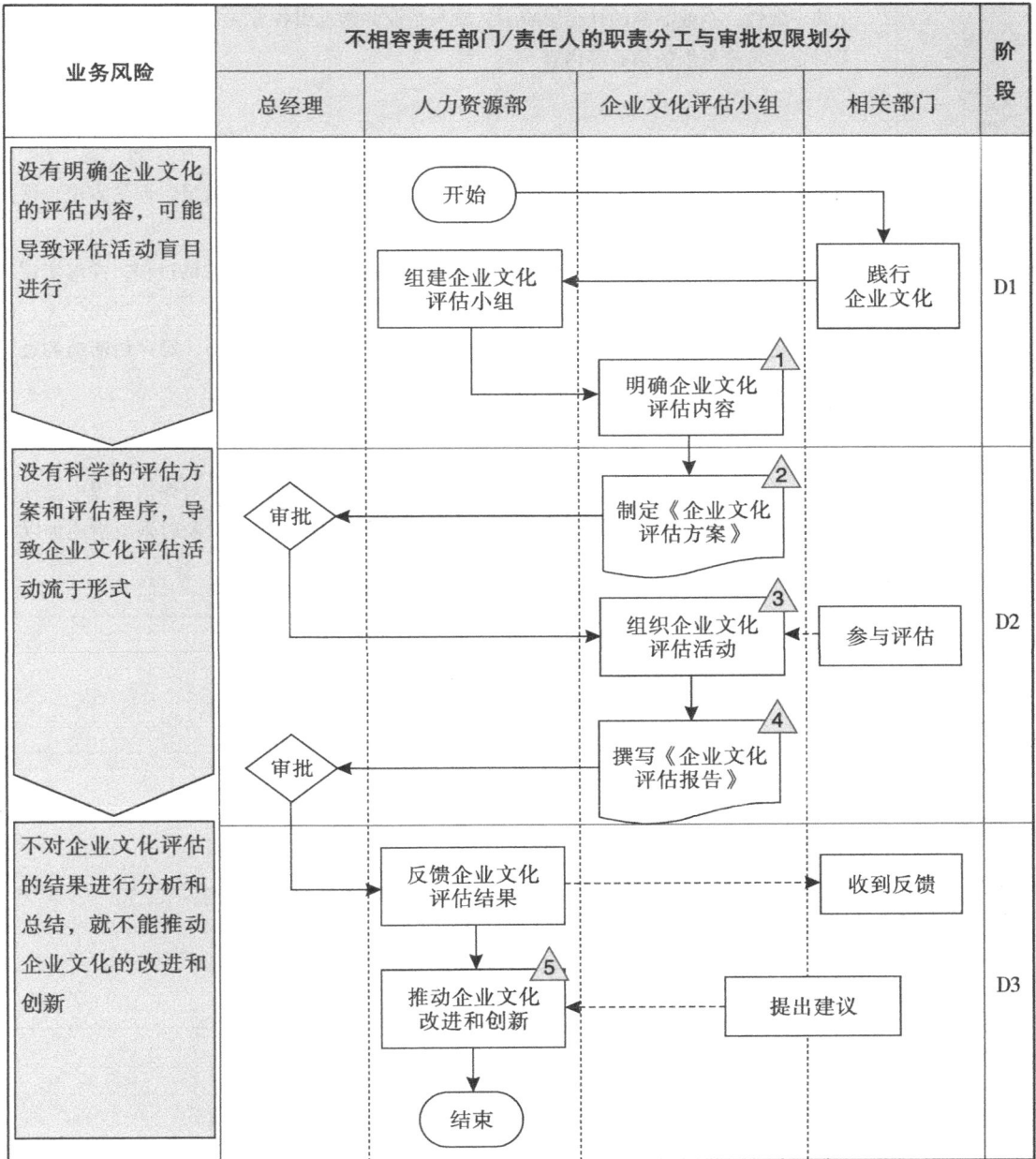

业务风险	不相容责任部门/责任人的职责分工与审批权限划分				阶段
	总经理	人力资源部	企业文化评估小组	相关部门	
没有明确企业文化的评估内容，可能导致评估活动盲目进行		组建企业文化评估小组	开始　→　明确企业文化评估内容 ①	践行企业文化	D1
没有科学的评估方案和评估程序，导致企业文化评估活动流于形式	审批　审批		制定《企业文化评估方案》 ②　组织企业文化评估活动 ③　撰写《企业文化评估报告》 ④	参与评估	D2
不对企业文化评估的结果进行分析和总结，就不能推动企业文化的改进和创新		反馈企业文化评估结果　推动企业文化改进和创新 ⑤　结束		收到反馈　提出建议	D3

2. 企业文化评估流程控制表

控制事项		详细描述及说明
阶段控制	D1	1. 企业文化评估应当重点关注董事、监事、经理和其他高级管理人员在企业文化建设中责任履行的情况，全体员工对企业核心价值观的认同感，企业经营管理行为与企业文化的一致性，企业品牌的社会影响力，参与企业并购重组各方文化的融合度，以及员工对企业未来发展的信心等内容
	D2	2. 《企业文化评估方案》应明确企业文化评估的目的、内容、参与人员、评估方法、评估程序等具体事项 3. 企业文化评估小组负责组织评估活动，按照评估方案规范和监督评估过程，并落实评估责任制，避免企业文化评估活动流于形式 4. 企业文化评估活动结束后，评估小组应撰写《企业文化评估报告》，对评估活动的过程和结果进行总结，并提交总经理审批
	D3	5. 企业应当重视企业文化的评估结果，巩固和发扬文化建设成果，针对评估过程中发现的问题，研究影响企业文化建设的不利因素，分析深层次的原因，及时采取措施加以改进，不断推动企业文化创新
相关规范	应建规范	⊟《企业文化评估制度》
	参照规范	⊟《企业内部控制应用指引》 ⊟《企业内部控制基本规范》
文件资料		⊟《企业文化评估方案》 ⊟《企业文化评估报告》
责任部门及责任人		⊟ 人力资源部、企业文化评估小组、相关部门 ⊟ 总经理、人力资源部经理、企业文化评估小组组长、相关部门负责人

5.2.2 企业文化创新流程

1. 企业文化创新流程与风险控制图

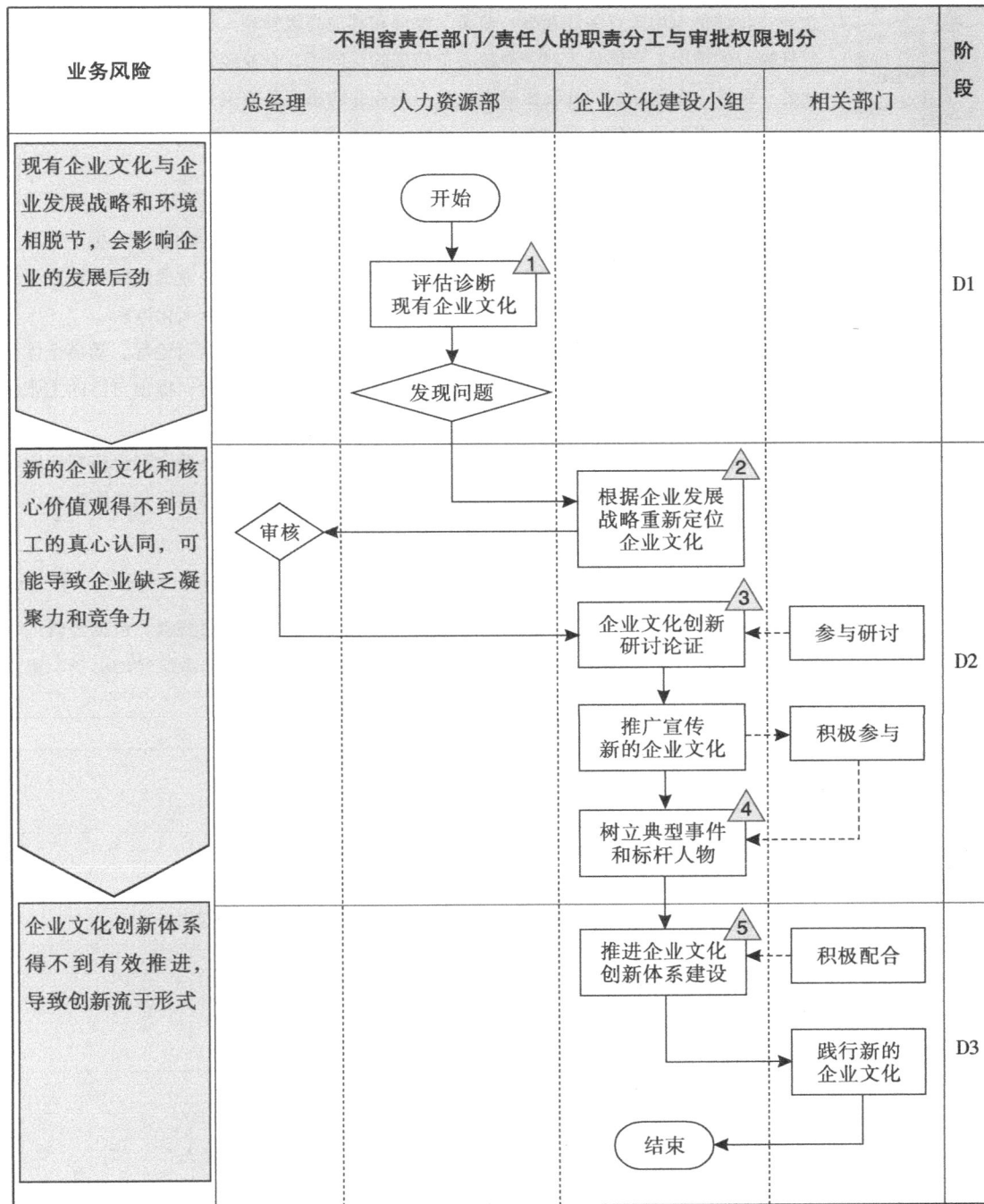

业务风险	不相容责任部门/责任人的职责分工与审批权限划分				阶段
	总经理	人力资源部	企业文化建设小组	相关部门	
现有企业文化与企业发展战略和环境相脱节，会影响企业的发展后劲		开始 → 评估诊断现有企业文化 ① → 发现问题			D1
新的企业文化和核心价值观得不到员工的真心认同，可能导致企业缺乏凝聚力和竞争力	审核	企业文化创新研讨论证 ③ → 推广宣传新的企业文化	根据企业发展战略重新定位企业文化 ② 树立典型事件和标杆人物 ④	参与研讨 积极参与	D2
企业文化创新体系得不到有效推进，导致创新流于形式			推进企业文化创新体系建设 ⑤	积极配合 践行新的企业文化 结束	D3

2. 企业文化创新流程控制表

控制事项		详细描述及说明
阶段控制	D1	1. 企业文化评估应当重点关注董事、监事、经理和其他高级管理人员在企业文化建设中责任履行的情况，全体员工对企业核心价值观的认同感，企业经营管理行为与企业文化的一致性，企业品牌的社会影响力，参与企业并购重组各方文化的融合度，以及员工对企业未来发展的信心等内容
	D2	2. 企业必须根据自身的发展战略定位新的企业文化，让员工明确企业的战略目标、经营方针、管理规范等，自觉地把自我价值与企业价值、个人命运与企业命运紧密地联系在一起，从而构建具有自身特色、有利于企业长远发展的新的企业文化体系 3. 企业文化建设小组应通过各种形式，如会议讨论、有奖征文、网络讨论等，动员全体员工参与企业文化创新研讨论证，让广大员工群策群力、畅所欲言，提出自己的主张和建议 4. 企业文化建设小组应有意识地去发现、培养和树立与企业新的核心理念和价值观相吻合的典型事件和典型人物，保持科学的宣传导向性，树立标杆，潜移默化地影响和引导员工
	D3	5. 企业要以对传统企业文化的批判为前提，对构成新的企业文化的诸要素，包括经营理念、企业宗旨、管理制度、经营流程、仪式、语言等进行全方位、系统性的弘扬、重建或重新表述，使之与企业的生产力发展和外部环境变化相适应
相关规范	应建规范	《企业文化建设制度》
	参照规范	《企业内部控制应用指引》 《企业内部控制基本规范》
文件资料		《企业文化现状诊断报告》
责任部门及责任人		人力资源部、企业文化建设小组、相关部门 总经理、人力资源部经理、企业文化建设小组组长、相关部门负责人

第6章 企业内部控制流程——资金活动

6.1 筹资业务控制

6.1.1 筹资业务管理流程

1. 筹资业务管理流程与风险控制图

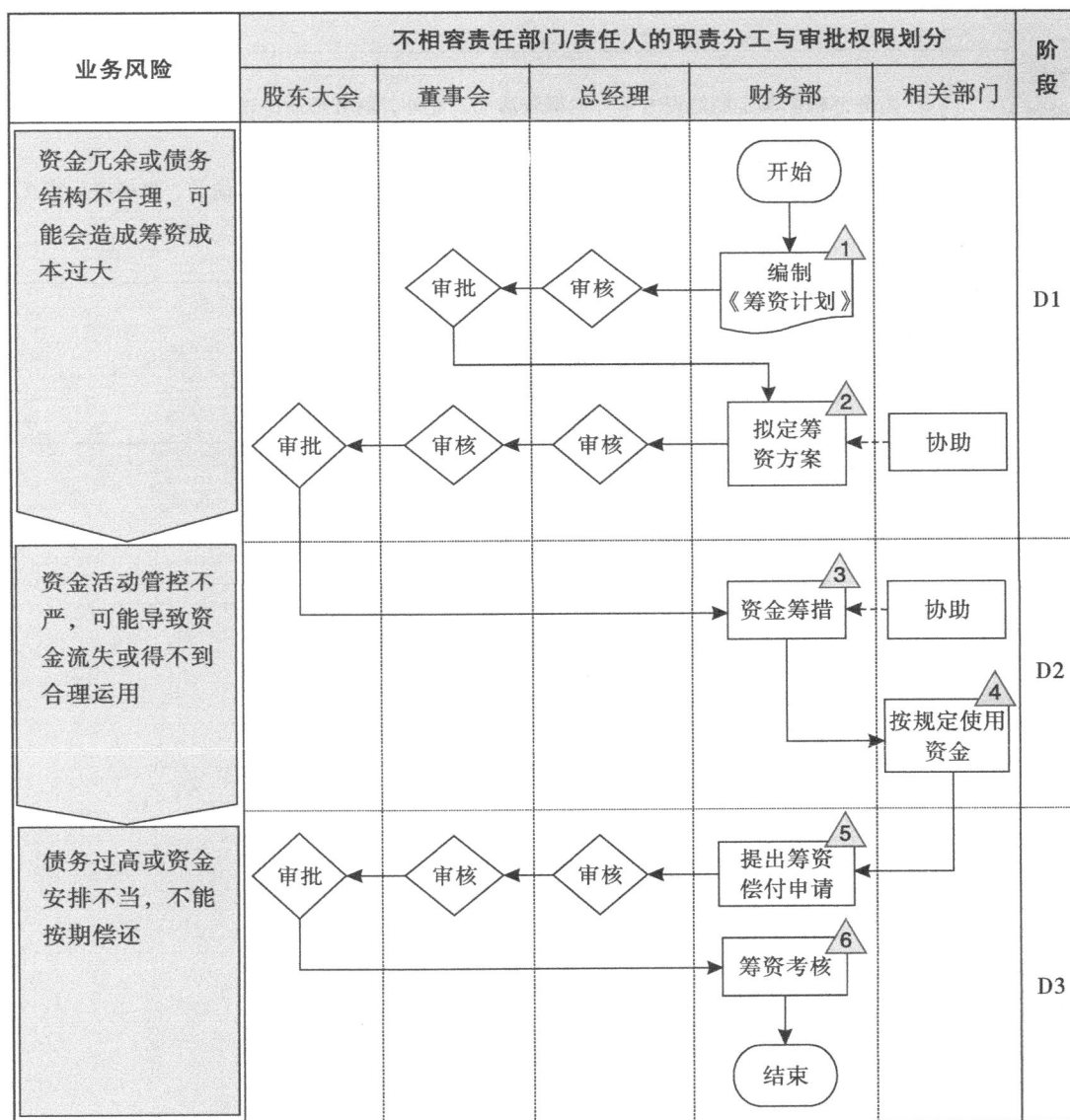

业务风险	不相容责任部门/责任人的职责分工与审批权限划分					阶段
	股东大会	董事会	总经理	财务部	相关部门	
资金冗余或债务结构不合理，可能会造成筹资成本过大		审批 ← 审核 ←		开始 → ① 编制《筹资计划》		D1
	审批 ← 审核 ← 审核 ←			② 拟定筹资方案	协助	
资金活动管控不严，可能导致资金流失或得不到合理运用				③ 资金筹措	协助	D2
				④ 按规定使用资金		
债务过高或资金安排不当，不能按期偿还		审批 ← 审核 ←	审核 ←	⑤ 提出筹资偿付申请		D3
				⑥ 筹资考核 → 结束		

59

2. 筹资业务管理流程控制表

控制事项		详细描述及说明
阶段控制	D1	1. 财务部根据下年度初步资金预算及有关资金安排预测资金使用情况，编制筹资计划报总经理审核、董事会审批 2. 依据审批通过的筹资计划，财务部拟定筹资实施方案，并报总经理、董事会审核，股东大会审批；拟定重大筹资方案，必要时可请外部专业机构作可行性研究，评估风险
	D2	3. 财务部根据制定的筹资方案开展筹资活动。此外，财务部还应根据投资计划或各所属单位的资金使用计划，做好内部资金分配工作 4. 各相关部门严格按照筹资方案确定的用途使用资金，确需改变用途的，严格履行审批程序
	D3	5. 财务部对偿还本息等筹资偿付活动作出适当安排 6. 财务部组织对筹资工作进行考核，并将考核结果上报总经理
相关规范	应建规范	▯《筹资业务偿付控制制度》 ▯《筹资决策审批过程书面记录制度》
	参照规范	▯《企业会计准则——基本准则》 ▯《企业内部控制应用指引》
文件资料		▯《筹资计划》 ▯《借款协议》 ▯《筹资活动评估报告》
责任部门及责任人		▯ 财务部 ▯ 财务经理、融资主管、投资专员

6.1.2　筹资决策执行流程

1. 筹资决策执行流程与风险控制图

业务风险	不相容责任部门/责任人的职责分工与审批权限划分						阶段
	总经理	财务总监	法律顾问	出纳	会计	筹资主管	

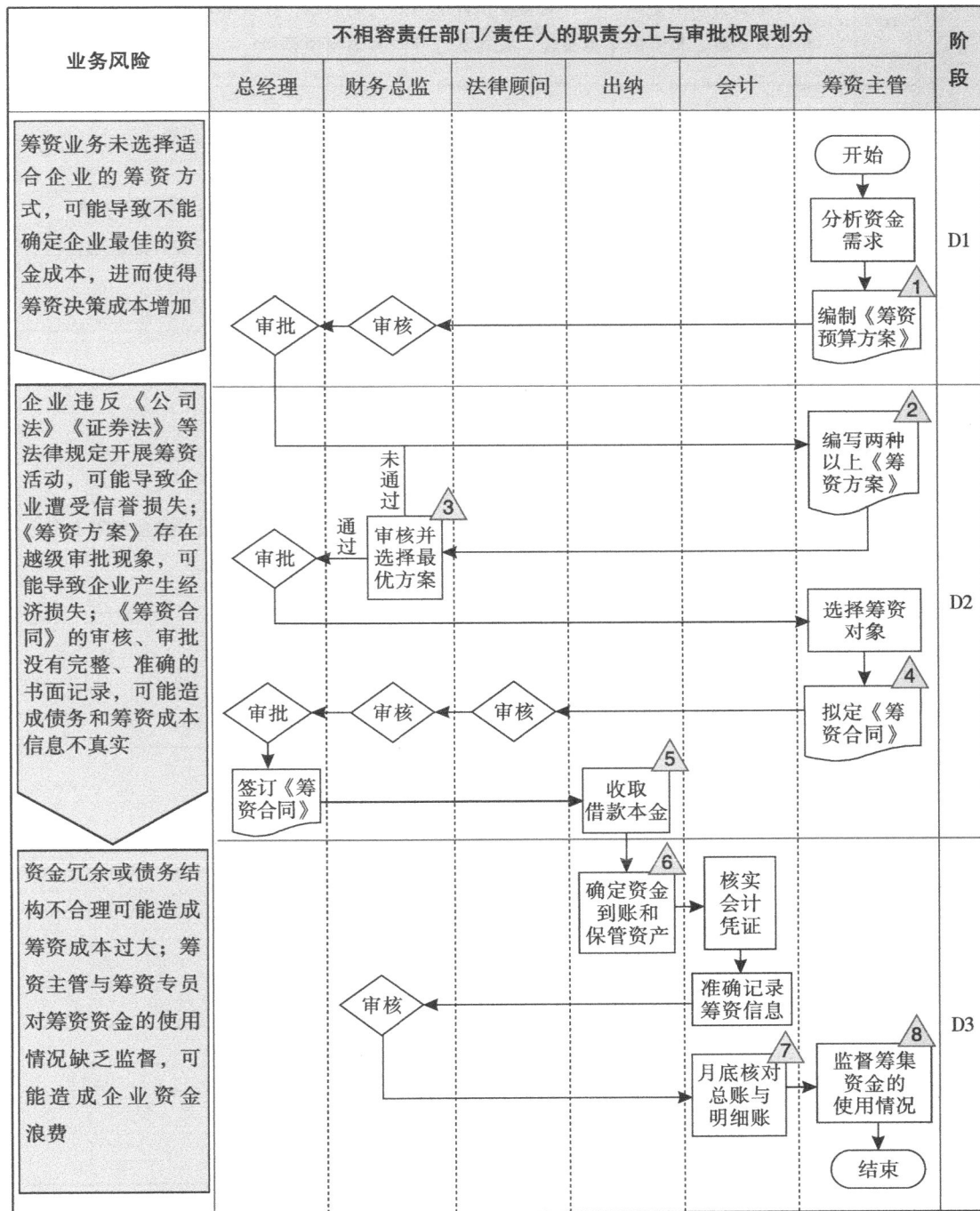

业务风险	阶段
筹资业务未选择适合企业的筹资方式，可能导致不能确定企业最佳的资金成本，进而使得筹资决策成本增加	D1
企业违反《公司法》《证券法》等法律规定开展筹资活动，可能导致企业遭受信誉损失；《筹资方案》存在越级审批现象，可能导致企业产生经济损失；《筹资合同》的审核、审批没有完整、准确的书面记录，可能造成债务和筹资成本信息不真实	D2
资金冗余或债务结构不合理可能造成筹资成本过大；筹资主管与筹资专员对筹资资金的使用情况缺乏监督，可能造成企业资金浪费	D3

2. 筹资决策执行流程控制表

控制事项		详细描述及说明
阶段控制	D1	1. 筹资主管分析资金需求，针对企业预算期内的长期借款，经批准发行的债券、股票及对原有借款、债券的本息支付、股利支付等内容编制预算
	D2	2. 筹资主管根据审批后的筹资预算编写两种以上《筹资方案》，以备选择 3. 《筹资方案》没有通过的，筹资主管应重新编写 4. 《筹资方案》通过后，筹资人员应据此拟定《筹资合同》，并报送法律顾问审核 5. 出纳人员需根据《筹资合同》或协议，在规定时间内收取贷款银行或其他金融机构的借款本金
	D3	6. 《筹资合同》签订后，出纳人员需要及时核实筹资资金的到账情况，并指定专人负责，放于专用保险柜中，并做好记录及定期清点工作 7. 每月月底，总账会计需与明细账会计核对账簿记录的发生额和余额；核对无误后，双方在科目余额表上签字确认，确保筹资业务会计记录真实、准确 8. 根据《筹资合同》中对筹资资金的使用要求，筹资主管与筹资专员定期监督筹资资金的使用情况
相关规范	应建规范	☐《筹资授权批准制度》
	参照规范	☐《企业内部控制应用指引》 ☐《中华人民共和国公司法》《中华人民共和国证券法》
文件资料		☐《筹资预算方案》 ☐《筹资方案》《筹资合同》
责任部门及责任人		☐ 财务部 ☐ 总经理、财务总监、法律顾问、出纳、会计、筹资人员

6.2 投资业务控制

6.2.1 投资评估分析流程

1. 投资评估分析流程与风险控制图

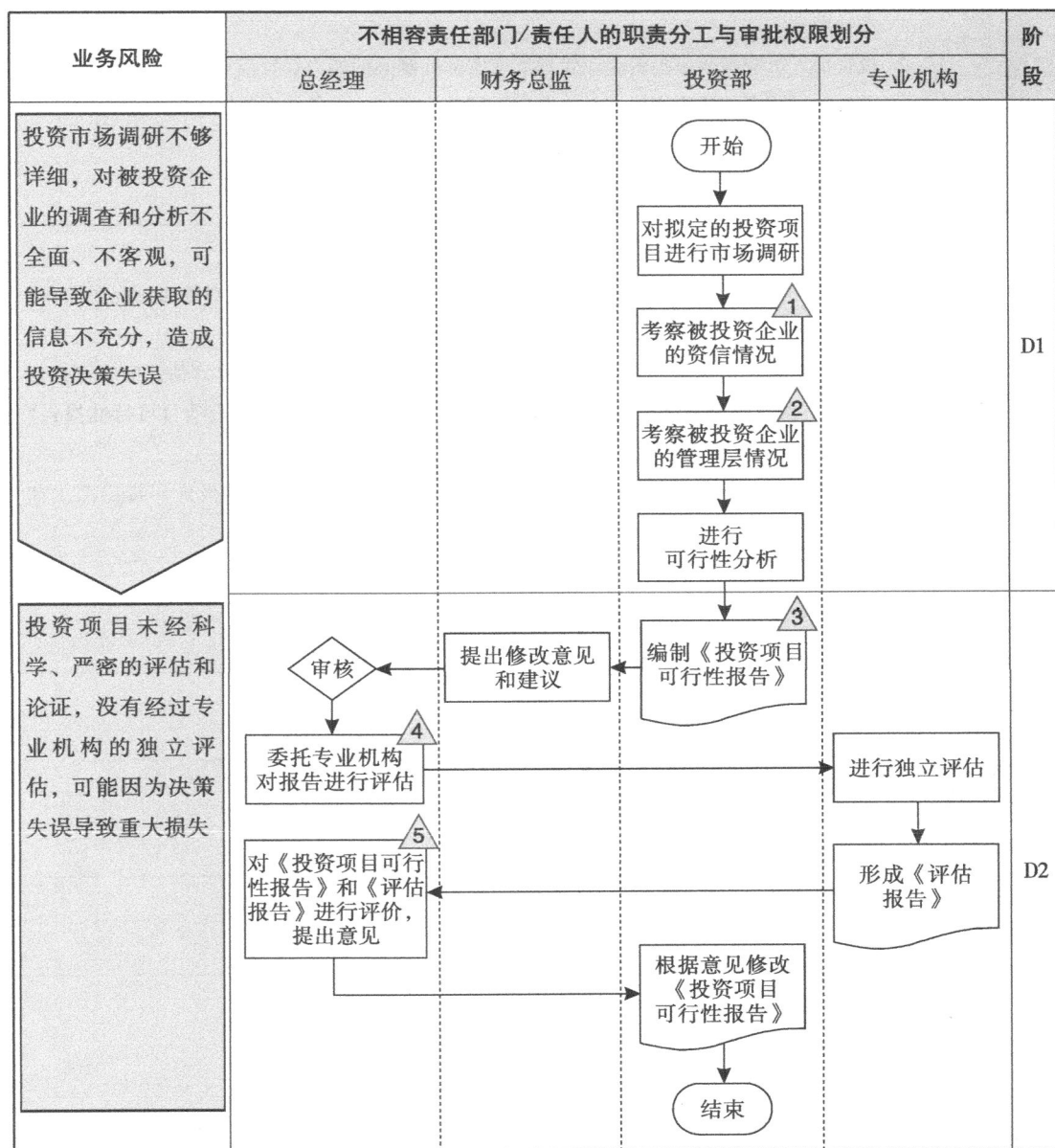

业务风险	不相容责任部门/责任人的职责分工与审批权限划分				阶段
	总经理	财务总监	投资部	专业机构	
投资市场调研不够详细，对被投资企业的调查和分析不全面、不客观，可能导致企业获取的信息不充分，造成投资决策失误			开始 ↓ 对拟定的投资项目进行市场调研 ↓① 考察被投资企业的资信情况 ↓② 考察被投资企业的管理层情况 ↓ 进行可行性分析		D1
投资项目未经科学、严密的评估和论证，没有经过专业机构的独立评估，可能因为决策失误导致重大损失	审核 ↓④ 委托专业机构对报告进行评估 ⑤ 对《投资项目可行性报告》和《评估报告》进行评价，提出意见	提出修改意见和建议	③编制《投资项目可行性报告》 根据意见修改《投资项目可行性报告》 ↓ 结束	进行独立评估 ↓ 形成《评估报告》	D2

63

2. 投资评估分析流程控制表

控制事项		详细描述及说明
阶段控制	D1	1. 由投资部人员对投资项目进行分析与论证，对被投资企业的资信情况进行尽职调查或实地考察 2. 投资部人员应考察被投资企业管理层或实际控制人的能力、资信等情况；投资项目如有其他投资者，还应当根据具体情况对其他投资者的资信情况进行了解或调查
	D2	3. 投资部对投资项目进行可行性研究，编制可行性研究报告，重点对投资项目的目标、规模、投资方式、投资的风险与收益等作出评价 4. 由总经理委托具有相应资质的专业机构对可行性研究报告进行独立评估，形成《评估报告》。重大投资项目必须委托具有相应资质的专业机构对《投资项目可行性报告》进行独立评估 5. 专业机构提交《评估报告》后，总经理综合《投资项目可行性报告》提出意见和建议
相关规范	应建规范	🗇《投资评估管理规范》
	参照规范	🗇《企业内部控制应用指引》
文件资料		🗇《投资项目可行性报告》《评估报告》
责任部门及责任人		🗇 投资部 🗇 总经理、财务总监、投资部人员

6.2.2　投资执行管理流程

1. 投资执行管理流程与风险控制图

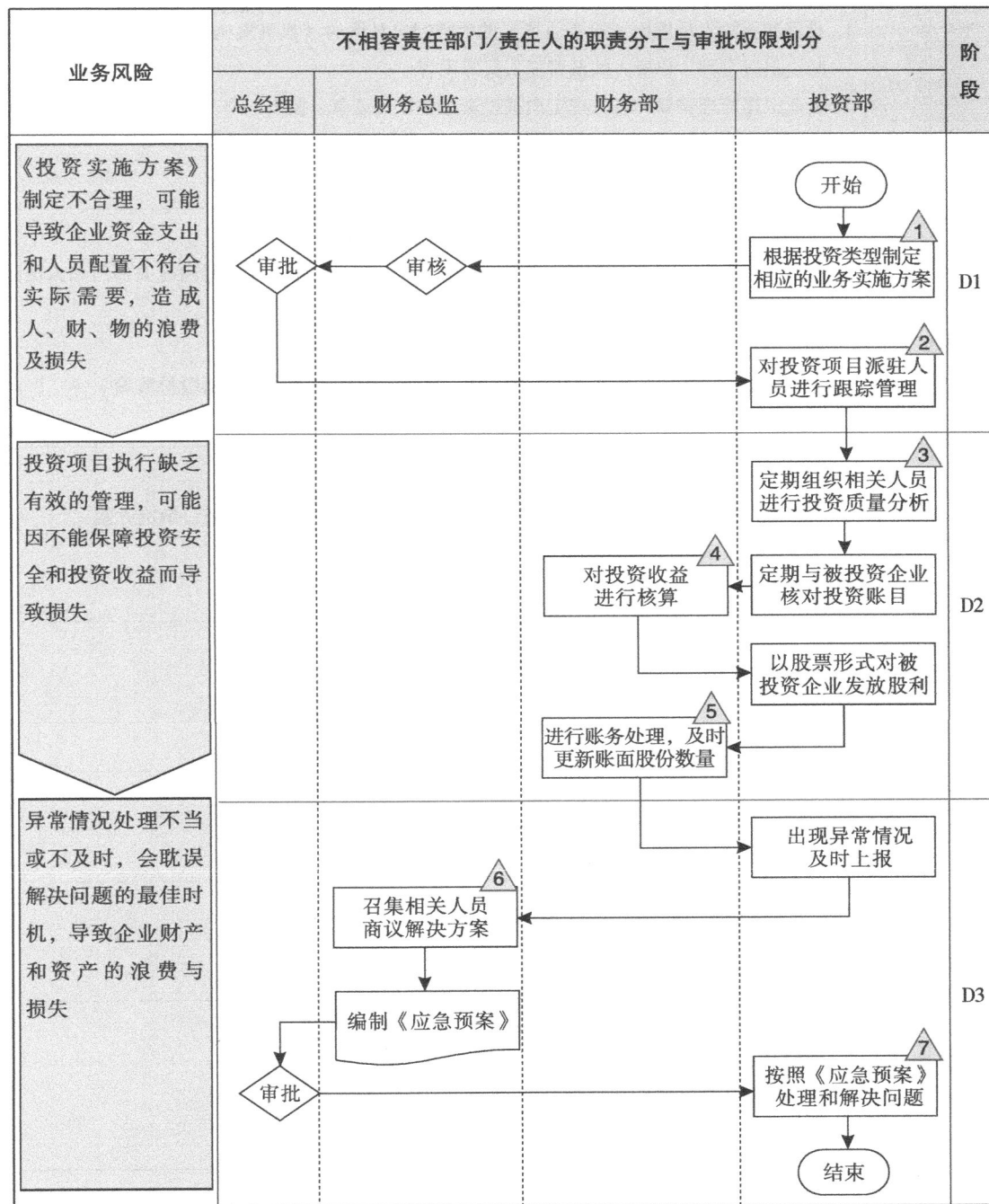

业务风险	不相容责任部门/责任人的职责分工与审批权限划分				阶段
	总经理	财务总监	财务部	投资部	
《投资实施方案》制定不合理，可能导致企业资金支出和人员配置不符合实际需要，造成人、财、物的浪费及损失	审批	审核		开始　①根据投资类型制定相应的业务实施方案　②对投资项目派驻人员进行跟踪管理	D1
投资项目执行缺乏有效的管理，可能因不能保障投资安全和投资收益而导致损失			④对投资收益进行核算　⑤进行账务处理，及时更新账面股份数量	③定期组织相关人员进行投资质量分析　定期与被投资企业核对投资账目　以股票形式对被投资企业发放股利	D2
异常情况处理不当或不及时，会耽误解决问题的最佳时机，导致企业财产和资产的浪费与损失	⑥召集相关人员商议解决方案　编制《应急预案》　审批			出现异常情况及时上报　⑦按照《应急预案》处理和解决问题　结束	D3

2. 投资执行管理流程控制表

控制事项		详细描述及说明
阶段控制	D1	1. 投资部相关人员根据《投资协议》的内容制定具体的《投资实施方案》，明确出资时间、出资金额、出资方式及责任人员等内容 2. 企业根据管理需要和有关规定向被投资企业派出董事、监事、财务负责人或其他管理人员
	D2	3. 投资部定期组织相关人员进行投资质量分析，发现异常情况要及时向有关部门和人员报告，并采取相应措施 4. 会计按照国家统一的会计准则制度对投资收益进行核算 5. 对于被投资单位以股票形式发放的股利，财务主管应及时更新账面股份数量
	D3	6. 投资部人员发现异常情况应及时上报，由财务总监组织相关人员商议解决方案 7. 投资部人员按照《应急预案》处理和解决问题
相关规范	应建规范	《投资管理制度》
	参照规范	《企业内部控制应用指引》
文件资料		《应急预案》
责任部门及责任人		投资部、财务部 总经理、财务总监、财务主管、会计

6.2.3　投资收回管理流程

1. 投资收回管理流程与风险控制图

业务风险	不相容责任部门/责任人的职责分工与审批权限划分					阶段
	董事长	董事会	投资审查委员会	投资部	会计	
投资收回没有经过严密论证和严格审批，可能导致企业投资收回决策失误，造成资金浪费和资产损失				开始　组织调研，提出投资收回申请　编制《投资收回申请报告》　审议　转入投资执行管理流程		D1
	审批（通过）	审议（通过/未通过）	审议（未通过）			
投资收回计划执行不科学、不规范，可能导致资产流失；投资回收账务处理不当，可能导致资产账目混乱，增加管理成本				与被投资企业签订《投资收回协议》　收回资金或设备　安置派驻被投资企业人员　确认投资损益　到有关部门进行备案	会计进行账务处理　结束	D2

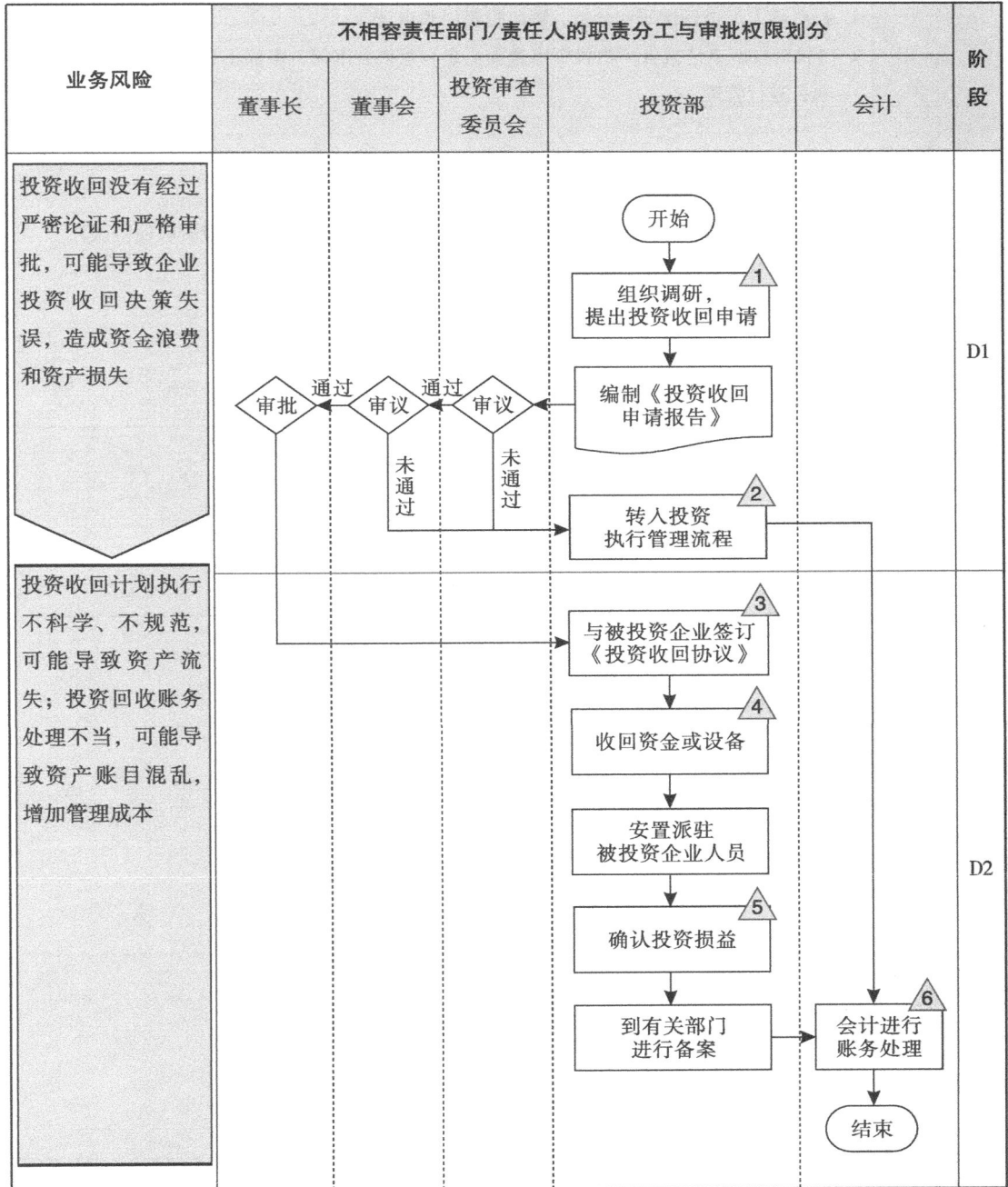

2. 投资收回管理流程控制表

控制事项		详细描述及说明
阶段控制	D1	1. 投资部人员进行调研和分析，提出投资回收申请 2. 《投资收回申请报告》由投资审查委员会和董事会审议，审议不通过的，继续按投资项目进行管理
	D2	3. 《投资收回申请报告》审批通过，投资部应与被投资企业签订《投资收回协议》 4. 投资部对投资的资金和设备进行收回，与被投资企业办理交接手续 5. 投资部根据资金和设备收回情况确定投资损益 6. 会计根据所属长期股权投资的不同情况进行账务处理
相关规范	应建规范	▢《投资管理制度》
	参照规范	▢《企业内部控制应用指引》
文件资料		▢《投资收回申请报告》
责任部门及责任人		▢ 董事会、投资审查委员会、财务部、投资部 ▢ 董事长、投资部人员、会计

6.2.4　子公司投资项目评估流程

1. 子公司投资项目评估流程与风险控制图

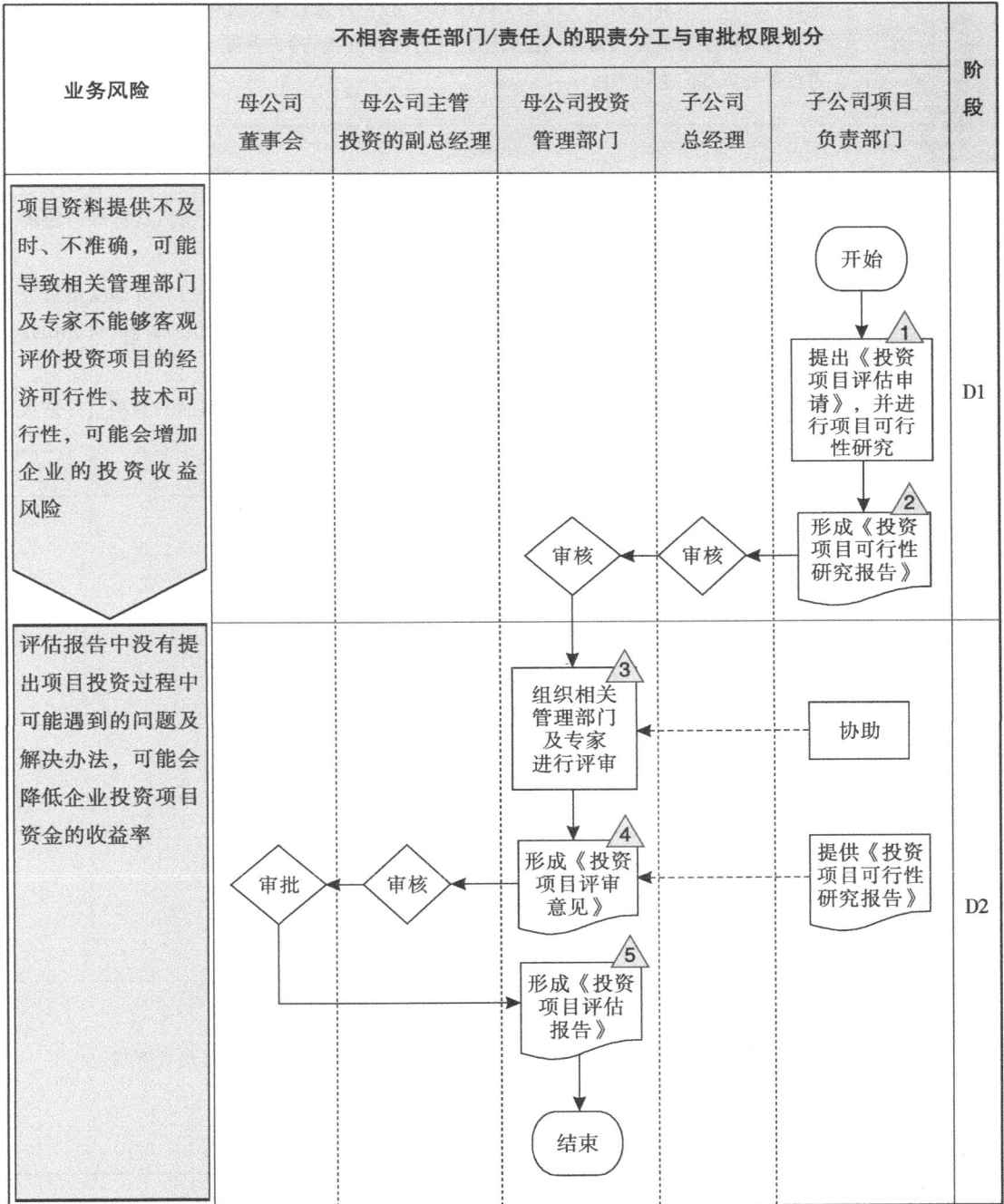

业务风险	不相容责任部门/责任人的职责分工与审批权限划分					阶段
	母公司董事会	母公司主管投资的副总经理	母公司投资管理部门	子公司总经理	子公司项目负责部门	
项目资料提供不及时、不准确，可能导致相关管理部门及专家不能够客观评价投资项目的经济可行性、技术可行性，可能会增加企业的投资收益风险			审核	审核	开始 → ①提出《投资项目评估申请》，并进行项目可行性研究 → ②形成《投资项目可行性研究报告》	D1
评估报告中没有提出项目投资过程中可能遇到的问题及解决办法，可能会降低企业投资项目资金的收益率	审批	审核	③组织相关管理部门及专家进行评审 → ④形成《投资项目评审意见》 → ⑤形成《投资项目评估报告》 → 结束		协助　提供《投资项目可行性研究报告》	D2

2. 子公司投资项目评估流程控制表

控制事项		详细描述及说明
阶段控制	D1	1. 子公司投资项目部门提出《投资项目评估申请》，并进行项目可行性研究 2. 子公司投资项目负责人编写《投资项目可行性研究报告》，并报子公司总经理和母公司投资管理部门进行审核
	D2	3. 《投资项目可行性研究报告》得到子公司总经理和母公司投资管理部门审核通过后，母公司投资管理部门组织相关管理部门及专家进行评审，子公司项目负责部门协助执行 4. 母公司投资管理部门组织专家进行讨论，形成《投资项目评审意见》，并递交给母公司主管投资总经理和母公司董事会审核、审批，同时子公司项目负责部门向母公司投资管理部门提交《投资项目可行性研究报告》 5. 得到母公司主管投资总经理审核和母公司董事会审批通过后，形成《投资项目评估报告》
相关规范	应建规范	☐ 《子公司重大投资项目管理方法》 ☐ 《子公司重大投资项目管理控制制度》
	参照规范	☐ 《企业内部控制应用指引》 ☐ 《企业会计制度》
文件资料		☐ 《投资项目评估申请》《投资项目可行性研究报告》 ☐ 《投资项目评估报告》《投资项目评审意见》
责任部门及责任人		☐ 母公司董事会、母公司投资管理部门、子公司总经理、子公司项目负责部门 ☐ 母公司主管投资的副总经理、子公司总经理

6.3　资金营运控制

6.3.1　资金支付业务流程

1. 资金支付业务流程与风险控制图

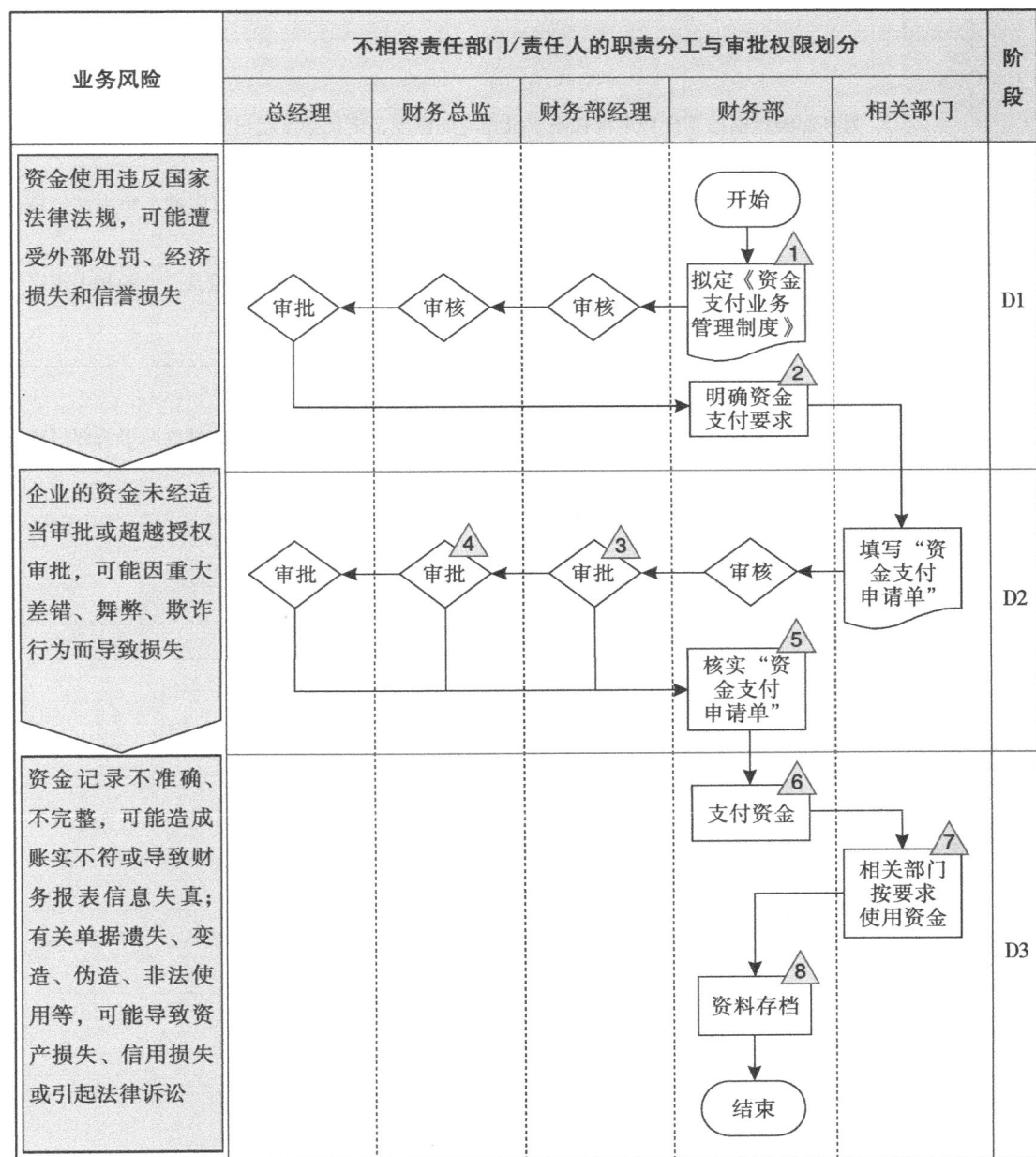

业务风险	不相容责任部门/责任人的职责分工与审批权限划分					阶段
	总经理	财务总监	财务部经理	财务部	相关部门	
资金使用违反国家法律法规，可能遭受外部处罚、经济损失和信誉损失	审批	审核	审核	开始 → ① 拟定《资金支付业务管理制度》 ② 明确资金支付要求		D1
企业的资金未经适当审批或超越授权审批，可能因重大差错、舞弊、欺诈行为而导致损失	审批	④ 审批	③ 审批	审核 ⑤ 核实"资金支付申请单"	填写"资金支付申请单"	D2
资金记录不准确、不完整，可能造成账实不符或导致财务报表信息失真；有关单据遗失、变造、伪造、非法使用等，可能导致资产损失、信用损失或引起法律诉讼				⑥ 支付资金 ⑧ 资料存档 → 结束	⑦ 相关部门按要求使用资金	D3

2. 资金支付业务流程控制表

控制事项		详细描述及说明
阶段控制	D1	1. 企业财务部要根据国家法律法规并结合自身情况，拟定《资金支付业务管理制度》 2. 财务部根据《资金支付业务管理制度》的相关规定，进一步提出资金支付的相关要求
	D2	3. 财务部经理根据其自身审批权限审批相应的额度，审批额度超出自身审批权限的，需要由财务总监审批 4. 财务总监根据其自身的审批权限审批相应的额度；超出自身审批权限的，须由总经理审批 5. 审批人签署"资金支付申请单"后，资金专员要核实审批单是否符合企业的相关规定
	D3	6. 资金专员审核之后，财务部出纳根据"资金支付申请单"上批准的额度向申请部门支付资金 7. 资金申请部门按照要求使用资金 8. 资料存档
相关规范	应建规范	◻ 《资金支付业务管理制度》
	参照规范	◻ 《企业内部控制应用指引》 ◻ 《企业会计准则——基本准则》 ◻ 《内部会计控制规范——货币资金（试行）》
文件资料		◻ 资金支付申请单
责任部门及责任人		◻ 财务部、相关部门 ◻ 总经理、财务总监、财务部经理、资金专员、相关部门负责人

6.3.2 资金授权审批流程

1. 资金授权审批流程与风险控制图

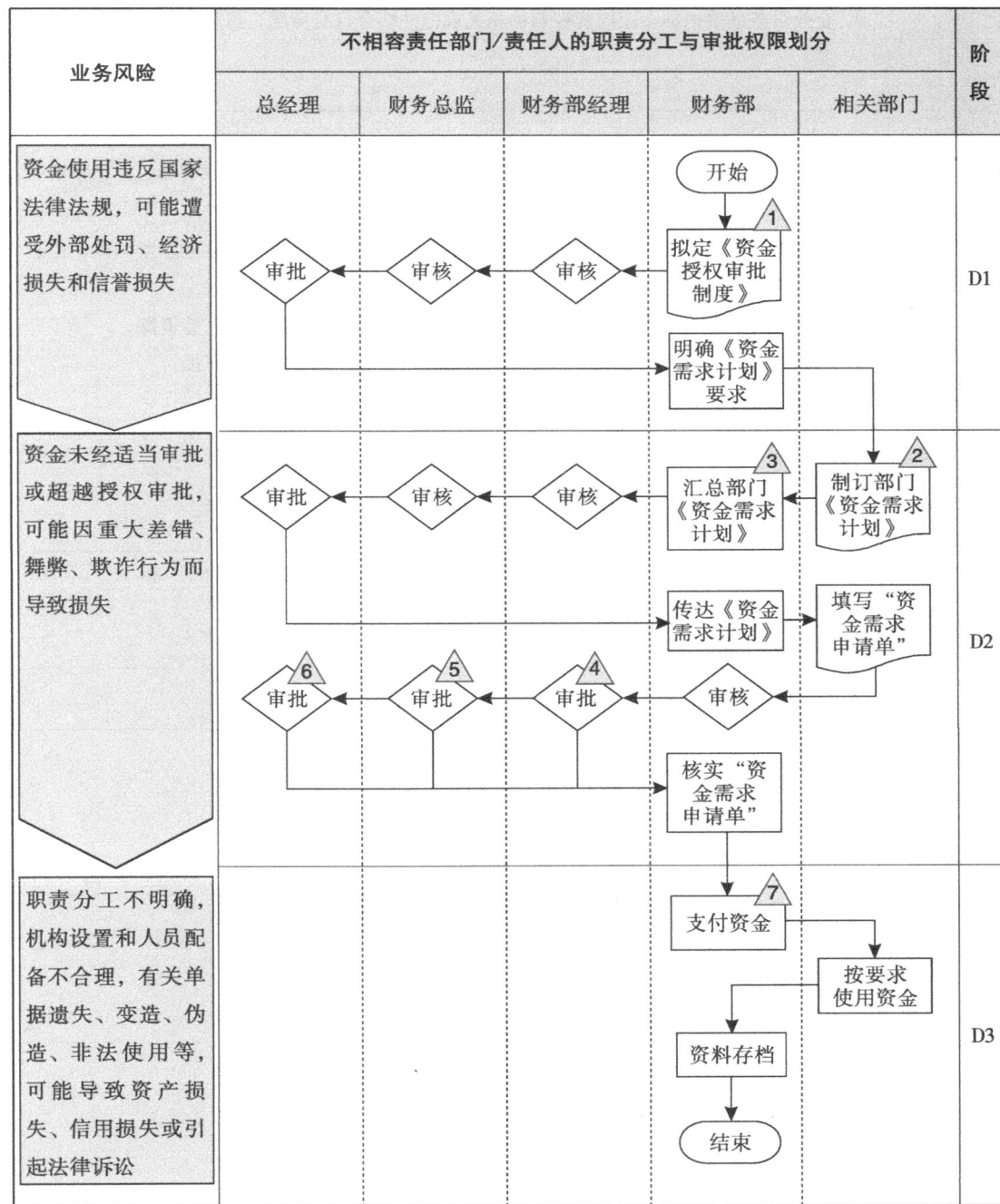

业务风险	不相容责任部门/责任人的职责分工与审批权限划分					阶段
	总经理	财务总监	财务部经理	财务部	相关部门	
资金使用违反国家法律法规，可能遭受外部处罚、经济损失和信誉损失	审批	审核	审核	开始 → ① 拟定《资金授权审批制度》 明确《资金需求计划》要求		D1
资金未经适当审批或超越授权审批，可能因重大差错、舞弊、欺诈行为而导致损失	审批 / ⑥ 审批	审核 / ⑤ 审批	审核 / ④ 审批	③ 汇总部门《资金需求计划》 传达《资金需求计划》 审核 核实"资金需求申请单"	② 制订部门《资金需求计划》 填写"资金需求申请单"	D2
职责分工不明确，机构设置和人员配备不合理，有关单据遗失、变造、伪造、非法使用等，可能导致资产损失、信用损失或引起法律诉讼				⑦ 支付资金 资料存档 结束	按要求使用资金	D3

2. 资金授权审批流程控制表

控制事项		详细描述及说明
阶段控制	D1	1. 企业财务部要根据企业内部控制的相关规范并结合自身情况，拟定《资金授权审批制度》
	D2	2. 企业各部门制订本部门的阶段性（一年、半年、每季度）资金需求计划，并上报财务部审核 3. 财务部汇总各部门上报的《资金需求计划》，上报财务部经理、财务总监审核，由总经理审批 4. 相关部门申请资金的额度超过财务部经理审批权限的，须由财务总监审批 5. 相关部门申请资金的额度超过财务总监审批权限的，须由总经理审批 6. 相关部门申请资金的额度超过总经理审批权限的，须由董事会审批
	D3	7. 出纳根据"资金需求申请单"上批准的额度，向申请部门支付资金
相关规范	应建规范	▢《资金授权审批制度》
	参照规范	▢《企业内部控制应用指引》 ▢《企业会计准则——基本准则》 ▢《内部会计控制规范——货币资金（试行）》
文件资料		▢《资金需求计划》 ▢ 资金需求申请单
责任部门及责任人		▢ 财务部、相关部门 ▢ 总经理、财务总监、财务部经理、相关部门负责人

6.3.3 银行账户核对流程

1. 银行账户核对流程与风险控制图

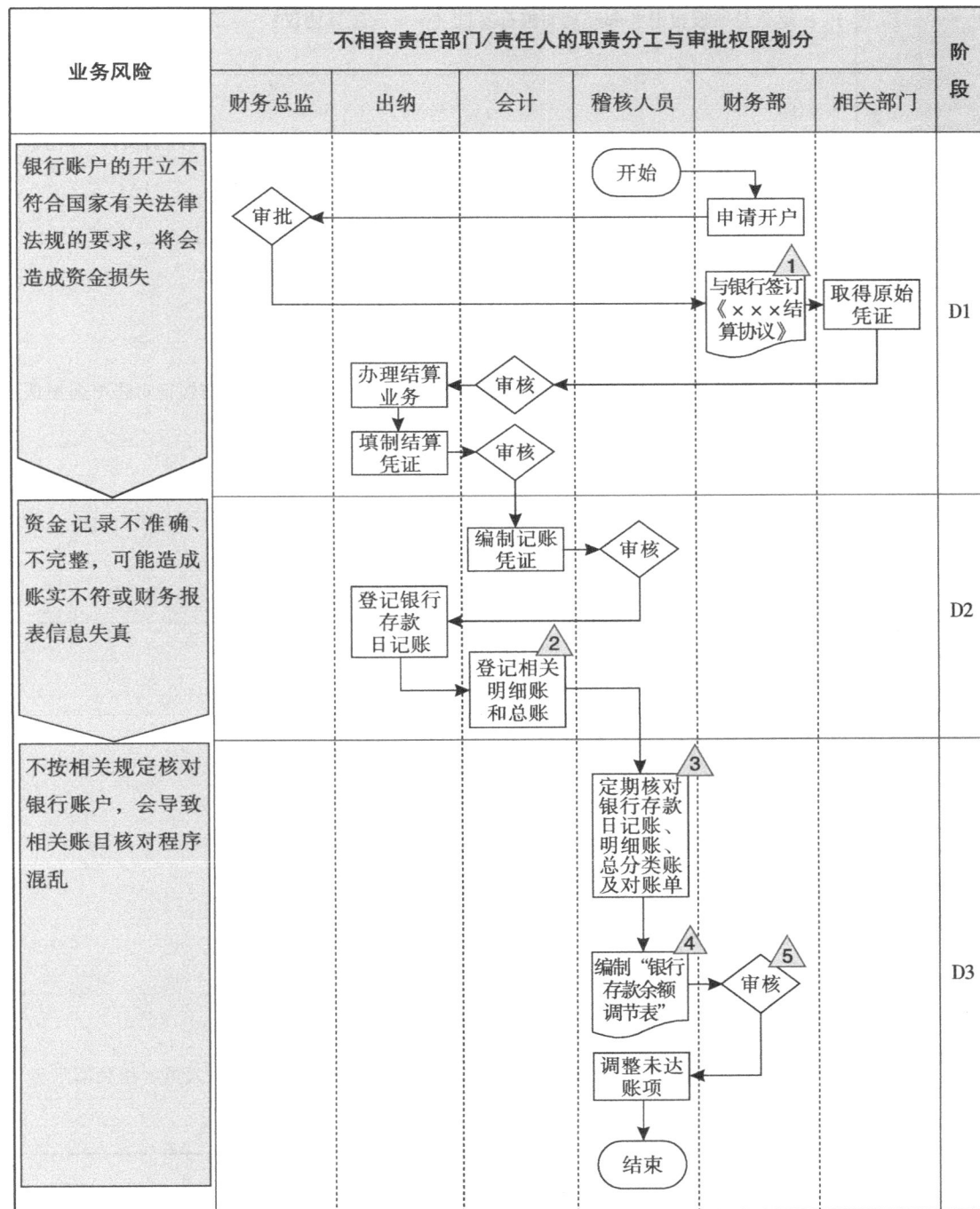

业务风险	不相容责任部门/责任人的职责分工与审批权限划分						阶段
	财务总监	出纳	会计	稽核人员	财务部	相关部门	
银行账户的开立不符合国家有关法律法规的要求，将会造成资金损失	审批	办理结算业务 / 填制结算凭证	审核 / 审核		开始 / 申请开户 / 与银行签订《×××结算协议》①	取得原始凭证	D1
资金记录不准确、不完整，可能造成账实不符或财务报表信息失真		登记银行存款日记账	编制记账凭证 / 登记相关明细账和总账②	审核			D2
不按相关规定核对银行账户，会导致相关账目核对程序混乱					定期核对银行存款日记账、明细账、总分类账及对账单③ / 编制"银行存款余额调节表"④ / 调整未达账项 / 结束	审核⑤	D3

2. 银行账户核对流程控制表

控制事项		详细描述及说明
阶段控制	D1	1. 由财务总监授权财务部经理与银行签订《×××结算协议》
	D2	2. 会计根据收付凭证登记相关明细账；总会计登记总分类账中的银行存款科目，并在记账凭证上签章
	D3	3. 稽核员定期核对银行账户，每月至少核对一次，并签字盖章 4. 稽核员编制"银行存款余额调节表"，并调整未达账项 5. 指派对账人员以外的其他人员进行审核，核对银行存款账面余额与银行对账单余额是否调节相符；如调节不符，应当查明原因并及时处理
相关规范	应建规范	▢ 《银行存款管理制度》
	参照规范	▢ 《企业内部控制应用指引》 ▢ 《企业会计准则——基本准则》 ▢ 《内部会计控制规范——货币资金（试行)》
文件资料		▢ 《×××结算协议》 ▢ 银行存款余额调节表
责任部门及责任人		▢ 财务部、相关部门 ▢ 财务总监、财务部经理、会计、出纳、稽核员、财务部其他相关人员、相关部门负责人

6.4 并购交易控制

6.4.1 并购交易管理控制流程

1. 并购交易管理控制流程与风险控制

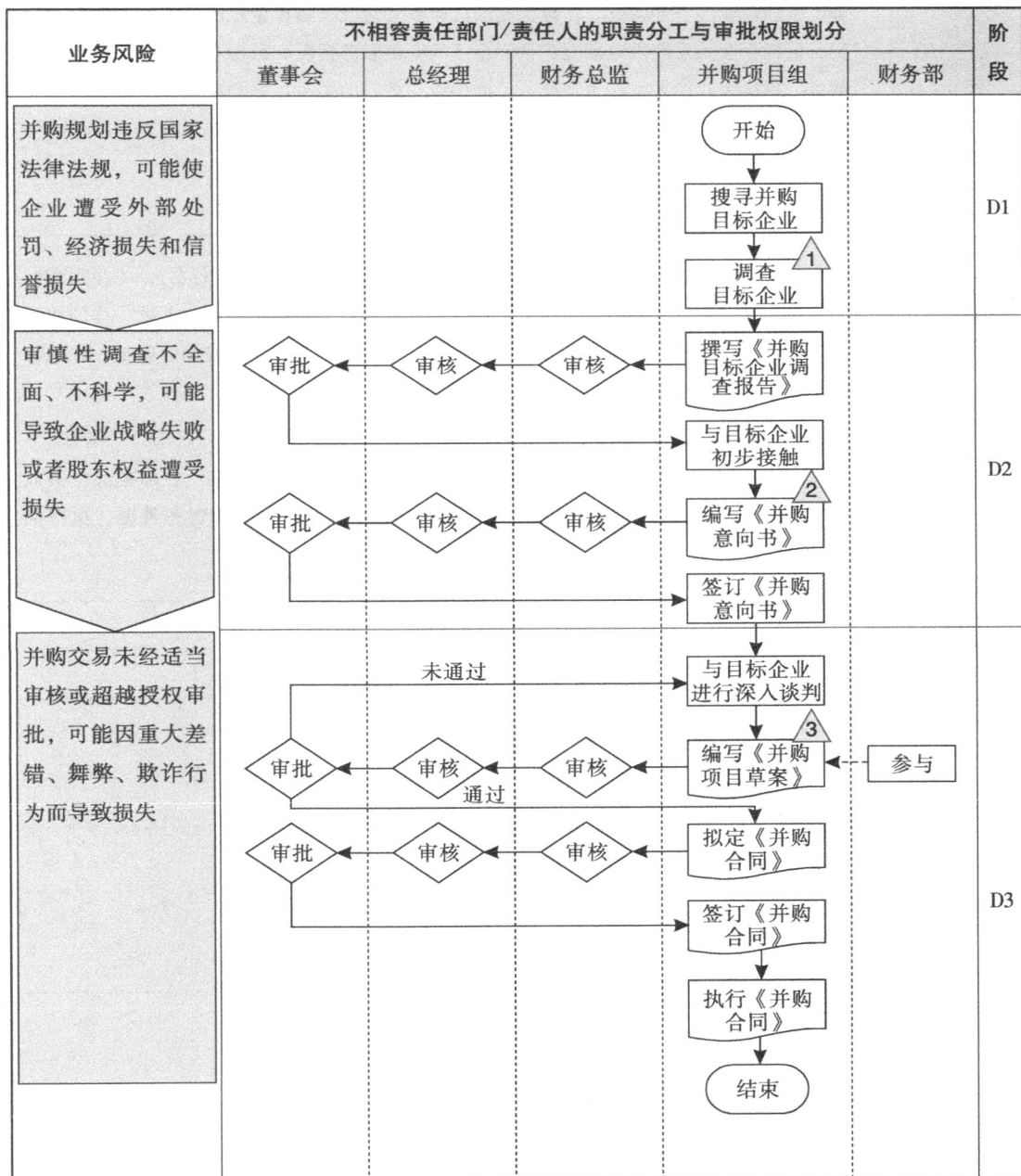

业务风险	不相容责任部门/责任人的职责分工与审批权限划分					阶段
	董事会	总经理	财务总监	并购项目组	财务部	
并购规划违反国家法律法规，可能使企业遭受外部处罚、经济损失和信誉损失				开始 → 搜寻并购目标企业 → 调查目标企业 ①		D1
审慎性调查不全面、不科学，可能导致企业战略失败或者股东权益遭受损失	审批 ←	审核 ←	审核 ←	撰写《并购目标企业调查报告》 → 与目标企业初步接触 → 编写《并购意向书》② → 签订《并购意向书》		D2
	审批 ←	审核 ←	审核 ←			
并购交易未经适当审核或超越授权审批，可能因重大差错、舞弊、欺诈行为而导致损失	未通过			与目标企业进行深入谈判 ③		D3
	审批 ←	审核 ←	审核 ←	编写《并购项目草案》	参与	
		通过				
	审批 ←	审核 ←	审核 ←	拟定《并购合同》 → 签订《并购合同》 → 执行《并购合同》 → 结束		

2. 并购交易管理控制流程控制表

控制事项		详细描述及说明
阶段控制	D1	1. 并购调查的内容应根据企业并购的方针、方式及目标企业的性质等确定，调查必须包括但不限于下列内容：目标企业愿意被并购的缘由、目标企业的市场价值和竞争态势、目标企业的财务状况、目标企业的法律事务情况、目标企业的资产和生产管理情况、目标企业的采购供应情况、目标企业的营销服务情况、目标企业产品的未来发展前景、目标企业的人力资源情况、目标企业与政府的关系；并购项目部对并购目标企业的调查如不能独立完成，可申请外部机构参与调查或直接由外部机构调查，但必须签订《保密协议》
	D2	2. 根据与目标企业达成的初步共识，并购项目部负责编写《并购意向书》。《并购意向书》必须经过法律顾问、财务总监与总经理的审核，其内容包括保密条款、排他协商条款、费用分摊条款、提供资料与信息条款、并购终止条款、并购标的条款、并购价格条款、并购进度安排条款
	D3	3.《并购意向书》审批后，并购项目部人员需与目标企业进一步谈判，在财务部相关人员的配合下编写《并购项目草案》，其内容包括项目概要、主要财务数据、执行摘要等
相关规范	应建规范	🗂《并购交易管理制度》
	参照规范	🗂《企业内部控制应用指引》 🗂《内部会计控制规范——基本规范（试行)》 🗂《中华人民共和国合同法》
文件资料		🗂《并购企业调查报告》 🗂《并购意向书》《并购交易合同》 🗂《并购项目草案》
责任部门及责任人		🗂 董事会、财务部、并购项目组 🗂 总经理、财务总监、法律顾问

6.4.2　《并购意向书》编制流程

1. 《并购意向书》编制流程与风险控制图

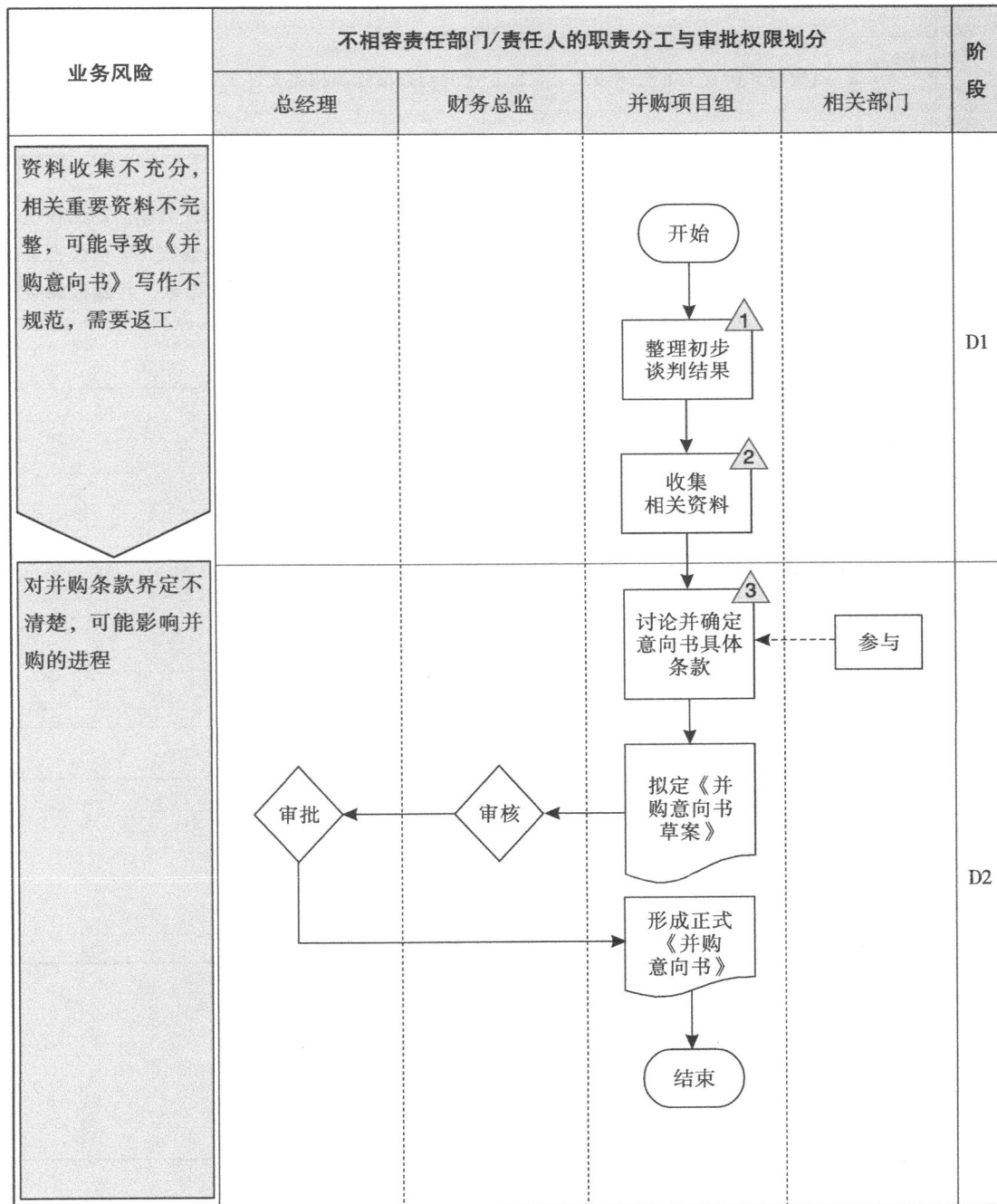

业务风险	不相容责任部门/责任人的职责分工与审批权限划分				阶段
	总经理	财务总监	并购项目组	相关部门	
资料收集不充分，相关重要资料不完整，可能导致《并购意向书》写作不规范，需要返工			开始 → ①整理初步谈判结果 → ②收集相关资料		D1
对并购条款界定不清楚，可能影响并购的进程	审批 ←	审核 ←	③讨论并确定意向书具体条款 ← 参与（相关部门） → 拟定《并购意向书草案》 → 形成正式《并购意向书》 → 结束	参与	D2

79

2. 《并购意向书》编制流程控制表

控制事项		详细描述及说明	
阶段控制	D1	1. 对企业与目标企业达成的初步共识进行整理总结 2. 收集与并购有关的法律条文、目标企业的调查报告等相关文件	
	D2	3. 《并购意向书》主要是为后面的并购活动提供一个合作框架，以保证后续活动的顺利开展。并购项目组人员应充分讨论并确定《并购意向书》的具体条款，包括保密条款、排他协商条款、费用分摊条款、提供资料与信息条款、终止条款、并购标的条款、对价条款、进度安排条款等	
相关规范	应建规范	☐ 《并购交易管理制度》	
	参照规范	☐ 《企业内部控制应用指引》 ☐ 《内部会计控制规范——基本规范（试行)》 ☐ 《中华人民共和国合同法》	
文件资料		☐ 《并购意向书草案》 ☐ 《并购意向书》	
责任部门及责任人		☐ 并购项目组、财务部 ☐ 总经理、财务总监、法律顾问	

第7章 企业内部控制流程——采购业务

7.1 请购与审批控制

7.1.1 请购审批业务流程

1. 请购审批业务流程与风险控制图

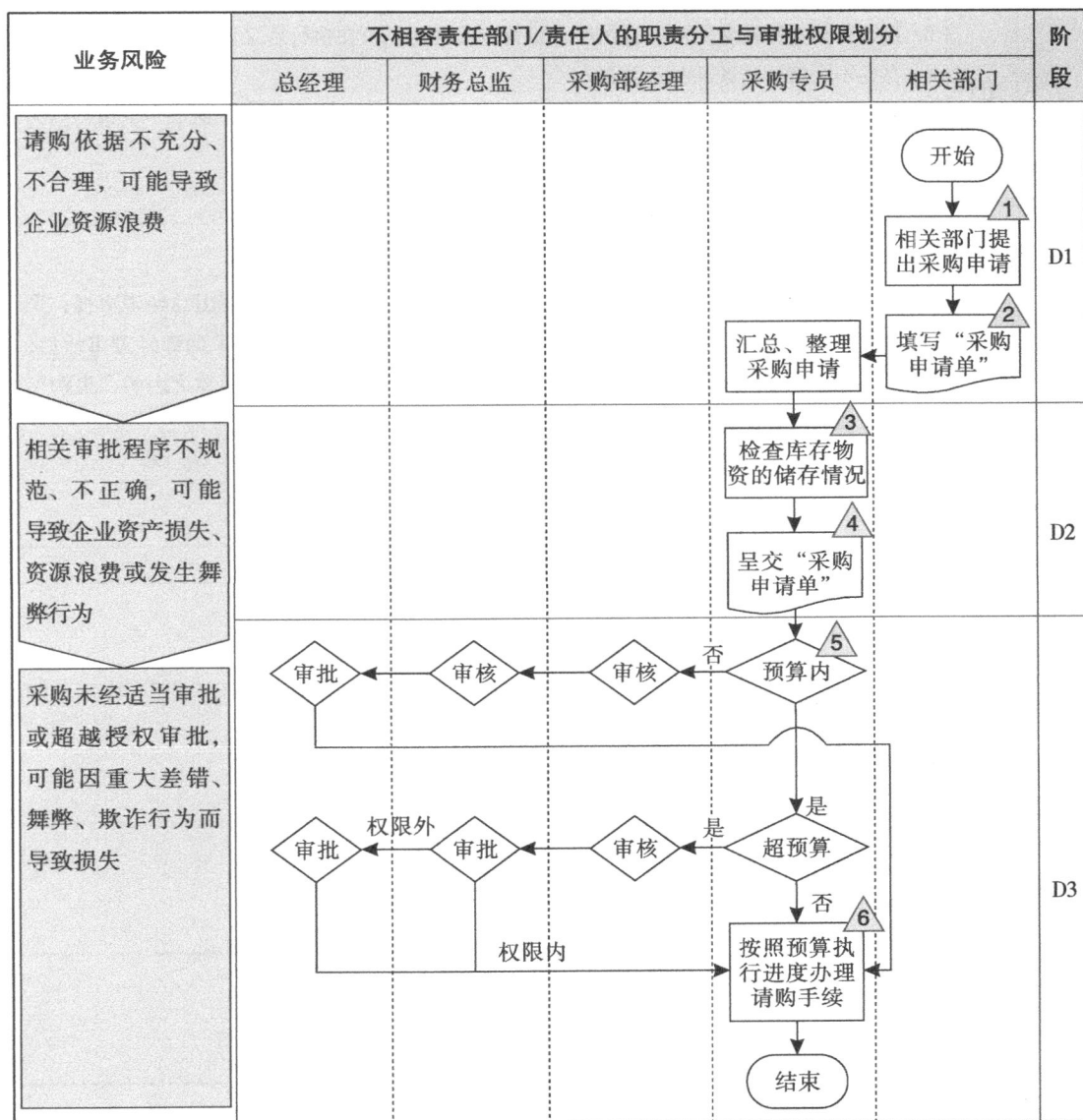

业务风险	不相容责任部门/责任人的职责分工与审批权限划分					阶段
	总经理	财务总监	采购部经理	采购专员	相关部门	
请购依据不充分、不合理，可能导致企业资源浪费				汇总、整理采购申请	开始 ① 相关部门提出采购申请 ② 填写"采购申请单"	D1
相关审批程序不规范、不正确，可能导致企业资产损失、资源浪费或发生舞弊行为				③ 检查库存物资的储存情况 ④ 呈交"采购申请单"		D2
采购未经适当审批或超越授权审批，可能因重大差错、舞弊、欺诈行为而导致损失	审批 ← 审核 ← 审核 ← 否 ⑤ 预算内 / 是 超预算 / 审批 ← 权限外 ← 审批 ← 审核 ← 是 / 权限内 / 否 ⑥ 按照预算执行进度办理请购手续 / 结束					D3

2. 请购审批业务流程控制表

控制事项		详细描述及说明
阶段控制	D1	1. 生产部和仓储部等物资需求部门根据企业相关规定及实际需求提出采购申请 2. 请购人员应根据库存量基准、用料预算以及库存情况填写"采购申请单"，注明请购物资的名称、数量、需求日期、质量要求以及预算金额等内容
	D2	3. 采购部核查采购物资的库存情况，检查该项请购是否在执行后又重复提出，以及是否存在不合理的请购品种和数量 4. 采购专员认为采购申请合理的，根据所掌握的市场价格在"采购申请单"上填写采购金额后呈交相关领导审批
	D3	5. 采购事项在预算范围之外，采购部经理、财务总监逐级审核，最终由总经理审批；采购事项在采购预算之内，但是实际采购金额超出预算范围的，经采购部经理审核后，财务总监和总经理根据审批权限进行采购审批；采购事项在采购预算之内的，采购部按照预算执行进度办理请购手续 6. 采购专员按照审批后的"采购申请单"进行采购
相关规范	应建规范	☐《采购申请制度》 ☐《请购审批制度》
	参照规范	☐《企业内部控制应用指引》
文件资料		☐ 采购申请单 ☐ 采购预算表
责任部门及责任人		☐ 采购部、财务部、生产部、仓储部 ☐ 总经理、财务总监、采购部经理、采购专员

7.1.2　采购预算业务流程

1. 采购预算业务流程与风险控制图

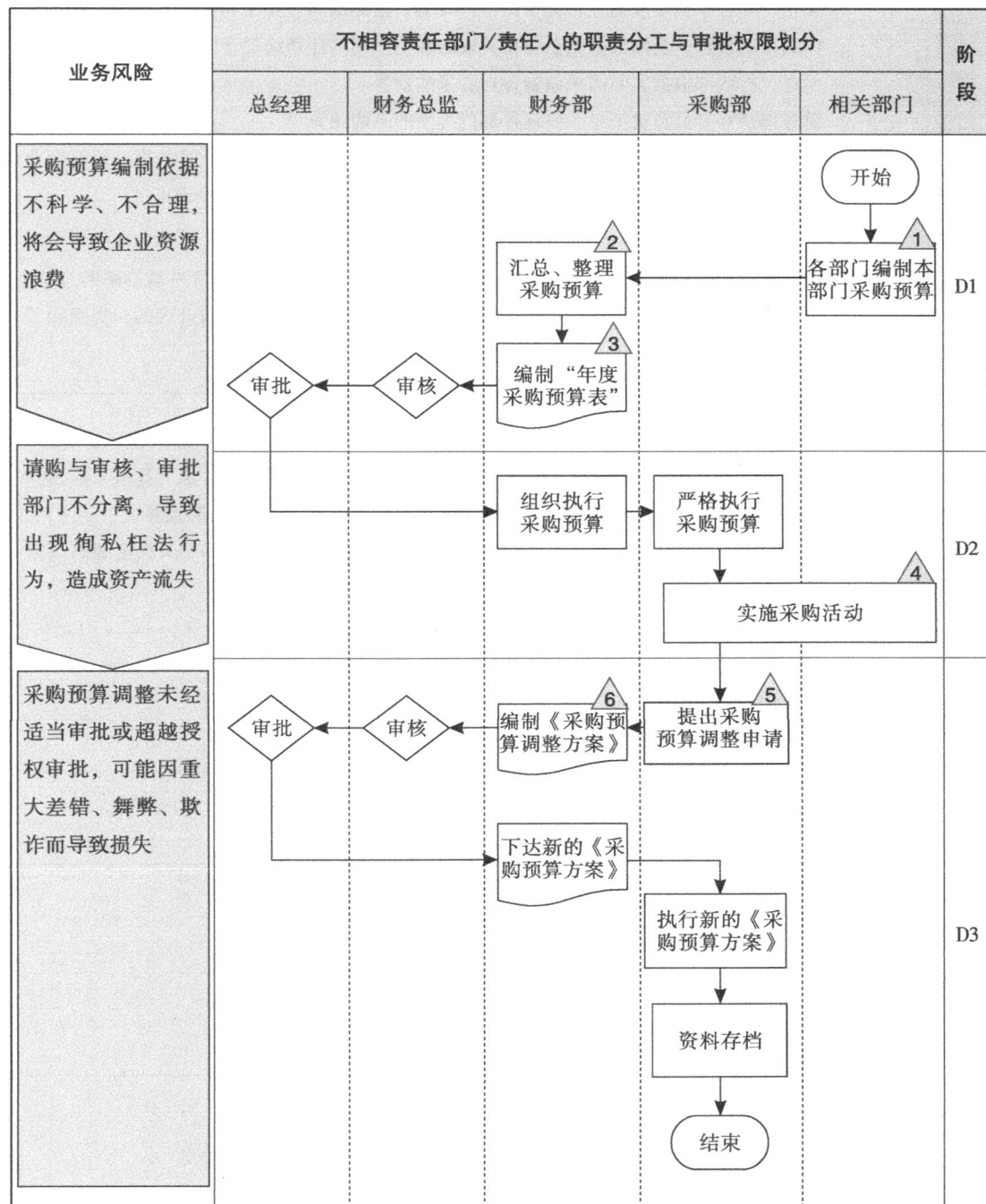

业务风险	不相容责任部门/责任人的职责分工与审批权限划分					阶段
	总经理	财务总监	财务部	采购部	相关部门	
采购预算编制依据不科学、不合理,将会导致企业资源浪费	审批	审核	②汇总、整理采购预算 / ③编制"年度采购预算表"		开始 / ①各部门编制本部门采购预算	D1
请购与审核、审批部门不分离,导致出现徇私枉法行为,造成资产流失			组织执行采购预算	严格执行采购预算 / ④实施采购活动		D2
采购预算调整未经适当审批或超越授权审批,可能因重大差错、舞弊、欺诈而导致损失	审批	审核	⑥编制《采购预算调整方案》 / 下达新的《采购预算方案》	⑤提出采购预算调整申请 / 执行新的《采购预算方案》 / 资料存档 / 结束		D3

2. 采购预算业务流程控制表

控制事项		详细描述及说明
阶段控制	D1	1. 各生产单位根据年度营业目标预测生产计划，据此编制《年度物资需求计划》和本部门的采购预算；仓储部根据企业相关规定和生产用料计划编制仓储部的采购预算；研发部、行政部根据实际需求编制各自的采购预算 2. 财务部预算专员负责汇总、整理各部门提交的采购预算 3. 财务部预算专员根据上年度材料单价，次年度汇率、利率等各项预算基准，编制企业"年度采购预算表"，财务部经理签字确认后报财务总监审核、总经理审批
	D2	4. 请购部门根据实际需求提出采购申请，采购部采购专员根据市场价格填制采购金额，依据企业相关规定以及生产需求情况判断采购是否合理。采购申请合理的，提交相关领导审批；采购申请不合理的，退回请购部门
	D3	5. 采购预算调整的原因有预算外采购和超预算采购两种。由于市场环境变化可能引起采购物资价格上涨，导致实际采购金额超出采购预算；生产突发事件也可导致采购预算外支出。所以，采购部有必要提出《采购预算调整申请》，追加采购预算 6. 财务部接到采购部的预算调整申请后，根据实际情况并参照企业的相关规定编制《采购预算调整方案》，提交财务总监审核、总经理审批
相关规范	应建规范	□《采购申请制度》 □《请购审批制度》 □《预算管理制度》
	参照规范	□《企业内部控制应用指引》
文件资料		□《销售计划》 □《生产计划》 □ 采购预算表 □《采购预算调整方案》
责任部门及责任人		□ 采购部、财务部 □ 总经理、财务总监、采购部经理、财务部经理、采购专员、预算专员

7.2 采购与验收控制

7.2.1 采购业务招标流程

1. 采购业务招标流程与风险控制图

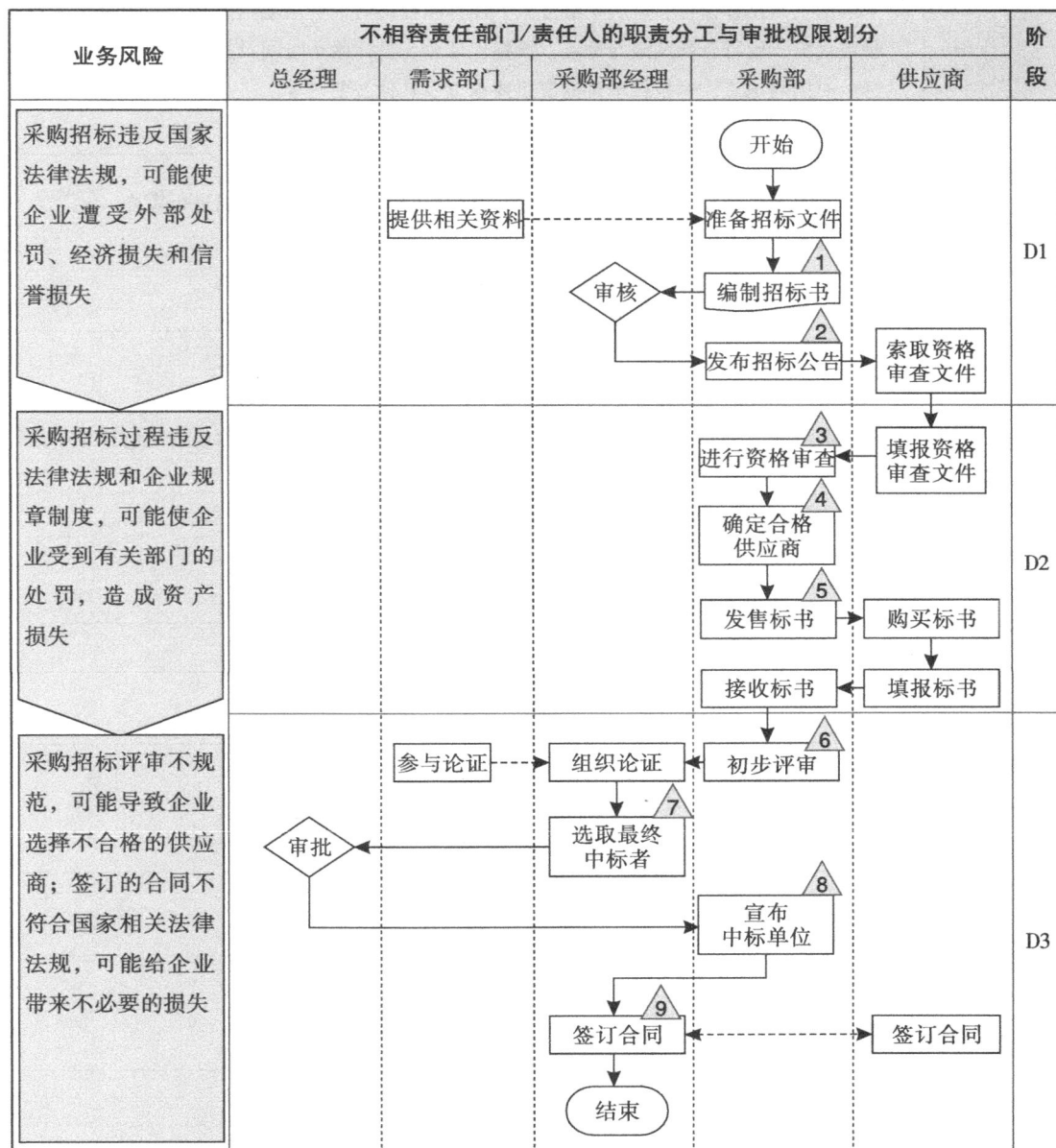

业务风险	不相容责任部门/责任人的职责分工与审批权限划分					阶段
	总经理	需求部门	采购部经理	采购部	供应商	
采购招标违反国家法律法规，可能使企业遭受外部处罚、经济损失和信誉损失		提供相关资料	审核	开始 → 准备招标文件 → ①编制招标书 → ②发布招标公告	索取资格审查文件	D1
采购招标过程违反法律法规和企业规章制度，可能使企业受到有关部门的处罚，造成资产损失				③进行资格审查 → ④确定合格供应商 → ⑤发售标书 → 接收标书	填报资格审查文件 / 购买标书 / 填报标书	D2
采购招标评审不规范，可能导致企业选择不合格的供应商；签订的合同不符合国家相关法律法规，可能给企业带来不必要的损失	审批	参与论证	组织论证 → ⑦选取最终中标者	⑥初步评审 → ⑧宣布中标单位 → ⑨签订合同 → 结束	签订合同	D3

2. 采购业务招标流程控制表

控制事项		详细描述及说明
阶段控制	D1	1. 对需要进行招标的采购业务，采购部准备招标文件，编制《采购招标书》，报采购部经理审核 2. 采购部发布招标公告，说明招标方式，招标项目的名称、用途、规格、质量要求及数量或规模，履行合同期限与地点，投标保证金，投标截止时间及投标书投递地点，开标的时间与地点，对投标单位的资质要求以及其他必要内容
	D2	3. 采购部收到供应商的资格审查文件后，对供应商资质、信誉等方面进行审查 4. 采购部通过审查供应商各方面指标，确定合格的供应商 5. 采购部向合格的供应商发售标书，供应商填写完毕后递交到采购部
	D3	6. 采购部对供应商的投标书进行初步审核，剔除明显不符合要求的供应商 7. 采购部经理组织需求部门、技术部、财务部等相关人员或专家对筛选通过的投标书进行论证，选出最终的中标者 8. 最终中标者经总经理签字确认后，由采购部相关人员宣布中标单位 9. 采购部经理代表招标方签订《采购合同》
相关规范	应建规范	❒《采购管理制度》 ❒《采购招标管理规定》
	参照规范	❒《中华人民共和国招标投标法》 ❒《中华人民共和国合同法》
文件资料		❒《采购合同》 ❒《采购招标书》 ❒《合格供应商名单》 ❒《中标单位通知书》
责任部门及责任人		❒ 采购部、请购部门 ❒ 总经理、采购部经理、采购主管、采购专员

7.2.2 供应商的评选流程

1. 供应商的评选流程与风险控制图

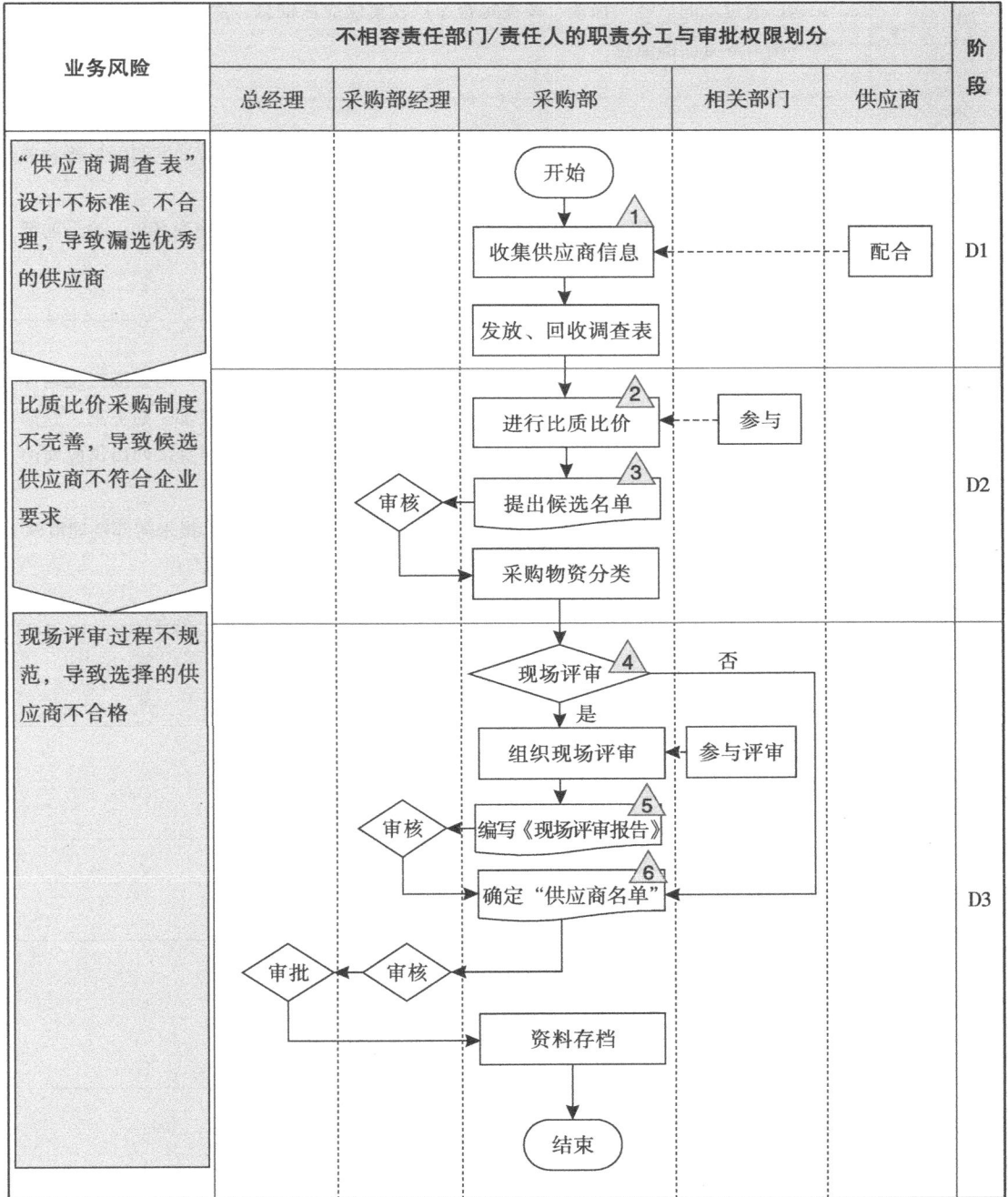

业务风险	不相容责任部门/责任人的职责分工与审批权限划分					阶段
	总经理	采购部经理	采购部	相关部门	供应商	
"供应商调查表"设计不标准、不合理，导致漏选优秀的供应商			开始 → ① 收集供应商信息 → 发放、回收调查表		配合	D1
比质比价采购制度不完善，导致候选供应商不符合企业要求		审核	② 进行比质比价 → ③ 提出候选名单 → 采购物资分类	参与		D2
现场评审过程不规范，导致选择的供应商不合格	审批	审核	④ 现场评审 否/是 → 组织现场评审 → ⑤ 编写《现场评审报告》 → ⑥ 确定"供应商名单" → 资料存档 → 结束	参与评审		D3

2. 供应商的评选流程控制表

控制事项		详细描述及说明
阶段控制	D1	1. 采购部通过不同途径（面谈、调查问卷等）收集供应商信息，主要包括供应商信誉、供货能力等方面的信息
	D2	2. 采购部和使用部门依据收集到的供应商信息，参照企业《比质比价采购制度》等相关文件，对供应商进行比质比价 3. 采购部根据比质比价结果，参照《供应商选定标准》拟定候选供应商名单，报采购部经理审核
	D3	4. 采购部通过采购物资的分类，根据实际需要判断是否组织现场评审。需要进行现场评审的供应商，由采购部负责具体的现场评审工作，请购部门、生产部、财务部、仓储部以及质检部等相关部门参与；对无需现场评审的供应商，采购部直接列出供应商的等级排序名单 5. 现场评审后，采购部汇总评价结果，确定供应商的等级排序名单，报采购部经理审核 6. 经确定的供应商名单，须报采购部经理审核、总经理审批
相关规范	应建规范	☐《采购管理制度》 ☐《供应商选定标准》 ☐《供应商评价制度》 ☐《比质比价采购制度》
	参照规范	☐《企业内部控制应用指引》
文件资料		☐ 供应商名单 ☐ 供应商调查表 ☐《现场评审报告》
责任部门及责任人		☐ 采购部、财务部、生产部、仓储部 ☐ 总经理、采购部经理、采购主管、采购专员

7.2.3　采购验收业务流程

1. 采购验收业务流程与风险控制图

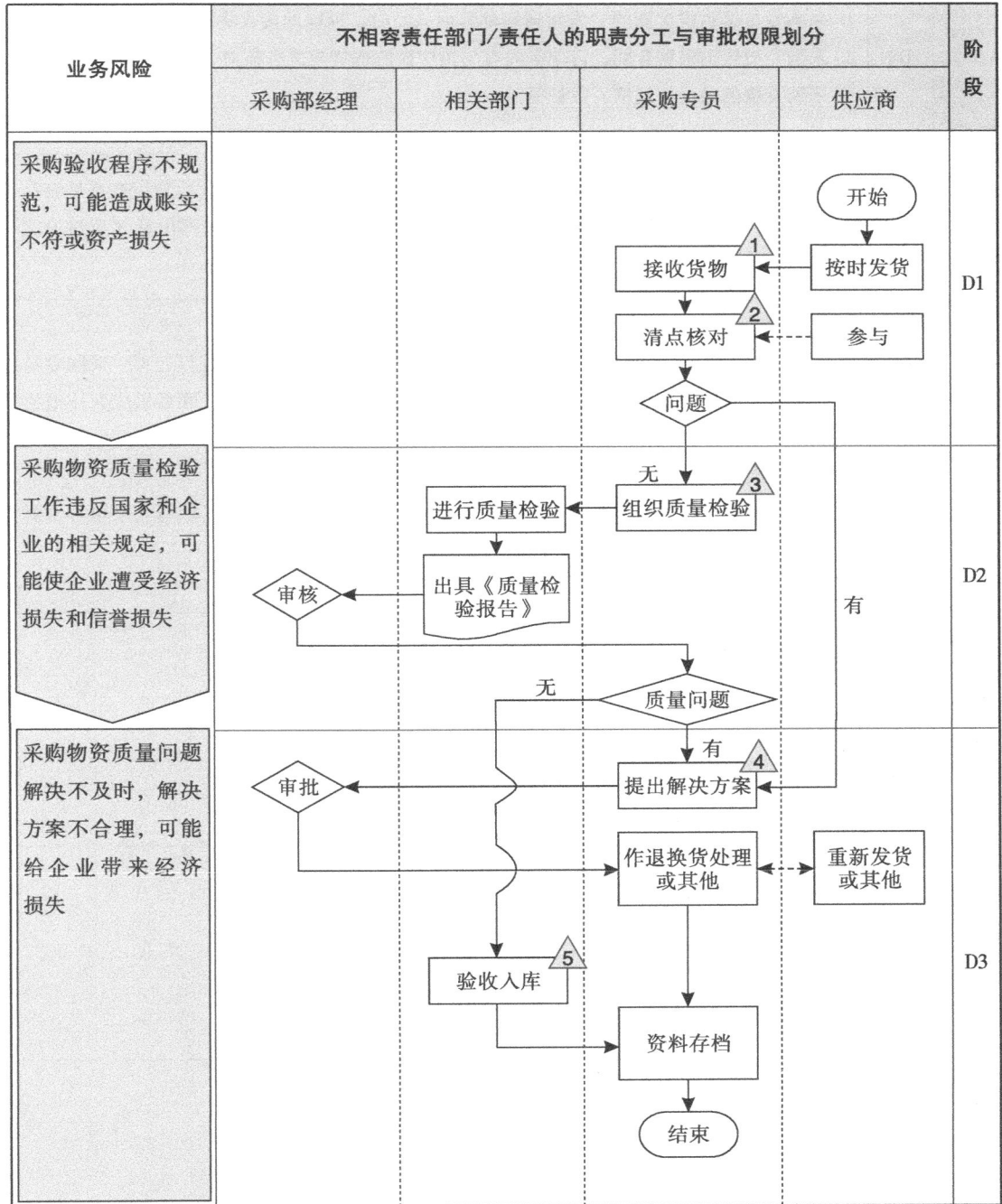

业务风险	不相容责任部门/责任人的职责分工与审批权限划分				阶段
	采购部经理	相关部门	采购专员	供应商	
采购验收程序不规范，可能造成账实不符或资产损失			接收货物 ① 清点核对 ② 问题	开始 按时发货 参与	D1
采购物资质量检验工作违反国家和企业的相关规定，可能使企业遭受经济损失和信誉损失	审核	进行质量检验 出具《质量检验报告》	无 组织质量检验 ③ 质量问题	有	D2
采购物资质量问题解决不及时，解决方案不合理，可能给企业带来经济损失	审批	无 验收入库 ⑤	有 提出解决方案 ④ 作退换货处理或其他 资料存档 结束	重新发货或其他	D3

2. 采购验收业务流程控制表

控制事项		详细描述及说明
阶段控制	D1	1. 采购专员接到供应商的"发货通知单"后，及时、准确地接收货物 2. 采购专员依据采购合同、订单等内容与供应商的送货单进行核对，核对项目主要包括采购货物的品种、规格、数量等
	D2	3. 核对无误的，采购专员组织质检部和使用部门人员对货物进行质量检验，查看是否符合合同、订单以及生产工艺技术要求等。质量检验完毕后，由质检部出具《质量检验报告》，送采购部经理审核
	D3	4. 若检验报告显示货物存在质量问题，采购部经理要组织采购专员进行处理。采购专员应依据合同、订单规定提出具体解决办法，报采购部经理审批后，联系供应商作退换货处理等；若在货物数量清点核对阶段出现数量问题，采购专员应根据合同、订单规定提出解决办法，报采购部经理审批后及时联络供应商 5. 经质量检验，若所购货物不存在质量问题，则由仓储部负责入库，填写入库单等。财务部对入库材料及货物做出账务处理
相关规范	应建规范	☐《采购管理制度》 ☐《采购验收标准》
	参照规范	☐《企业内部控制应用指引》
文件资料		☐ 入库单 ☐《计量报告》 ☐《验收证明》 ☐《质量检验报告》
责任部门及责任人		☐ 采购部、财务部、使用部门、质检部 ☐ 采购部经理、采购专员、质检部经理、质检专员

7.3 采购付款控制

7.3.1 付款审批业务流程

1. 付款审批业务流程与风险控制图

业务风险	不相容责任部门/责任人的职责分工与审批权限划分					阶段
	总经理	采购总监	财务部	采购部经理	采购专员	

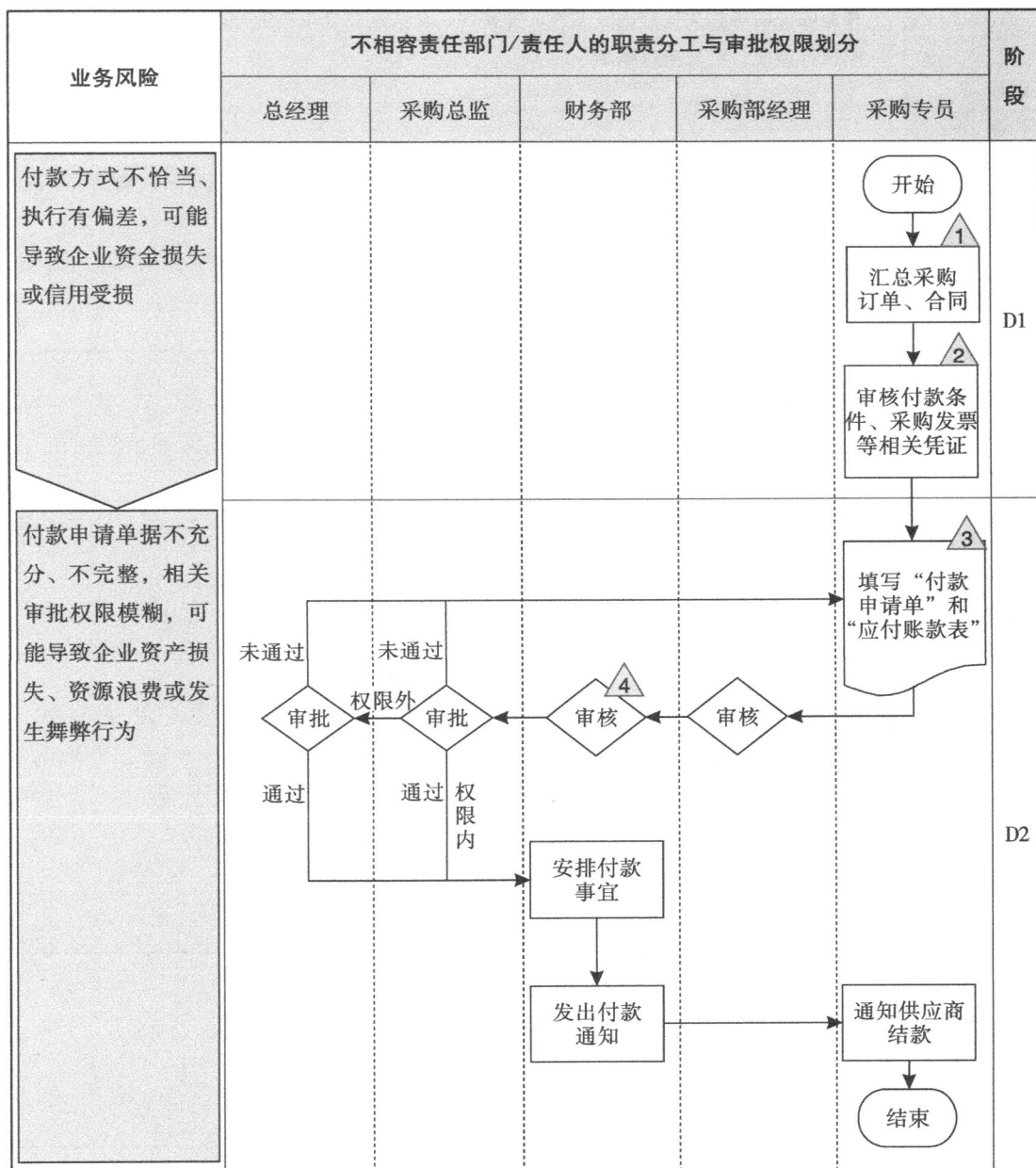

91

2. 付款审批业务流程控制表

控制事项		详细描述及说明
阶段控制	D1	1. 采购专员定期汇总采购合同及采购订单，办理付款事项 2. 采购专员对采购合同约定的付款条件以及采购发票、结算凭证、检验报告、计量报告和验收证明等相关凭证的真实性、完整性、合法性及合规性进行严格审核，并核对合同执行情况，汇总应付账款
	D2	3. 采购专员填写"付款申请单"和"应付账款表"，提交采购部经理审核，确保数字准确无误 4. 财务部出纳依据采购合同、相关协议、发票等对付款申请进行复核，复核无误后提交采购总监和总经理根据权限审批，办理付款
相关规范	应建规范	☐《采购管理制度》 ☐《付款审批权限规定》
	参照规范	☐《企业内部控制应用指引》
文件资料		☐ 付款申请单 ☐ 采购订单 ☐ 应付账款表 ☐《采购合同》
责任部门及责任人		☐ 采购部、财务部 ☐ 总经理、采购总监、采购部经理、采购专员、出纳

7.3.2　采购退货业务流程

1. 采购退货业务流程与风险控制图

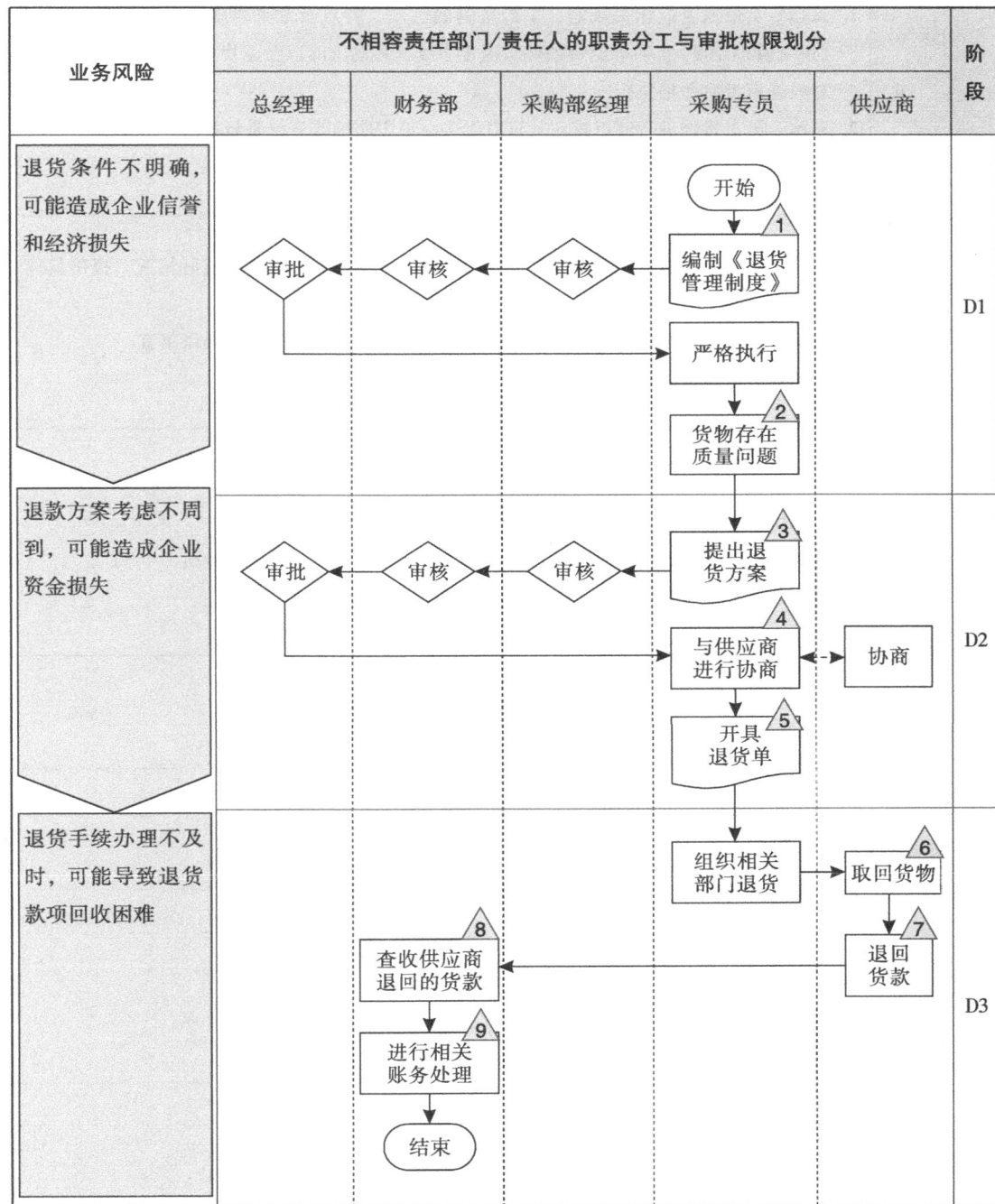

业务风险	不相容责任部门/责任人的职责分工与审批权限划分					阶段
	总经理	财务部	采购部经理	采购专员	供应商	
退货条件不明确，可能造成企业信誉和经济损失	审批 ← 审核		审核 ←	开始 ① 编制《退货管理制度》 严格执行 ② 货物存在质量问题		D1
退款方案考虑不周到，可能造成企业资金损失	审批 ← 审核		审核 ←	③ 提出退货方案 ④ 与供应商进行协商 ⑤ 开具退货单	协商	D2
退货手续办理不及时，可能导致退货款项回收困难		⑧ 查收供应商退回的货款 ⑨ 进行相关账务处理 结束		组织相关部门退货	⑥ 取回货物 ⑦ 退回货款	D3

2. 采购退货业务流程控制表

控制事项		详细描述及说明
阶段控制	D1	1. 采购专员依据企业相关规定，采购货物的性质、特点及常见供应商供货问题等编制《退货管理制度》，明确退货条件、退货手续、货物出库以及退货款项回收等内容，经总经理审批后严格执行 2. 采购专员对货物进行清点核对，核对无误后组织质检部进行质量检验；如货物存在质量问题，要及时办理相关的退货事宜
	D2	3. 货物存在质量问题时，采购专员应依据企业的相关规定及货物的实际情况，提出具体的退货方案，上报采购部经理和财务部审核、总经理审批 4. 采购专员根据审批的退货方案与供应商协商，确定具体的退回与赔偿事宜 5. 采购专员根据协商结果开具退货单，组织运输部或仓储部退货
	D3	6. 供应商核对信息后，取回不合格的货物 7. 根据协商结果，退回退货货款和赔偿金额 8. 财务部出纳查收供应商的退货货款以及赔偿金额，同时告知采购专员 9. 财务部会计根据企业相关规定，对退货款项进行账务处理
相关规范	应建规范	☐《采购管理制度》 ☐《采购退货管理制度》
	参照规范	☐《企业内部控制应用指引》 ☐《中华人民共和国合同法》
文件资料		☐ 退货单 ☐ 退货方案 ☐《采购合同》 ☐《质量检验报告》
责任部门及责任人		☐ 采购部、财务部、仓储部、运输部 ☐ 总经理、采购部经理、采购专员、出纳、会计

第8章 企业内部控制流程——资产管理

8.1 存货管理

8.1.1 存货管理流程

1. 存货管理流程与风险控制图

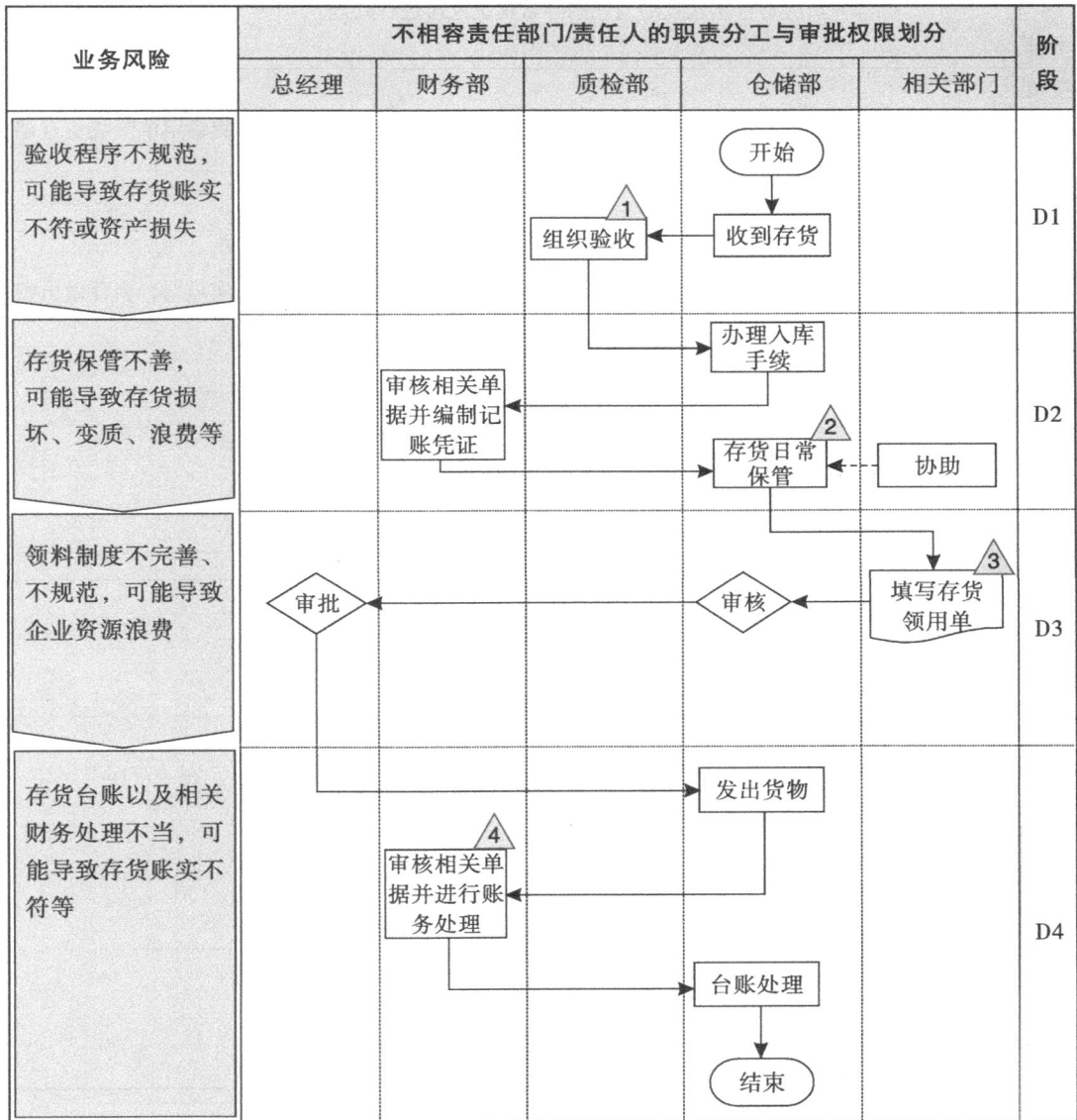

业务风险	不相容责任部门/责任人的职责分工与审批权限划分					阶段
	总经理	财务部	质检部	仓储部	相关部门	
验收程序不规范，可能导致存货账实不符或资产损失			① 组织验收	开始 → 收到存货		D1
存货保管不善，可能导致存货损坏、变质、浪费等		审核相关单据并编制记账凭证		办理入库手续 ② 存货日常保管	协助	D2
领料制度不完善、不规范，可能导致企业资源浪费	审批		审核		③ 填写存货领用单	D3
存货台账以及相关财务处理不当，可能导致存货账实不符等		④ 审核相关单据并进行账务处理		发出货物 台账处理 → 结束		D4

95

2. 存货管理流程控制表

控制事项		详细描述及说明
阶段控制	D1	1. 质检部根据《存货验收管理制度》，参照货物的特点，组织人员对存货进行验收，验收合格的货物直接由仓储部办理入库手续
	D2	2. 仓储部对入库的存货进行保管，包括控制仓库温度、防霉防腐、卫生管理等内容，仓储部人员应对存货检查中发现的异常情况及时进行处理
	D3	3. 相关部门根据业务需要填写"存货领用单"，将填写完毕的"存货领用单"提交仓储部、总经理审核与审批
	D4	4. 仓储部依据相关单据登记仓库台账，仓储部与财务部定期进行账实核对，会计做出相关账务处理
相关规范	应建规范	❒《存货验收制度》 ❒《存货保管制度》
	参照规范	❒《企业会计准则》 ❒《企业内部控制应用指引》
文件资料		❒ 质检报告 ❒ 入库单 ❒ 存货领用单 ❒ 出库凭证
责任部门及责任人		❒ 仓储部、质检部、财务部 ❒ 财务经理、仓储部经理、仓库管理员、质检员

8.1.2 存货盘点业务流程

1. 存货盘点业务流程与风险控制图

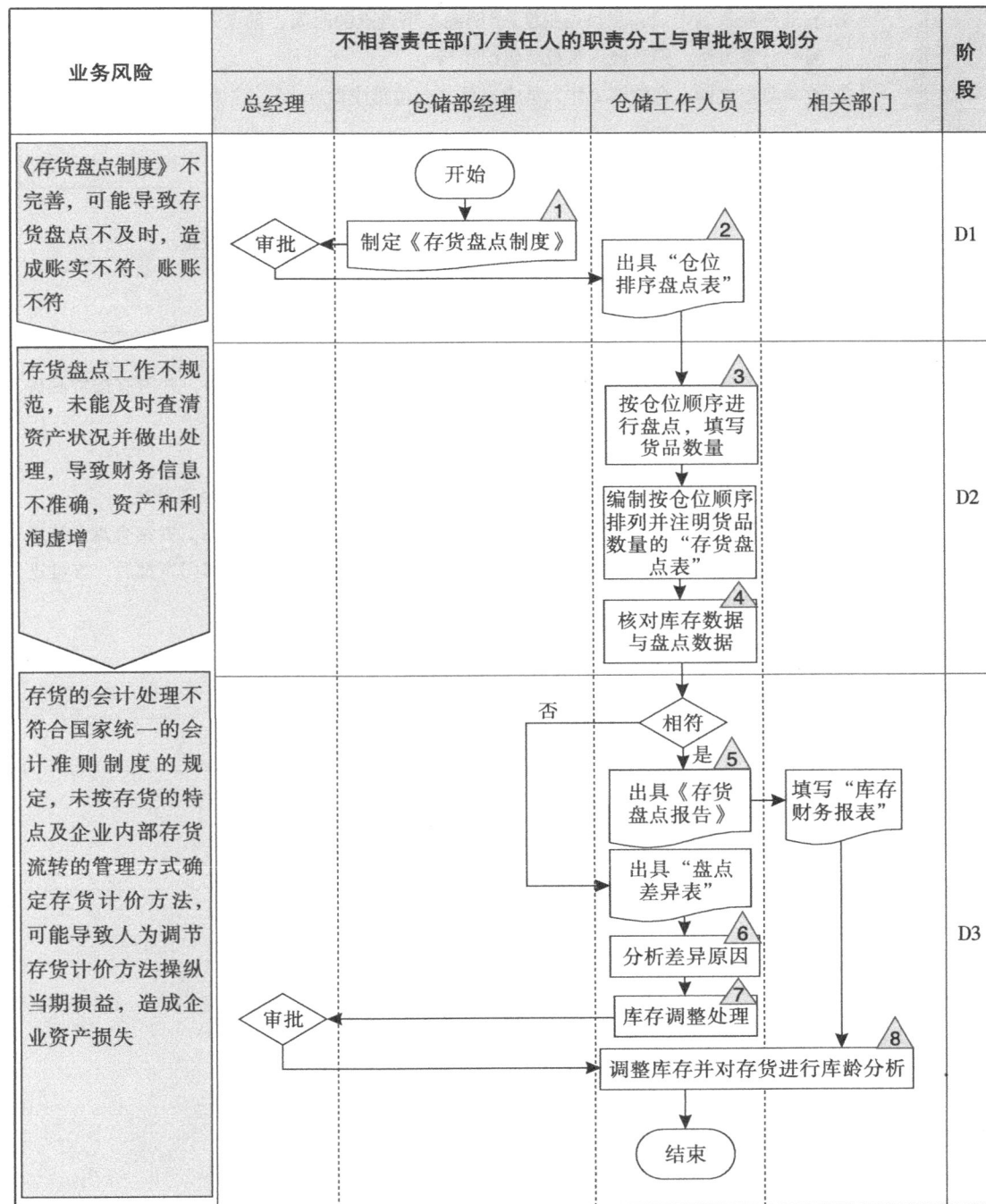

业务风险	不相容责任部门/责任人的职责分工与审批权限划分				阶段
	总经理	仓储部经理	仓储工作人员	相关部门	
《存货盘点制度》不完善，可能导致存货盘点不及时，造成账实不符、账账不符	审批	开始 → 制定《存货盘点制度》①	出具"仓位排序盘点表"②		D1
存货盘点工作不规范，未能及时查清资产状况并做出处理，导致财务信息不准确，资产和利润虚增			按仓位顺序进行盘点，填写货品数量③ / 编制按仓位顺序排列并注明货品数量的"存货盘点表" / 核对库存数据与盘点数据④		D2
存货的会计处理不符合国家统一的会计准则制度的规定，未按存货的特点及企业内部存货流转的管理方式确定存货计价方法，可能导致人为调节存货计价方法操纵当期损益，造成企业资产损失	审批	否 ← 相符	是 → 出具《存货盘点报告》⑤ / 出具"盘点差异表" / 分析差异原因⑥ / 库存调整处理⑦ / 调整库存并对存货进行库龄分析⑧ → 结束	填写"库存财务报表"	D3

2. 存货盘点业务流程控制表

控制事项		详细描述及说明
阶段控制	D1	1. 仓储部经理制定《存货盘点制度》，明确各项盘点的时间、盘点人员以及各类存货数量的计算方法，经总经理审批后组织执行 2. 存货盘点之前，仓储部工作人员应出具"仓位排序盘点表"，注明货品的编号、名称、仓位，无需标明数量
	D2	3. 仓储工作人员按照仓位顺序进行盘点，每项盘点完成后填写货品数量 4. 仓储工作人员与其他盘点人员核对库存数据与盘点数据是否相符
	D3	5. 如盘点数据与库存数据相符，仓库盘点人员出具《存货盘点报告》，并附有按货品编号的"存货盘点表"和"库存统计表" 6. 仓储部和财务部共同分析库存差异原因，追究相关人员的责任 7. 仓储部根据分析结果，调整库存，填写"库存调整表"并提交总经理审批 8. 仓储部和财务部根据审批后的"库存调整表"调整各自的库存账目，并结合盘点结果对存货进行库龄分析，确定是否需要计提存货跌价准备。经相关部门审批后，方可进行会计处理，并附相关书面记录材料
相关规范	应建规范	🗍《存货管理制度》 🗍《存货盘点制度》
	参照规范	🗍《企业内部控制应用指引》 🗍《企业会计准则第1号——存货》
文件资料		🗍 库存调整表 🗍 存货盘点表 🗍 盘点差异表 🗍 仓位排序盘点表 🗍《年度盘点计划》
责任部门及责任人		🗍 仓储部、财务部 🗍 仓储部经理、仓库管理员、会计

8.2　固定资产管理

8.2.1　固定资产管理流程

1. 固定资产管理流程与风险控制图

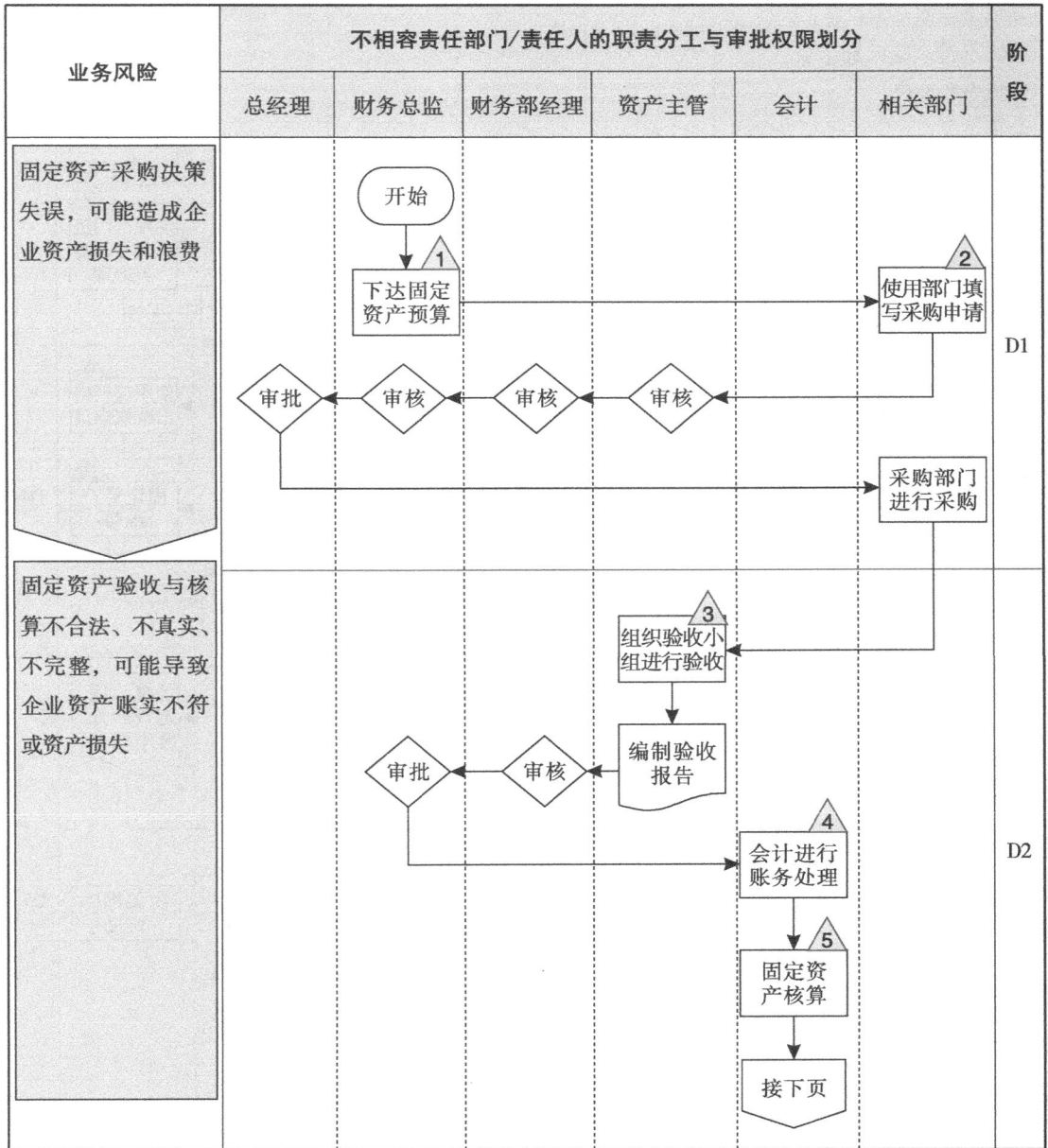

业务风险	不相容责任部门/责任人的职责分工与审批权限划分						阶段
	总经理	财务总监	财务部经理	资产主管	会计	相关部门	
固定资产采购决策失误，可能造成企业资产损失和浪费	开始 → ① 下达固定资产预算 → 审批	审核	审核	审核		② 使用部门填写采购申请；采购部门进行采购	D1
固定资产验收与核算不合法、不真实、不完整，可能导致企业资产账实不符或资产损失				③ 组织验收小组进行验收 → 编制验收报告 → 审核 → 审批	④ 会计进行账务处理 → ⑤ 固定资产核算 → 接下页		D2

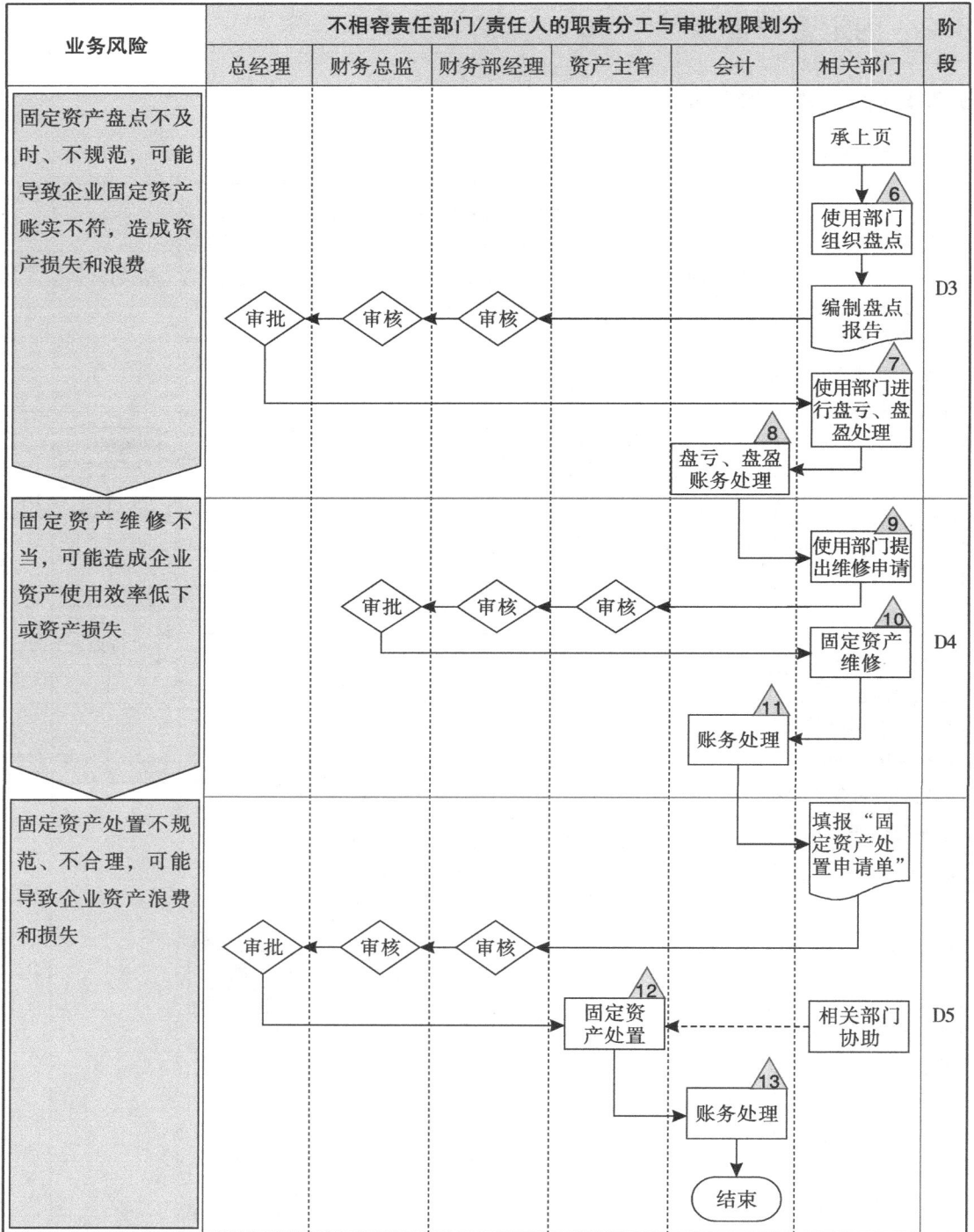

（续）

业务风险	不相容责任部门/责任人的职责分工与审批权限划分						阶段
	总经理	财务总监	财务部经理	资产主管	会计	相关部门	
固定资产盘点不及时、不规范，可能导致企业固定资产账实不符，造成资产损失和浪费	审批	审核	审核			承上页 ⑥使用部门组织盘点 编制盘点报告 ⑦使用部门进行盘亏、盘盈处理 ⑧盘亏、盘盈账务处理	D3
固定资产维修不当，可能造成企业资产使用效率低下或资产损失	审批	审核	审核	⑪账务处理		⑨使用部门提出维修申请 ⑩固定资产维修	D4
固定资产处置不规范、不合理，可能导致企业资产浪费和损失	审批	审核	审核	⑫固定资产处置	⑬账务处理 结束	填报"固定资产处置申请单" 相关部门协助	D5

2. 固定资产管理流程控制表

控制事项		详细描述及说明
阶段控制	D1	1. 企业应根据固定资产的使用情况、生产经营发展目标等因素编制固定资产采购预算，由财务总监下达，企业各部门严格执行 2. 固定资产的使用部门根据业务发展目标、固定资产的新旧程度、使用频率、废品率等因素提出固定资产采购申请
	D2	3. 财务部组成固定资产验收小组，对采购的固定资产进行验收，验收内容包括外包装、规格、型号、配置、数量和资料共六个方面 4. 会计应根据固定资产的取得方式确定固定资产的成本构成，并做出相应的账务处理 5. 固定资产核算包括固定资产折旧核算和固定资产后续支出核算
	D3	6. 由固定资产使用部门制订固定资产盘点计划并进行盘点 7. 固定资产盘亏，财务部与使用部门办理固定资产注销手续；固定资产盘盈，财务部与使用部门办理固定资产增加手续 8. 固定资产盘亏造成的损失应计入当期损益，固定资产盘盈经审批后计入营业外收入
	D4	9. 固定资产使用部门根据固定资产的使用状况提出固定资产维修申请 10. 固定资产维修分为大修理和经常修理，大修理应经过财务部审批后执行 11. 固定资产维修符合固定资产确认条件的，计入固定资产成本；不符合固定资产确认条件的，计入当期损益
	D5	12. 固定资产处置包括固定资产出售、转让、毁损和报废四种情况 13. 固定资产因出售、转让、报废和毁损而进行的处置收入，计入当期损益，通过"固定资产清理"科目核算
相关规范	应建规范	☐《固定资产预算管理制度》 ☐《固定资产盘点制度》 ☐《固定资产处置制度》 ☐《固定资产核算制度》
	参照规范	☐《企业会计准则第 4 号——固定资产》
文件资料		☐ 固定资产采购申请表 ☐ 固定资产处置申请单 ☐《固定资产验收报告》 ☐《固定资产盘点报告》
责任部门及责任人		☐ 财务部、设备部、采购部 ☐ 财务部经理、资产部主管、采购部经理、采购部主管

8.2.2 固定资产大修流程

1. 固定资产大修流程与风险控制图

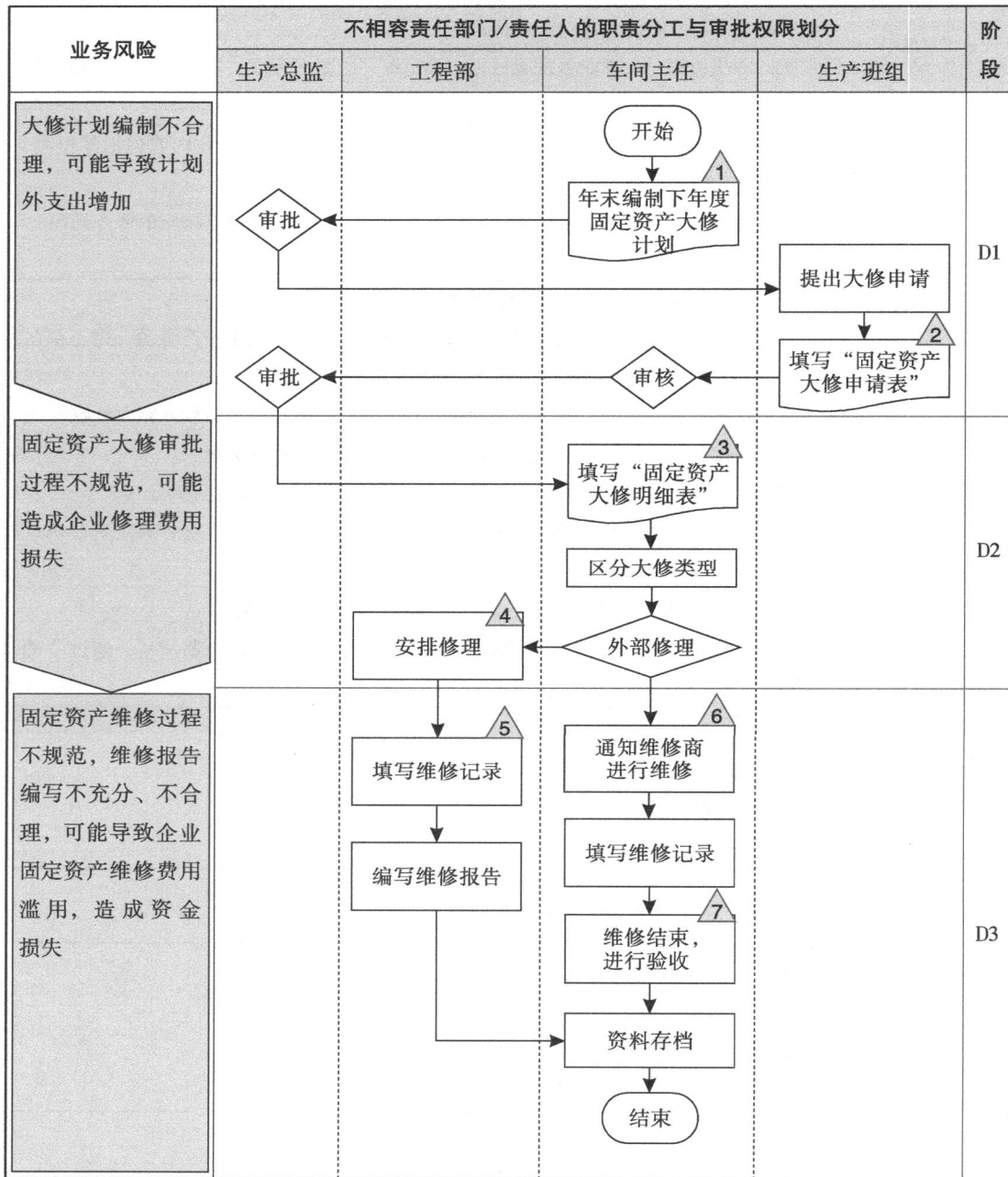

业务风险	不相容责任部门/责任人的职责分工与审批权限划分				阶段
	生产总监	工程部	车间主任	生产班组	
大修计划编制不合理，可能导致计划外支出增加	审批		开始 → ①年末编制下年度固定资产大修计划 → 审核	提出大修申请 → ②填写"固定资产大修申请表"	D1
固定资产大修审批过程不规范，可能造成企业修理费用损失	审批	④安排修理	③填写"固定资产大修明细表" → 区分大修类型 → 外部修理		D2
固定资产维修过程不规范，维修报告编写不充分、不合理，可能导致企业固定资产维修费用滥用，造成资金损失		⑤填写维修记录 → 编写维修报告	⑥通知维修商进行维修 → 填写维修记录 → ⑦维修结束，进行验收 → 资料存档 → 结束		D3

102

2. 固定资产大修流程控制表

控制事项		详细描述及说明
阶段控制	D1	1. 车间主任根据固定资产的运行状况和维修次数，在每年年末制订下一年度的固定资产大修计划，送交生产总监审批后备案 2. 生产班组填写"固定资产大修申请表"，明确需维修设备的规格型号、产地、厂牌、单价、故障表现、故障原因、维修方式、预计维修费用等内容
	D2	3. 车间主任根据生产总监的审批意见填写"固定资产大修明细表"，明确大修时间、地点、维修方式、参与人员、费用等内容 4. 不需要外部修理的固定资产由工程部负责修理
	D3	5. 工程部在维修期间要做好维修记录 6. 需要外部修理的固定资产由车间主任通知维修商进行维修 7. 维修结束，由车间主任进行验收
相关规范	应建规范	☐《固定资产大修管理制度》
	参照规范	☐《企业内部控制应用指引》
文件资料		☐ 固定资产大修申请表 ☐ 固定资产大修明细表
责任部门及责任人		☐ 工程部、生产车间、生产班组 ☐ 生产总监、车间主任、生产班组人员

8.2.3　固定资产报废流程

1. 固定资产报废流程与风险控制图

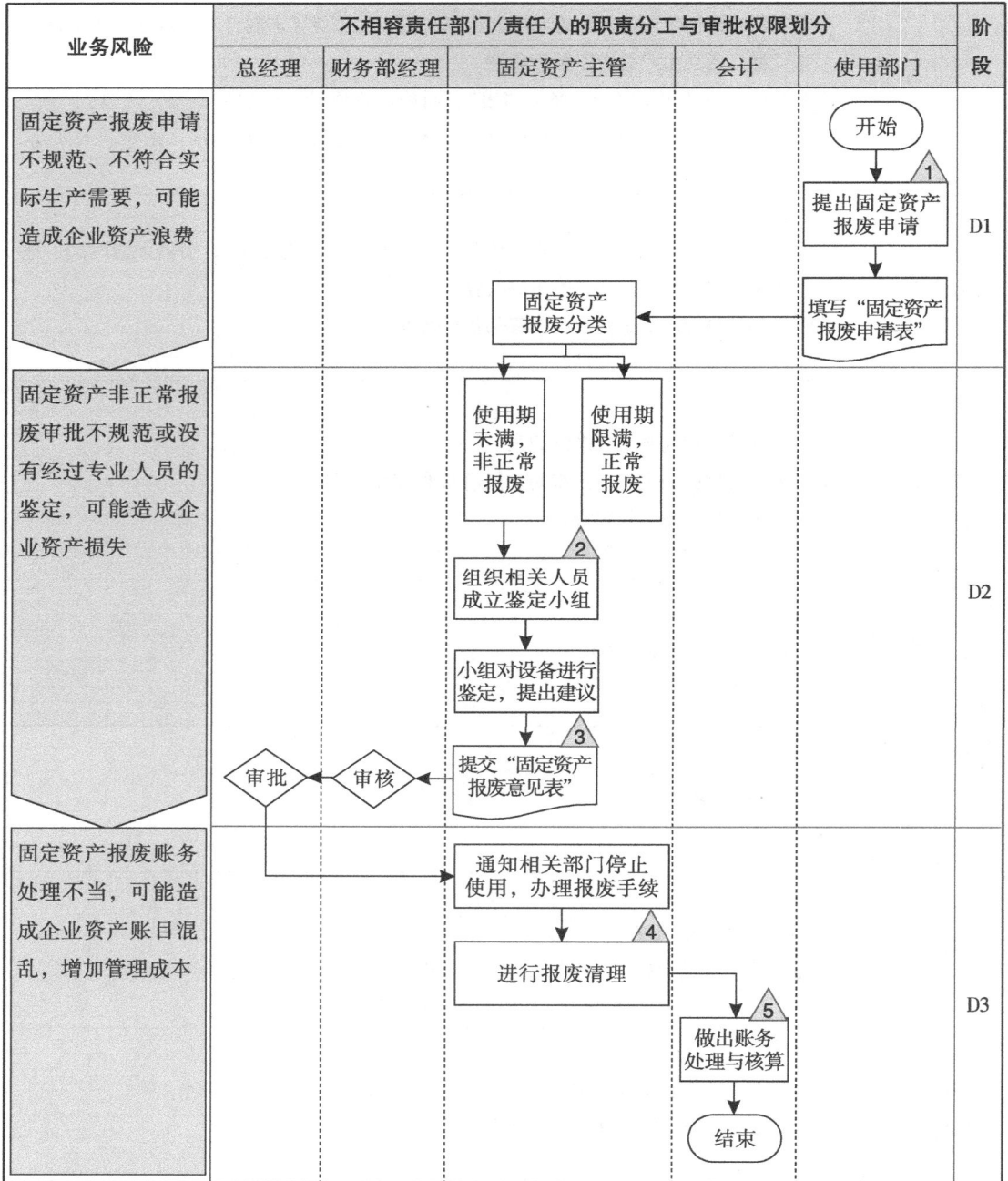

业务风险	不相容责任部门/责任人的职责分工与审批权限划分					阶段
	总经理	财务部经理	固定资产主管	会计	使用部门	
固定资产报废申请不规范、不符合实际生产需要，可能造成企业资产浪费			固定资产报废分类		开始 ① 提出固定资产报废申请 填写"固定资产报废申请表"	D1
固定资产非正常报废审批不规范或没有经过专业人员的鉴定，可能造成企业资产损失	审批	审核	使用期未满，非正常报废　使用期限满，正常报废 ② 组织相关人员成立鉴定小组 小组对设备进行鉴定，提出建议 ③ 提交"固定资产报废意见表"			D2
固定资产报废账务处理不当，可能造成企业资产账目混乱，增加管理成本			通知相关部门停止使用，办理报废手续 ④ 进行报废清理	⑤ 做出账务处理与核算 结束		D3

2. 固定资产报废流程控制表

控制事项		详细描述及说明
阶段控制	D1	1. 固定资产使用部门根据设备闲置时间和实际生产需要等因素提出资产报废申请
	D2	2. 对于使用期未满的非正常报废设备，由固定资产主管组织相关人员成立鉴定小组，对设备报废情况进行分析和论证 3. 鉴定小组应将考察意见形成"报废意见表"，主要内容包括设备的规格型号、购买时间、运行时间、产出状况、大修次数、闲置时间、报废原因、报废方式以及预计残值等
	D3	4. 由固定资产主管组织相关人员进行报废清理 5. 会计进行账务处理，将清理收入扣除账面价值和相关税费后的金额计入当期损益，通过"固定资产清理"科目核算
相关规范	应建规范	☐《固定资产报废管理规范》
	参照规范	☐《企业会计准则第 4 号——固定资产》
文件资料		☐ 固定资产报废申请表 ☐ 固定资产报废意见表
责任部门及责任人		☐ 财务部、使用部门 ☐ 总经理、财务部经理、固定资产主管、会计

8.3 无形资产管理

8.3.1 无形资产管理业务流程

1. 无形资产管理业务流程与风险控制图

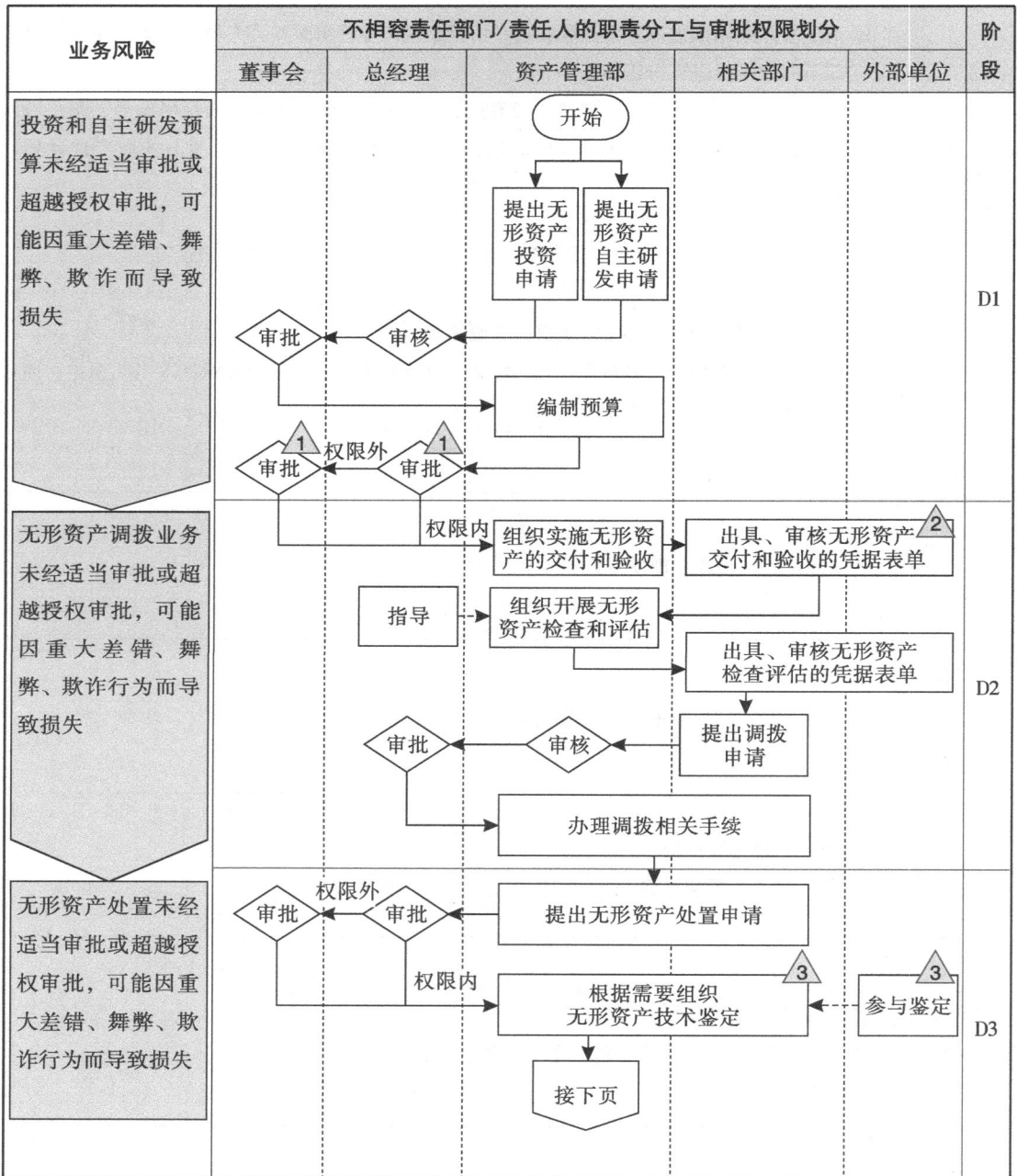

业务风险	不相容责任部门/责任人的职责分工与审批权限划分					阶段
	董事会	总经理	资产管理部	相关部门	外部单位	
投资和自主研发预算未经适当审批或超越授权审批，可能因重大差错、舞弊、欺诈而导致损失			开始→提出无形资产投资申请 / 提出无形资产自主研发申请			D1
	审批 ← 审核					
			编制预算			
	审批 ←[1] 权限外 [1]审批					
无形资产调拨业务未经适当审批或超越授权审批，可能因重大差错、舞弊、欺诈行为而导致损失		权限内	组织实施无形资产的交付和验收	出具、审核无形资产交付和验收的凭据表单 [2]		D2
		指导	组织开展无形资产检查和评估	出具、审核无形资产检查评估的凭据表单		
	审批 ← 审核		提出调拨申请			
			办理调拨相关手续			
无形资产处置未经适当审批或超越授权审批，可能因重大差错、舞弊、欺诈行为而导致损失	审批 ← 权限外 审批 ←		提出无形资产处置申请			D3
		权限内	根据需要组织无形资产技术鉴定 [3]		参与鉴定 [3]	
			接下页			

（续）

业务风险	不相容责任部门/责任人的职责分工与审批权限划分					阶段
	董事会	总经理	资产管理部	相关部门	外部单位	
无形资产处置会计处理和相关信息不合法、不真实、不完整，可能导致企业无形资产账实不符或资产损失			承上页 → 上报技术鉴定结果并提出无形资产处置意见 → 审批（权限内）实施无形资产的报废或出售转让	进行无形资产处置的账务处理		D3
	审批（权限外）					
不对无形资产业务管理的相关资料进行及时存档，可能导致资料丢失、遗漏等，给企业带来损失			更新调整无形资产管理信息 ④ → 资料存档 → 结束			D4

2. 无形资产管理业务流程控制表

控制事项		详细描述及说明
阶段控制	D1	1. 董事会和总经理需要在自身权限范围内，对无形资产投资预算和无形资产自主研发预算的编制和执行等重要事项履行审批责任
	D2	2. 企业的财务、采购以及其他相关部门参与无形资产的交付和验收，并填写相应的验收表单或凭证；交付和验收也可以聘请外部专业机构参与，外部专业机构需要出具相关的验收凭证和单据
	D3	3. 无形资产根据其内容不同，可以选择采用技术鉴定来确定无形资产的价值。如果有必要，也可以聘请外部专业机构对无形资产进行专业技术鉴定，技术鉴定的结果作为选择无形资产处置方式的依据
	D4	4. 无形资产被处置以后，资产管理部应及时调整无形资产管理的信息，确保无形资产管理信息完整、准确
相关规范	应建规范	☐《无形资产管理制度》 ☐《无形资产预算管理制度》 ☐《无形资产交付使用验收制度》
	参照规范	☐《企业内部控制应用指引》《内部会计控制规范——基本规范（试行）》 ☐《中华人民共和国商标法》《中华人民共和国专利法》《中华人民共和国著作权法》 ☐《企业会计准则——基本准则》《企业会计准则第6号——无形资产》
文件资料		☐《无形资产投资预算方案》 ☐ 无形资产移交使用验收单 ☐ 无形资产内部调拨单 ☐ 无形资产报废单
责任部门及责任人		☐ 董事会、资产管理部、财务部、采购部、无形资产使用部门 ☐ 总经理、资产管理部经理和相关人员、其他相关部门人员

8.3.2　无形资产处置管理流程

1. 无形资产处置管理流程与风险控制图

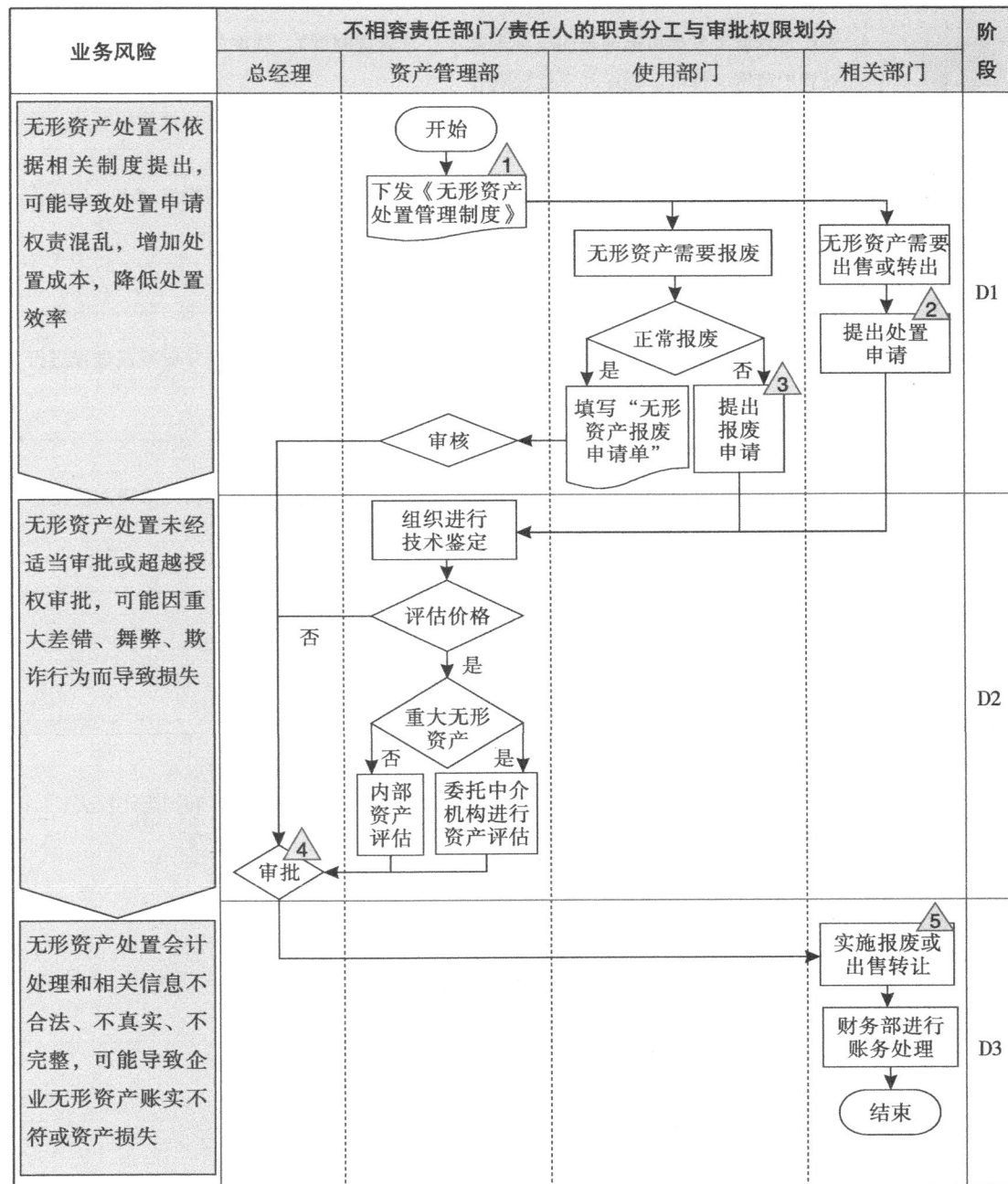

业务风险	不相容责任部门/责任人的职责分工与审批权限划分				阶段
	总经理	资产管理部	使用部门	相关部门	
无形资产处置不依据相关制度提出，可能导致处置申请权责混乱，增加处置成本，降低处置效率		开始 ① 下发《无形资产处置管理制度》 审核	无形资产需要报废 正常报废 是／否 ③ 填写"无形资产报废申请单"	无形资产需要出售或转出 提出处置申请 ② 提出报废申请	D1
无形资产处置未经适当审批或超越授权审批，可能因重大差错、舞弊、欺诈行为而导致损失	否	组织进行技术鉴定 评估价格 是 重大无形资产 否／是 内部资产评估　委托中介机构进行资产评估 审批 ④			D2
无形资产处置会计处理和相关信息不合法、不真实、不完整，可能导致企业无形资产账实不符或资产损失				实施报废或出售转让 ⑤ 财务部进行账务处理 结束	D3

2. 无形资产处置管理流程控制表

控制事项		详细描述及说明
阶段控制	D1	1. 资产管理部下发经审批通过的《无形资产处置管理制度》，制度的内容包括无形资产处置的范围、标准、程序和审批权限等 2. 相关部门提出的处置申请需列明该项无形资产的原价、已提折旧、预计使用年限、已使用年限、预计出售价格或转让价格等 3. 无形资产使用部门提出的使用期未满、属非正常报废的申请需注明报废理由、估计清理费用和回收残值、预计出售价值等
	D2	4. 对于重大无形资产处置的审批，要经过总经理办公会的集体审议，并对审议过程进行认真记录。集体审议的结果作为总经理最终审批的依据
	D3	5. 无形资产报废、出售或转让的具体实施工作应由独立于资产管理部和无形资产使用部门的其他相关部门或人员负责
相关规范	应建规范	▢ 《无形资产处置管理制度》 ▢ 《重大无形资产处置审批制度》
	参照规范	▢ 《企业内部控制应用指引》《内部会计控制规范——基本规范（试行）》 ▢ 《中华人民共和国商标法》《中华人民共和国专利法》《中华人民共和国著作权法》 ▢ 《企业会计准则——基本准则》《企业会计准则第6号——无形资产》
文件资料		▢ 无形资产报废单 ▢ 无形资产报废申请单
责任部门及责任人		▢ 资产管理部、无形资产使用部门、财务部 ▢ 总经理、会计、资产管理部经理和主管、无形资产使用部门人员

第9章 企业内部控制流程——销售业务

9.1 销售审批与定价控制

9.1.1 销售业务审批流程

1. 销售业务审批流程与风险控制图

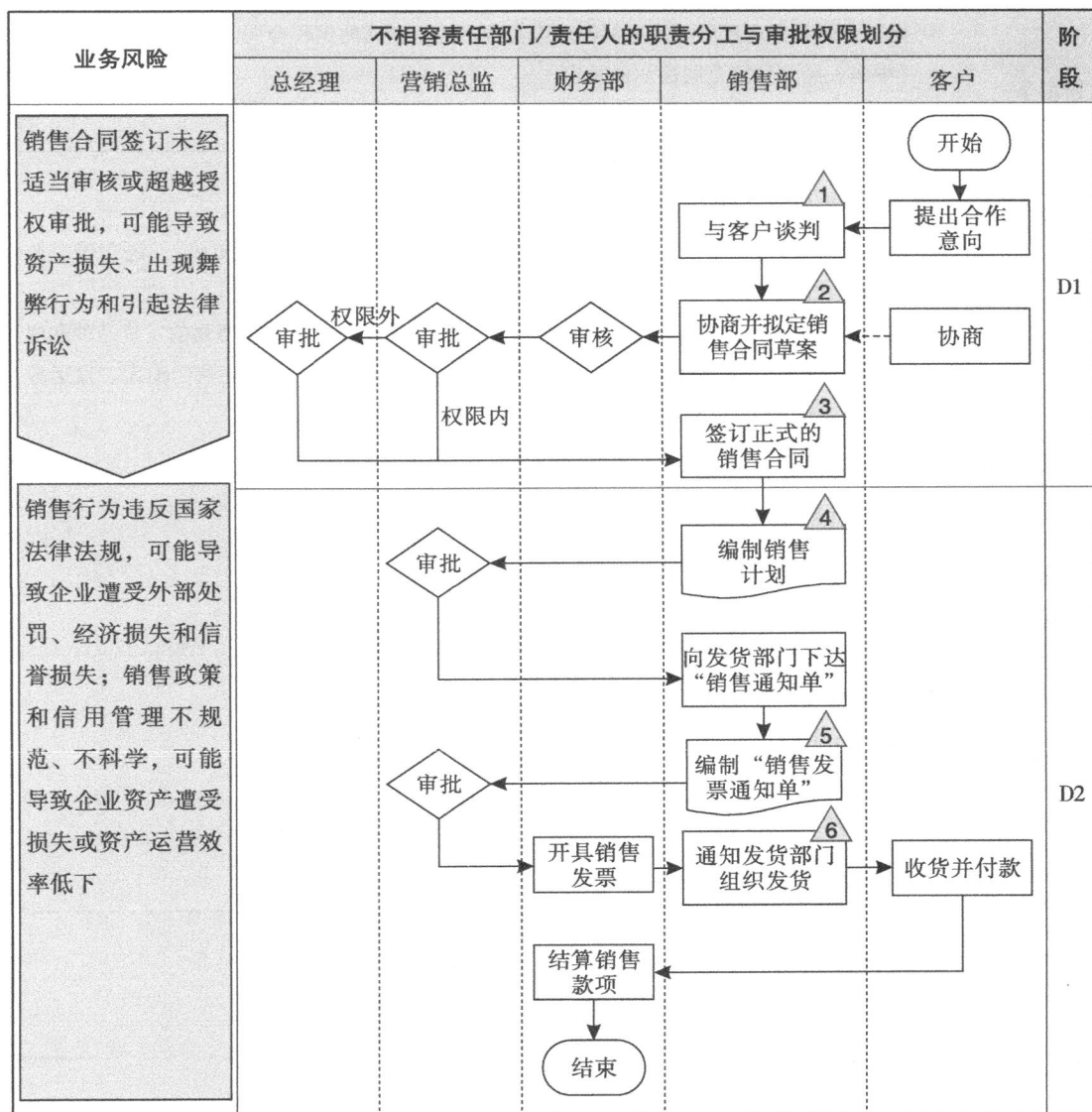

业务风险	不相容责任部门/责任人的职责分工与审批权限划分					阶段
	总经理	营销总监	财务部	销售部	客户	
销售合同签订未经适当审核或超越授权审批，可能导致资产损失、出现舞弊行为和引起法律诉讼					开始 → 提出合作意向	D1
	审批（权限外）← 审批 ← 审核 ←			① 与客户谈判 ② 协商并拟定销售合同草案	协商	
	（权限内）↓			③ 签订正式的销售合同		
销售行为违反国家法律法规，可能导致企业遭受外部处罚、经济损失和信誉损失；销售政策和信用管理不规范、不科学，可能导致企业资产遭受损失或资产运营效率低下		审批 ←		④ 编制销售计划		D2
				向发货部门下达"销售通知单"		
		审批 ←		⑤ 编制"销售发票通知单"		
			开具销售发票 →	⑥ 通知发货部门组织发货 →	收货并付款	
			结算销售款项 ←			
			结束			

111

2. 销售业务审批流程控制表

控制事项		详细描述及说明
阶段控制	D1	1. 在签订销售合同之前，销售人员应就销售价格、信用政策、发货及收款方式等具体事项与客户谈判，谈判中涉及的重要事项应当有完整的书面记录 2. 销售部与客户谈判后，拟定销售合同草案，提交营销总监和总经理审批。营销总监和总经理依照企业规定的审批权限进行审批，严格审查销售合同草案中的销售价格、信用政策、发货及收款方式等。重要的销售合同应当征询法律顾问或专家的意见 3. 销售合同草案通过后，销售部经理应与客户签订正式的销售合同。合同内容必须符合《中华人民共和国合同法》的规定
	D2	4. 销售部按照经过批准的销售合同编制销售计划 5. 销售部向发货部门下达"销售通知单"，同时编制"销售发票通知单"，经营销总监审批后下发至财务部 6. 发货部门要对销售发货单据进行审核，严格按照"销售通知单"所列的发货品种和规格、发货数量、发货时间、发货方式、接货地点组织发货，并建立货物出库、发运等环节的岗位责任制，确保货物安全发运
相关规范	应建规范	▯ 《销售业务授权制度》 ▯ 《销售业务审核批准制度》 ▯ 《销售合同审批制度》
	参照规范	▯ 《中华人民共和国合同法》 ▯ 《企业内部控制应用指引》
文件资料		▯ 销售合同
责任部门及责任人		▯ 销售部、财务部 ▯ 总经理、营销总监、销售部经理、销售人员

9.1.2　销售合同审批流程

1. 销售合同审批流程与风险控制图

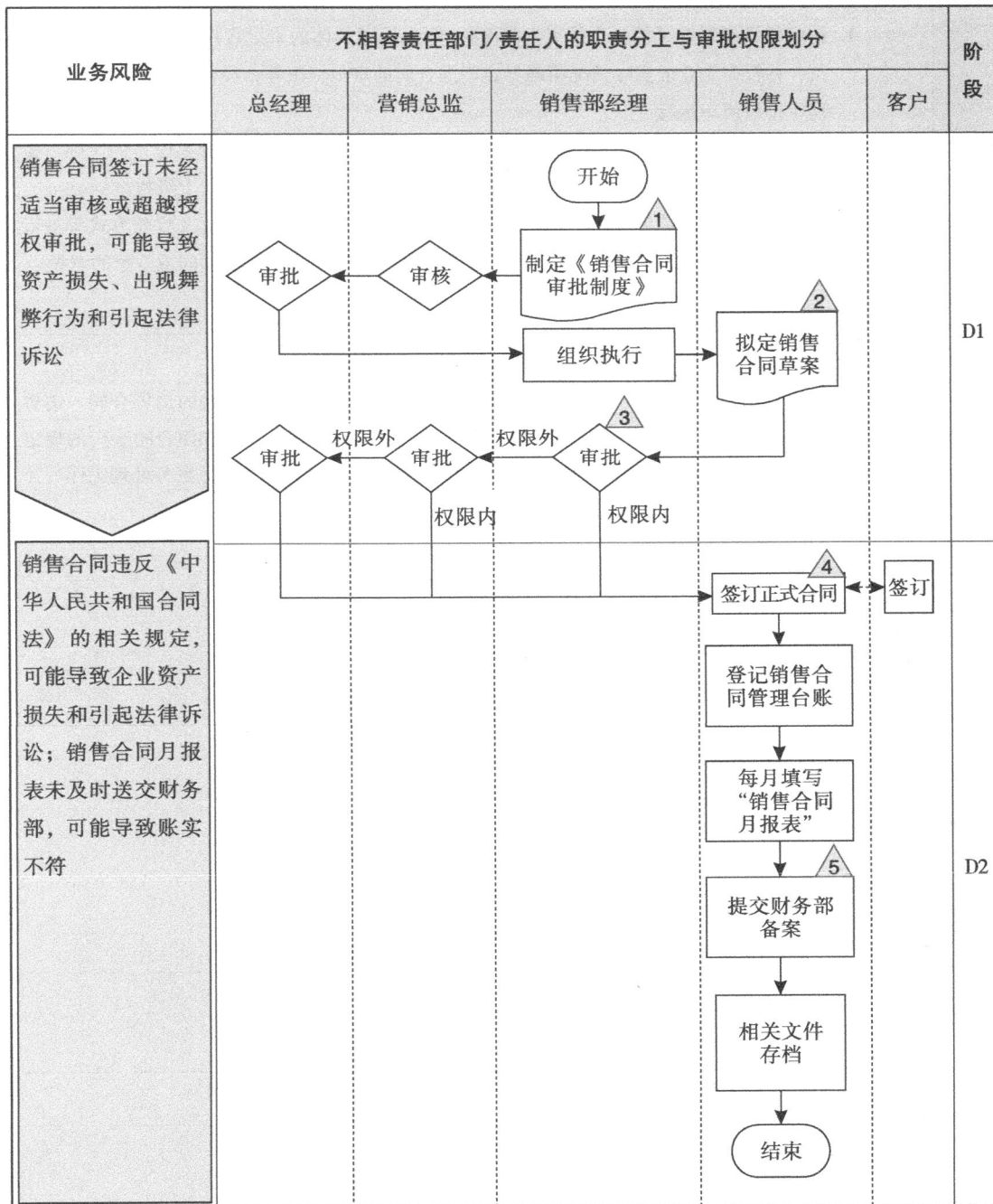

业务风险	不相容责任部门/责任人的职责分工与审批权限划分					阶段
	总经理	营销总监	销售部经理	销售人员	客户	
销售合同签订未经适当审核或超越授权审批，可能导致资产损失、出现舞弊行为和引起法律诉讼	审批 ← 审核		开始 ① 制定《销售合同审批制度》 组织执行	② 拟定销售合同草案		D1
	审批 ← 权限外 权限内	审批 ← 权限外 权限内	③ 审批			
销售合同违反《中华人民共和国合同法》的相关规定，可能导致企业资产损失和引起法律诉讼；销售合同月报表未及时送交财务部，可能导致账实不符				④ 签订正式合同 登记销售合同管理台账 每月填写"销售合同月报表" ⑤ 提交财务部备案 相关文件存档 结束	签订	D2

113

2. 销售合同审批流程控制表

控制事项		详细描述及说明
阶段控制	D1	1. 销售部经理制定《销售合同审批制度》，明确说明具体的审批程序及所涉及的部门人员，并根据企业的实际情况明确界定不同合同的审批权限等，经营销总监审核、总经理审批后组织执行 2. 销售人员开展销售活动，本着与客户"平等互利、协商一致、等价有偿"的原则，拟定销售合同草案。销售人员将拟定的销售合同草案根据审批权限向上级报批 3. 审批人员应当对销售合同草案中提出的销售价格、信用政策、发货及收款方式等进行严格审查，并建立客户信息档案。重要的销售合同应当征询法律顾问或专家的意见
	D2	4. 销售合同草案审批通过后，销售人员在授权范围内与客户签订正式的销售合同。销售合同应符合企业统一的文本格式，相关条款应符合《中华人民共和国合同法》的规定 5. 销售人员定期将"销售合同月报表"送到财务部备案，财务部做好账务处理工作
相关规范	应建规范	▢ 《销售合同管理制度》 ▢ 《销售合同审批制度》 ▢ 《销售合同编制制度》
	参照规范	▢ 《中华人民共和国合同法》 ▢ 《企业内部控制应用指引》
文件资料		▢ 销售合同
责任部门及责任人		▢ 销售部、财务部 ▢ 总经理、营销总监、销售人员

9.1.3 销售定价业务流程

1. 销售定价业务流程与风险控制图

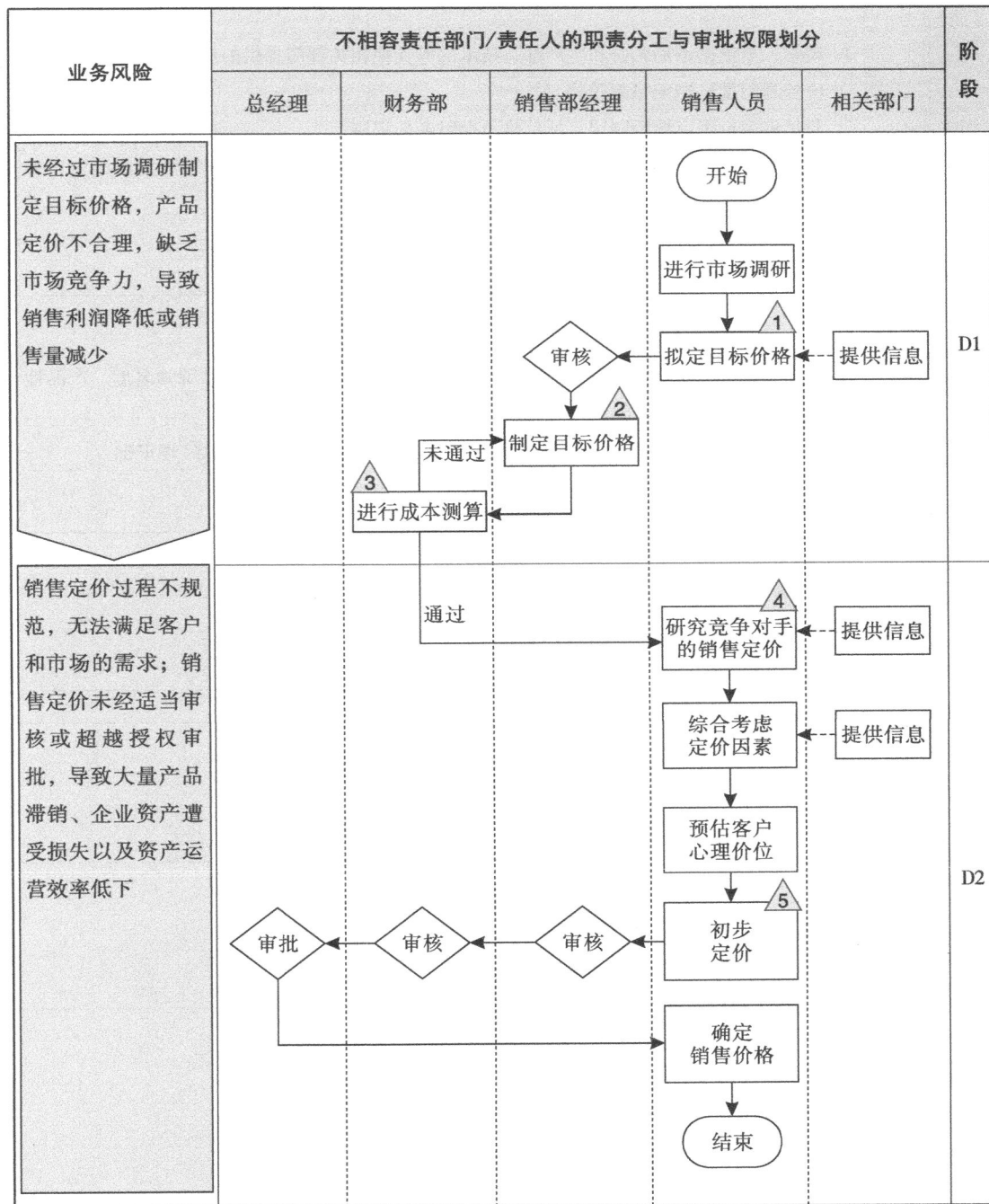

业务风险	不相容责任部门/责任人的职责分工与审批权限划分					阶段
	总经理	财务部	销售部经理	销售人员	相关部门	
未经过市场调研制定目标价格，产品定价不合理，缺乏市场竞争力，导致销售利润降低或销售量减少				开始→进行市场调研→①拟定目标价格←提供信息 审核←① ②制定目标价格 ③进行成本测算（未通过）		D1
销售定价过程不规范，无法满足客户和市场的需求；销售定价未经适当审核或超越授权审批，导致大量产品滞销、企业资产遭受损失以及资产运营效率低下	审批←	审核←	审核←	通过→④研究竞争对手的销售定价←提供信息→综合考虑定价因素←提供信息→预估客户心理价位→⑤初步定价→确定销售价格→结束		D2

2. 销售定价业务流程控制表

控制事项		详细描述及说明
阶段控制	D1	1. 销售人员依据市场调研和生产部、技术部等其他相关部门提供的信息，基于《销售定价控制制度》拟定目标价格 2. 经销售部经理审核后制定目标价格，交财务部审核 3. 财务部对销售价格进行成本测算，若成本测算未通过，则销售部需要重新制定目标价格
	D2	4. 销售人员对企业竞争对手的销售定价进行研究，包括竞争对手的品牌知名度、产品性能、产品包装等相关因素 5. 销售人员初步确定销售价格后，提交销售部经理和财务部审核、总经理审批
相关规范	应建规范	☐《销售管理制度》 ☐《销售定价控制制度》
	参照规范	☐《企业内部控制应用指引》
文件资料		☐《市场调研报告》
责任部门及责任人		☐ 销售部、财务部、生产部、技术部 ☐ 总经理、销售部经理、销售人员

9.2　销售发货与收款控制

9.2.1　销售发货业务流程

1. 销售发货业务流程与风险控制图

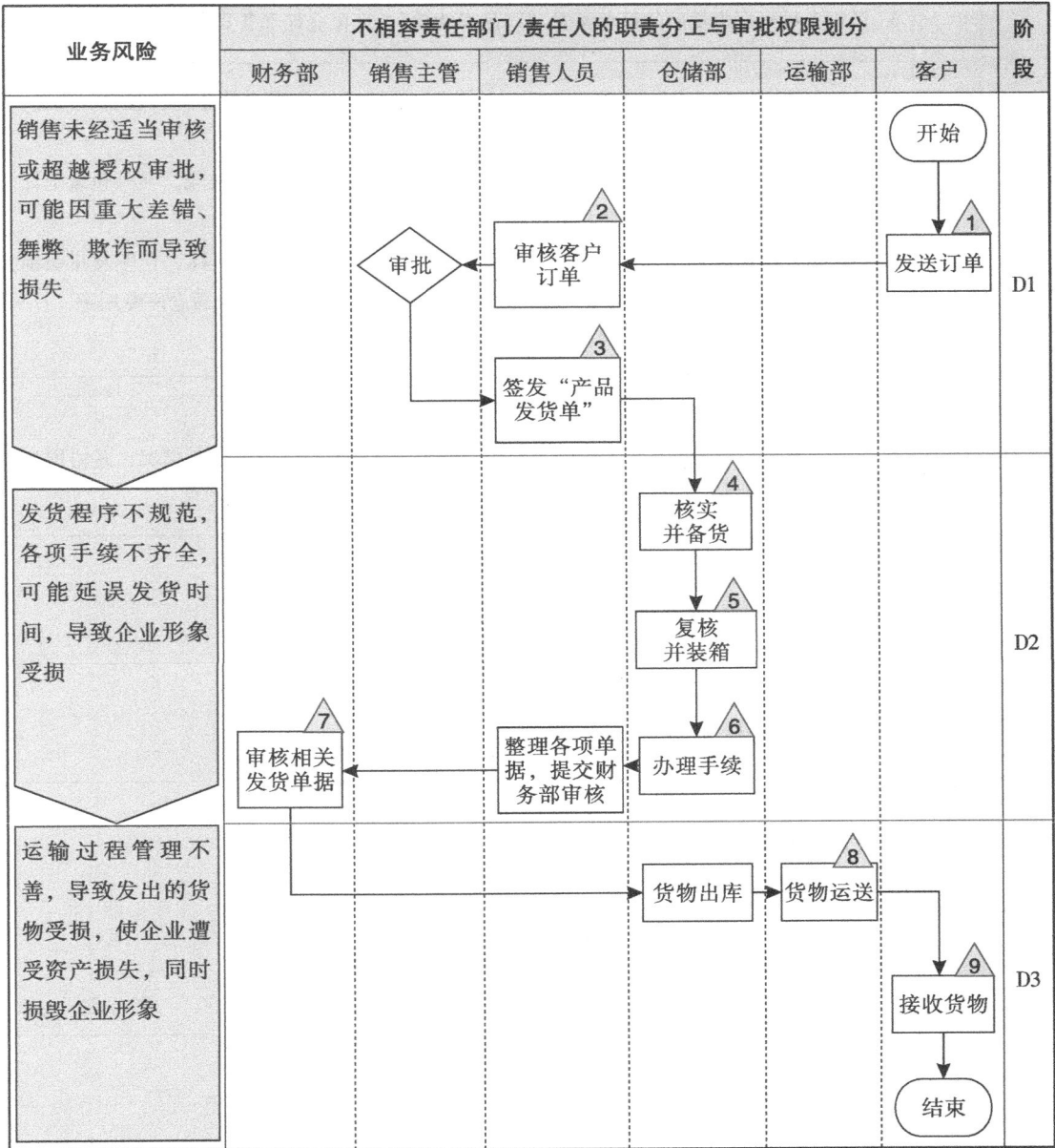

业务风险	不相容责任部门/责任人的职责分工与审批权限划分						阶段
	财务部	销售主管	销售人员	仓储部	运输部	客户	
销售未经适当审核或超越授权审批，可能因重大差错、舞弊、欺诈而导致损失		审批	② 审核客户订单 ③ 签发"产品发货单"			开始 ① 发送订单	D1
发货程序不规范，各项手续不齐全，可能延误发货时间，导致企业形象受损	⑦ 审核相关发货单据		整理各项单据，提交财务部审核	④ 核实并备货 ⑤ 复核并装箱 ⑥ 办理手续			D2
运输过程管理不善，导致发出的货物受损，使企业遭受资产损失，同时损毁企业形象				货物出库	⑧ 货物运送	⑨ 接收货物 结束	D3

117

2. 销售发货业务流程控制表

控制事项		详细描述及说明
阶段控制	D1	1. 销售人员开展销售活动，与客户签订销售合同 2. 销售人员对订单所列的发货品种和规格、订单数量、金额、发货时间和发货方式、接货地点等进行初步审核，上报销售主管审批 3. 销售人员根据审批后的订单签发"产品发货单"，交由仓储部备货
	D2	4. 仓储部核实销售人员签发的"产品发货单"，根据发货单规定的品种、数量、包装、时间等要求备货，并通知运输部运货 5. 仓库管理员调整账卡，核销存货并进行复核；复核无误后包装、装箱，在外包装上详细写明到货地址、电话和收货人等信息 6. 仓库管理员依据"产品发货单"将货物装车，并于装车完毕后开具"仓库发货明细清单"，同时将实际数量填写在"产品发货单"的相应栏目内，加盖仓库专用章 7. 财务部审核销售人员提交的各项单据，审核无误后方可发货
	D3	8. 按照订单约定时间和发货方式，运输部负责送货或安排客户取货 9. 销售人员在货物发出后要及时与客户沟通，提醒客户收货，确认到货情况，并协助处理各种意外情况
相关规范	应建规范	□《销售管理制度》 □《销售发货制度》
	参照规范	□《中华人民共和国合同法》 □《企业内部控制应用指引》
文件资料		□ 产品发货单 □ 销售合同 □ 销售订单 □ 仓库发货明细清单
责任部门及责任人		□ 销售部、仓储部、财务部、运输部 □ 销售主管、销售人员、仓库管理员

9.2.2　销售退回管理流程

1. 销售退回管理流程与风险控制图

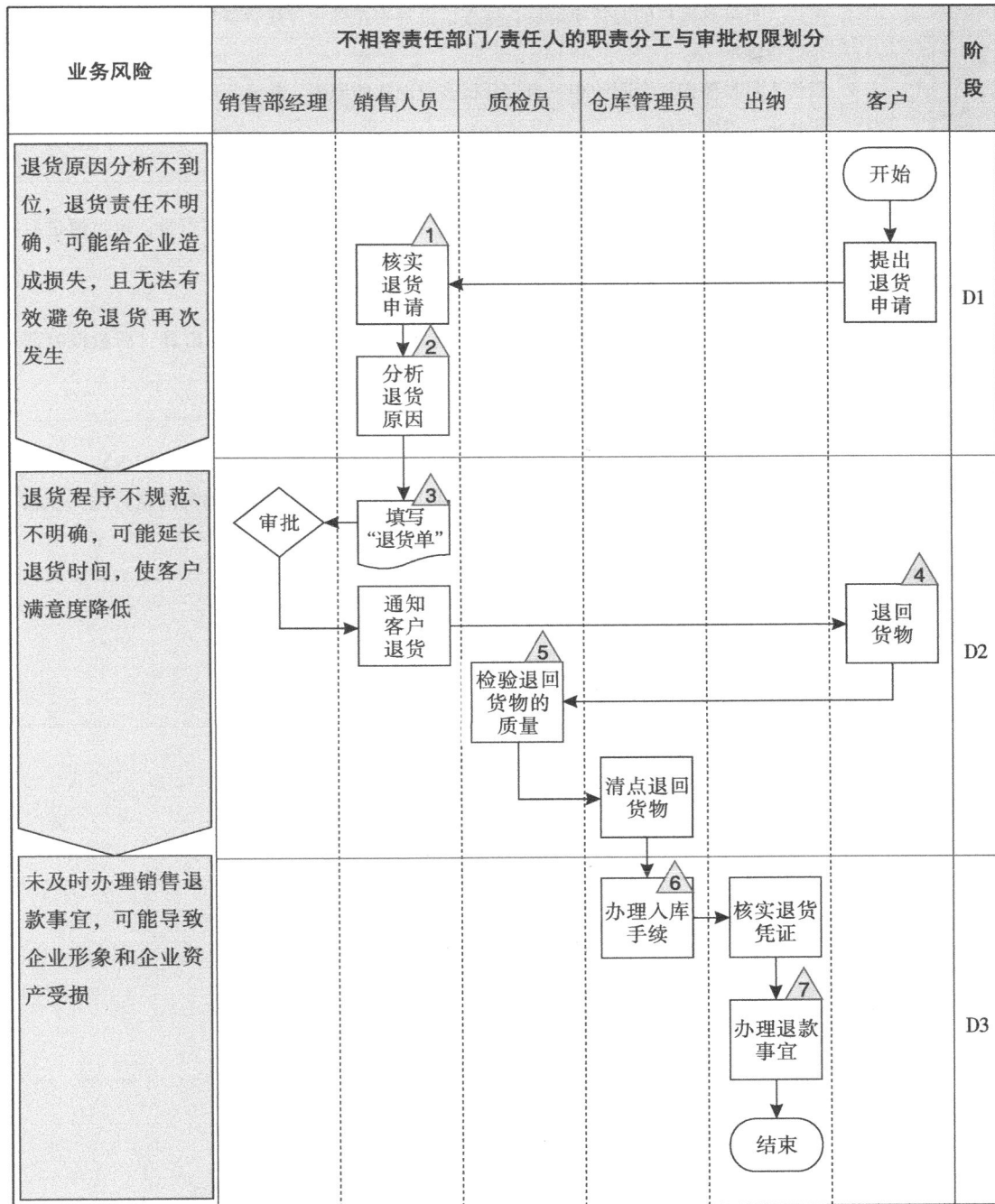

业务风险	不相容责任部门/责任人的职责分工与审批权限划分						阶段
	销售部经理	销售人员	质检员	仓库管理员	出纳	客户	
退货原因分析不到位，退货责任不明确，可能给企业造成损失，且无法有效避免退货再次发生		① 核实退货申请　② 分析退货原因				开始 → 提出退货申请	D1
退货程序不规范、不明确，可能延长退货时间，使客户满意度降低	审批	③ 填写"退货单"　通知客户退货	⑤ 检验退回货物的质量	清点退回货物		④ 退回货物	D2
未及时办理销售退款事宜，可能导致企业形象和企业资产受损				⑥ 办理入库手续	核实退货凭证　⑦ 办理退款事宜 → 结束		D3

2. 销售退回管理流程控制表

控制事项		详细描述及说明
阶段控制	D1	1. 销售人员接到客户的退货申请后，检查该批货物是否为过往所售货物，并判断是否符合退货标准 2. 销售人员参照销售合同的相关规定分析客户退货的原因，并通知质检部和技术部进一步分析，确定责任
	D2	3. 确实属于企业责任的，销售人员填写"退货单"，提交销售部经理审批，审批通过后通知客户退货 4. 销售人员通知客户退货或者安排企业运输部将货物运回 5. 质检部根据企业的相关规定对销售退回的货物进行质量检验，并出具《质量检验证明》
	D3	6. 仓储部应当在清点货物、注明退回货物的品种和数量后填制《退货接收报告》 7. 财务部应当先对《质量检验证明》《退货接收报告》以及退货方出具的退货凭证等进行审核，审核无误后再办理相应的退款事宜
相关规范	应建规范	🗇《销售管理制度》 🗇《销售退回管理制度》
	参照规范	🗇《中华人民共和国合同法》 🗇《企业内部控制应用指引》
文件资料		🗇 退货单 🗇 销售合同 🗇《退货接收报告》 🗇《质量检验证明》
责任部门及责任人		🗇 销售部、仓储部、财务部、质检部 🗇 销售部经理、销售人员、质检员、仓库管理员、出纳

9.2.3　销售收款业务流程

1. 销售收款业务流程与风险控制图

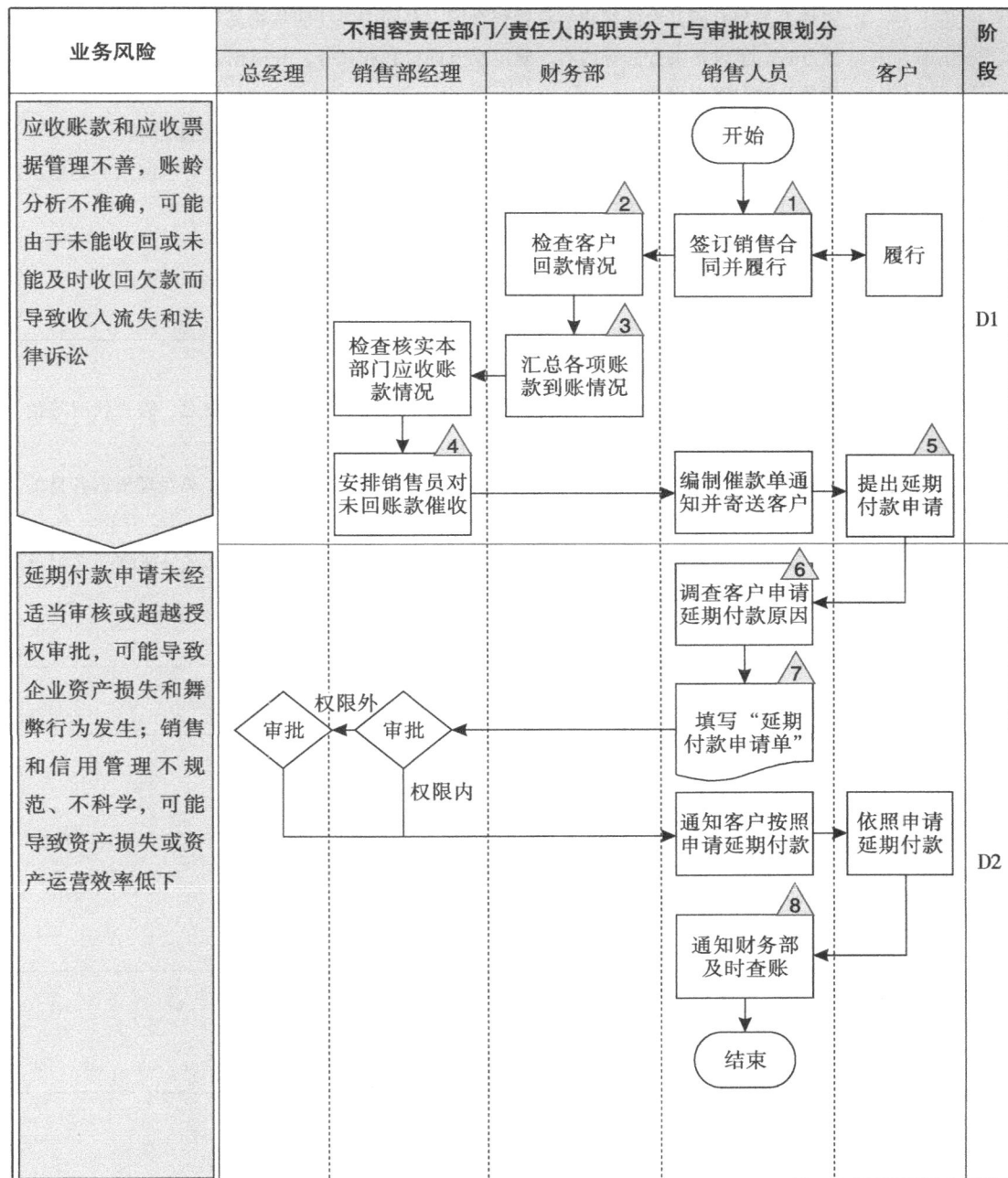

业务风险	不相容责任部门/责任人的职责分工与审批权限划分					阶段
	总经理	销售部经理	财务部	销售人员	客户	
应收账款和应收票据管理不善，账龄分析不准确，可能由于未能收回或未能及时收回欠款而导致收入流失和法律诉讼		检查客户回款情况（2） 检查核实本部门应收账款情况（4） 安排销售员对未回账款催收	汇总各项账款到账情况（3）	开始 签订销售合同并履行（1） 编制催款单通知并寄送客户	履行 提出延期付款申请（5）	D1
延期付款申请未经适当审核或超越授权审批，可能导致企业资产损失和舞弊行为发生；销售和信用管理不规范、不科学，可能导致资产损失或资产运营效率低下	权限外 审批	审批 权限内		调查客户申请延期付款原因（6） 填写"延期付款申请单"（7） 通知客户按照申请延期付款 通知财务部及时查账（8） 结束	依照申请延期付款	D2

121

2. 销售收款业务流程控制表

控制事项		详细描述及说明
阶段 控制	D1	1. 销售人员与其所开发的客户签订销售合同，合同中要注明货物品种、数量、金额、付款方式、争议解决方法等内容，规定双方的权利和义务，并根据合同约定和客户的订货单及时向客户发货 2. 财务部根据各项销售业务的回款计划与"产品发货单"，检查实际回款情况 3. 财务部根据规定检验客户是否按计划回款、货款是否到账等，并针对应回未回的款项编制"应收账款明细表"，通知销售部催款 4. 销售部经理对于逾期未回的账款，安排销售人员催款 5. 客户申请延期付款的，销售人员应要求客户提出延期付款申请
	D2	6. 销售人员要结合企业的相关规定详细调查客户的经营状况、偿付能力、信誉状况等信息，并彻底了解客户申请延期付款的真正原因 7. 销售人员填写"延期付款申请单"并上报领导审批，销售部经理、总经理根据各自的职责和权限依次审核、审批并做出决定 8. 客户在延期付款期限内支付货款，销售人员应及时收款并于当日或次日将款项交财务部或通知财务部及时查账，确认款项到账情况
相关 规范	应建 规范	⊓《销售管理制度》 ⊓《逾期应收账款催收制度》 ⊓《应收账款账龄分析制度》
	参照 规范	⊓《企业内部控制应用指引》
文件资料		⊓ 销售合同 ⊓ 延期付款申请单
责任部门 及责任人		⊓ 销售部、财务部 ⊓ 总经理、销售部经理、销售人员

9.2.4　赊销业务管控流程

1. 赊销业务管控流程与风险控制图

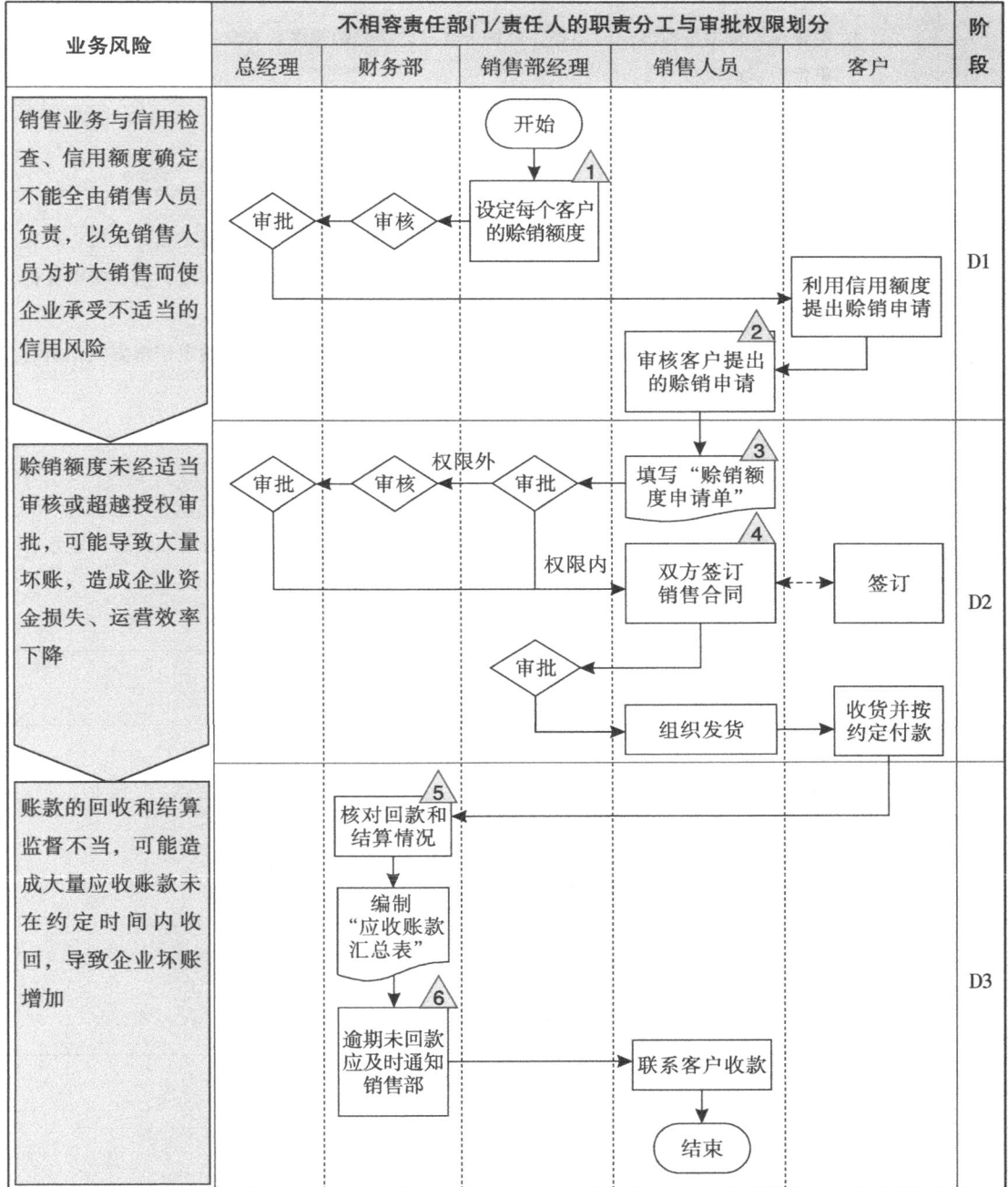

业务风险	不相容责任部门/责任人的职责分工与审批权限划分					阶段
	总经理	财务部	销售部经理	销售人员	客户	
销售业务与信用检查、信用额度确定不能全由销售人员负责，以免销售人员为扩大销售而使企业承受不适当的信用风险	审批 ← 审核		开始 → ① 设定每个客户的赊销额度	利用信用额度提出赊销申请 ② 审核客户提出的赊销申请		D1
赊销额度未经适当审核或超越授权审批，可能导致大量坏账，造成企业资金损失、运营效率下降	审批 ← 审核 ← 权限外	审批	权限内 → 双方签订销售合同 审批 → 组织发货	③ 填写"赊销额度申请单" ④	签订 收货并按约定付款	D2
账款的回收和结算监督不当，可能造成大量应收账款未在约定时间内收回，导致企业坏账增加		⑤ 核对回款和结算情况 编制"应收账款汇总表" ⑥ 逾期未回款应及时通知销售部	联系客户收款 → 结束			D3

2. 赊销业务管控流程控制表

控制事项		详细描述及说明
阶段控制	D1	1. 销售部经理根据对客户的调查，对每个客户设定赊销额度，并交财务部审核、总经理审批后组织执行 2. 销售人员根据企业的相关规定对客户提出的赊销申请进行审核
	D2	3. 赊销申请符合企业规定的，销售人员填写"赊销额度申请单"，提交领导审批；若在客户赊销额度范围之内，销售部经理审批即可；若超过客户赊销额度，须提交财务部审核、总经理审批 4. 销售人员在签订合同或组织发货时，须按照信用等级和授权额度确定销售方式，所有赊销的销售合同都必须经销售部经理签字后方可盖章发出
	D3	5. 财务部定期按照"信用额度期限表"核对并严格监督应收账款的汇款和结算情况 6. 应收账款超过信用期限仍未回款的，须及时上报财务部经理，同时通知销售部联系客户清收
相关规范	应建规范	▢《销售管理制度》 ▢《赊销业务管理办法》
	参照规范	▢《企业内部控制应用指引》
文件资料		▢ 赊销额度申请单
责任部门及责任人		▢ 销售部、质检部 ▢ 总经理、销售部经理、销售人员

9.2.5 客户信用管理流程

1. 客户信用管理流程与风险控制图

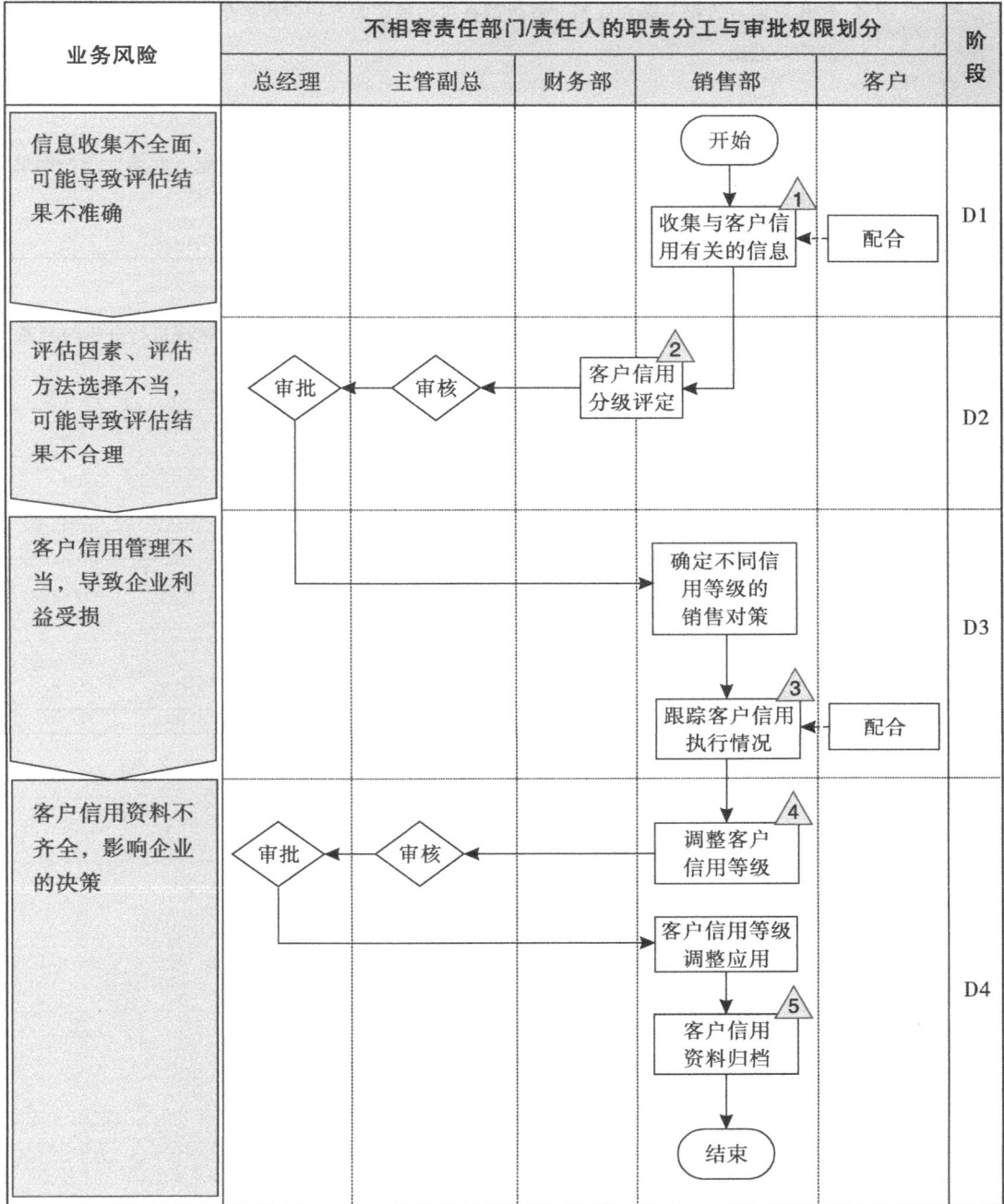

业务风险	不相容责任部门/责任人的职责分工与审批权限划分					阶段
	总经理	主管副总	财务部	销售部	客户	
信息收集不全面，可能导致评估结果不准确				开始 → ① 收集与客户信用有关的信息	配合	D1
评估因素、评估方法选择不当，可能导致评估结果不合理	审批 ←	审核 ←		② 客户信用分级评定		D2
客户信用管理不当，导致企业利益受损				确定不同信用等级的销售对策 → ③ 跟踪客户信用执行情况	配合	D3
客户信用资料不齐全，影响企业的决策	审批 ←	审核 ←		④ 调整客户信用等级 → 客户信用等级调整应用 → ⑤ 客户信用资料归档 → 结束		D4

125

2. 客户信用管理流程控制表

控制事项		详细描述及说明
阶段控制	D1	1. 销售部通过直接与客户联系、资信调查机构等获取客户信用的信息，确保获取的信息真实、准确
	D2	2. 销售部与财务部依据设置的指标，共同对客户的信用情况进行评定，并将评定的结果上报主管副总审核、总经理审批
	D3	3. 销售部和财务部负责跟踪客户信用的执行情况，并对发现的异常情况进行分析与判断
	D4	4. 依据跟踪与分析的结果，销售部对客户的信用等级进行调整 5. 调整后的结果以表格形式登记在客户档案中
相关规范	应建规范	☐《客户信用评估制度》
	参照规范	☐《企业内部控制应用指引》
文件资料		☐ 客户信用调查表 ☐《客户信用评估报告》 ☐《客户档案资料》
责任部门及责任人		☐ 财务部、销售部 ☐ 主管副总、财务经理、销售经理、销售专员

第 10 章　企业内部控制流程——研究与开发

10.1　立项与研究控制

10.1.1　研发项目立项管理流程

1. 研发项目立项管理流程与风险控制图

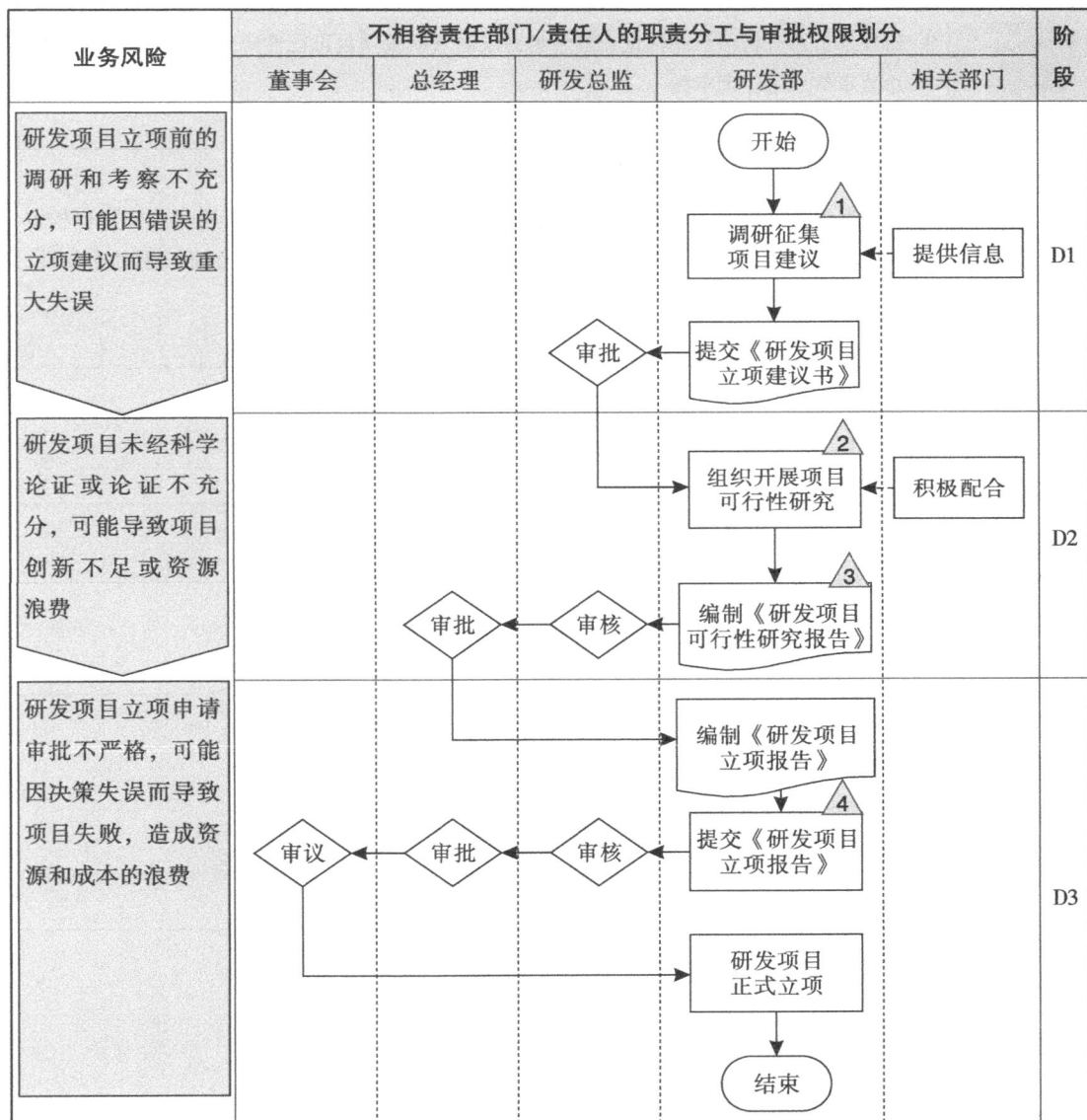

业务风险	不相容责任部门/责任人的职责分工与审批权限划分					阶段
	董事会	总经理	研发总监	研发部	相关部门	
研发项目立项前的调研和考察不充分，可能因错误的立项建议而导致重大失误			审批	开始 → ①调研征集项目建议 → 提交《研发项目立项建议书》	提供信息	D1
研发项目未经科学论证或论证不充分，可能导致项目创新不足或资源浪费		审批	审核	②组织开展项目可行性研究 → ③编制《研发项目可行性研究报告》	积极配合	D2
研发项目立项申请审批不严格，可能因决策失误而导致项目失败，造成资源和成本的浪费	审议	审批	审核	编制《研发项目立项报告》 → ④提交《研发项目立项报告》 → 研发项目正式立项 → 结束		D3

127

2. 研发项目立项管理流程控制表

控制事项		详细描述及说明
阶段控制	D1	1. 研发部在立项前开展项目调研活动，征集项目建议，并对项目进行初步考察；各部门要积极配合研发部的调研活动并提供相关信息支持
	D2	2. 研发部根据企业实际需要组织开展项目可行性研究，必要时组织独立于申请及立项审批之外的专业机构和人员进行评估论证，并出具评估意见 3. 研发部汇总分析项目评估论证的意见，编制《研发项目可行性研究报告》并提交研发总监审核、总经理审批
	D3	4. 研发项目要严格按照规定的权限和程序审批，重大研发项目须报经董事会或类似权力机构集体审议。审批过程中，相关人员应重点关注研发项目促进企业发展的必要性、技术的先进性以及成果转化的可行性
相关规范	应建规范	▢《研发项目立项管理办法》
	参照规范	▢《企业内部控制应用指引》 ▢《企业内部控制基本规范》
文件资料		▢《研发项目立项建议书》 ▢《研发项目可行性研究报告》 ▢《研发项目立项报告》
责任部门及责任人		▢ 董事会、研发部、相关部门 ▢ 董事会成员、研发总监、相关部门负责人

10.1.2　研发项目评估论证流程

1. 研发项目评估论证流程与风险控制图

业务风险	不相容责任部门/责任人的职责分工与审批权限划分					阶段
	董事会	总经理	研发总监	研发部	专业机构	
研发项目立项前的调研和考察不充分，可能因错误的立项建议而导致重大失误		审批		开始 提交《研发项目可立项建议书》① 组建研发项目评审小组	参与	D1
研发项目未经科学论证或论证不充分，可能导致创新不足或资源浪费					评估论证项目可行性② 出具项目评估意见	D2
对《研发项目可行性研究报告》和《研发项目立项报告》审批不严格，可能因决策失误而导致项目失败，造成资源和成本浪费	审批 集体审议决策④	审核 审核		编制《研发项目可行性研究报告》③ 编写《研发项目立项报告》 研发项目正式立项 结束		D3

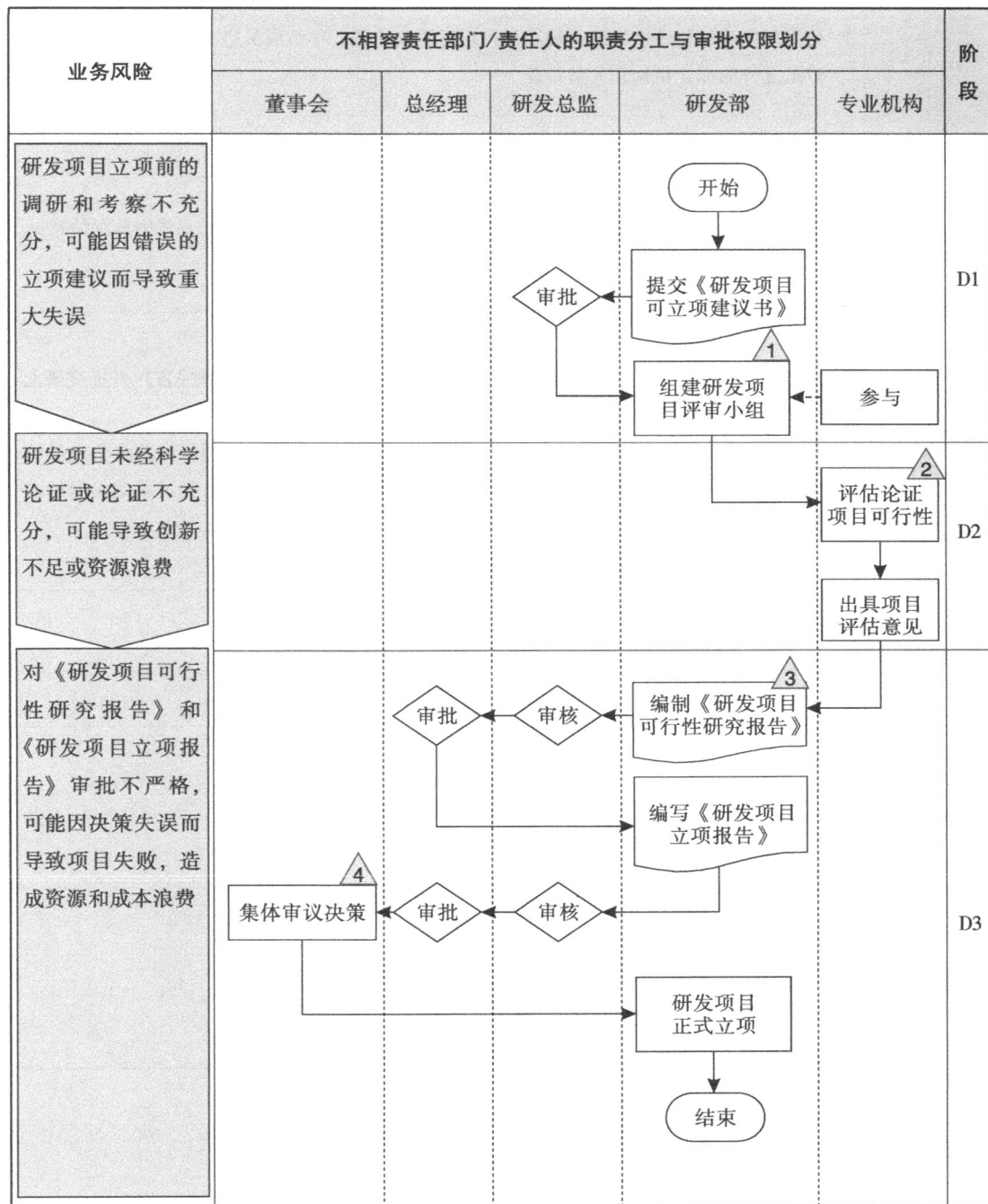

2. 研发项目评估论证流程控制表

控制事项		详细描述及说明
阶段控制	D1	1. 研发部组建项目评审小组开展项目可行性研究论证，小组成员应由独立于申请及立项审批之外的专业机构和人员担任
	D2	2. 研发部根据企业实际需要组织专业机构和人员对项目进行评估论证，并出具评估意见
	D3	3. 研发部汇总分析项目评估论证的意见，编制《研发项目可行性研究报告》并提交研发总监审核、总经理审批 4. 研发项目应当严格按照规定权限和程序进行审批，重大研究项目须报经董事会或类似权力机构集体审议。审批过程中，相关人员应当重点关注研究项目促进企业发展的必要性、技术的先进性以及成果转化的可行性
相关规范	应建规范	▢《研发项目立项管理办法》
	参照规范	▢《企业内部控制应用指引》 ▢《企业内部控制基本规范》
文件资料		▢《研发项目立项建议书》 ▢《研发项目可行性研究报告》 ▢《研发项目立项报告》
责任部门及责任人		▢ 董事会、研发部、相关部门 ▢ 董事会成员、研发总监、相关部门负责人

10.1.3　研发项目过程管理流程

1. 研发项目过程管理流程与风险控制图

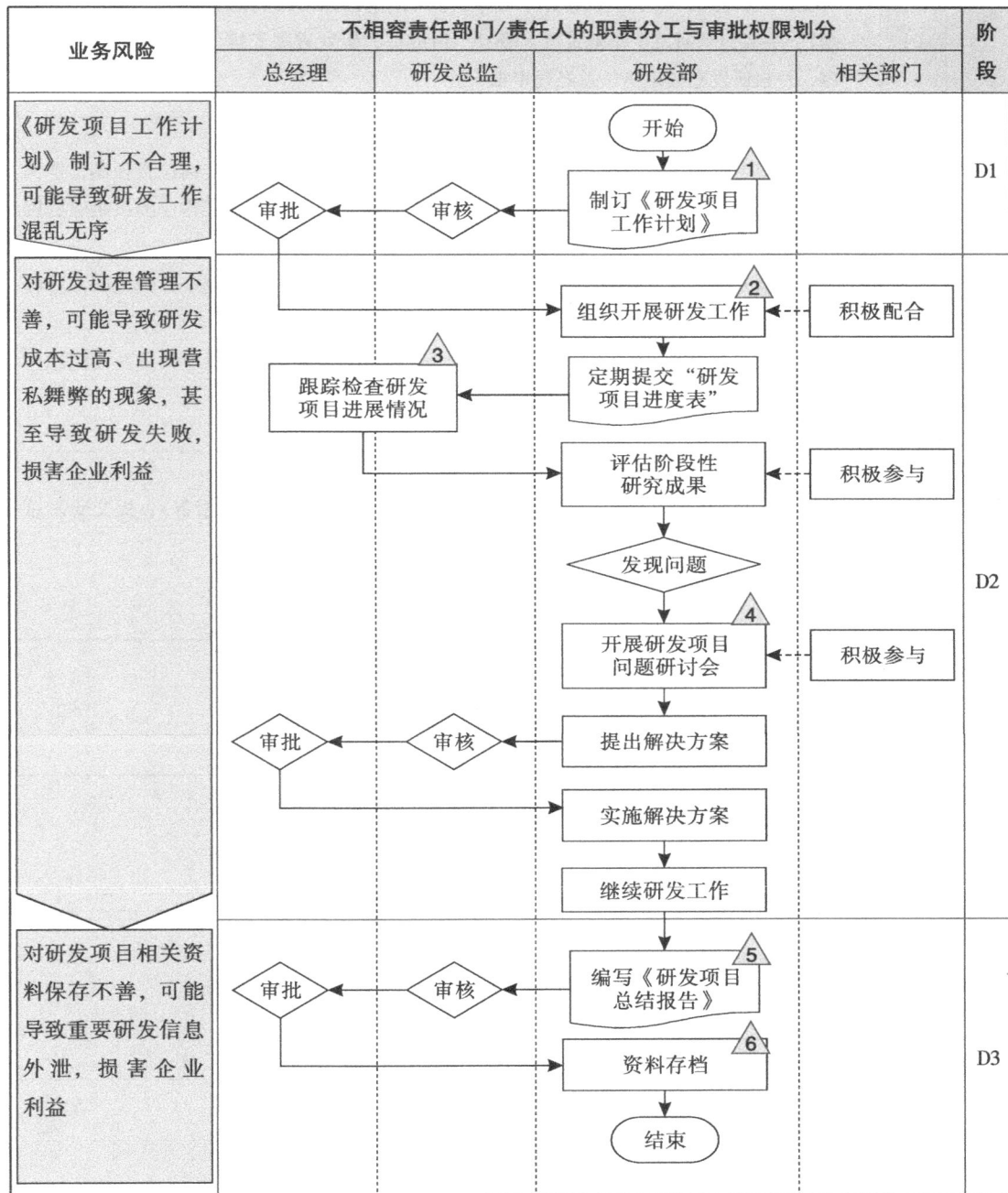

业务风险	不相容责任部门/责任人的职责分工与审批权限划分				阶段
	总经理	研发总监	研发部	相关部门	
《研发项目工作计划》制订不合理，可能导致研发工作混乱无序	审批	审核	开始 / 制订《研发项目工作计划》①		D1
对研发过程管理不善，可能导致研发成本过高、出现营私舞弊的现象，甚至导致研发失败，损害企业利益		跟踪检查研发项目进展情况③	组织开展研发工作② / 定期提交"研发项目进度表" / 评估阶段性研究成果 / 发现问题 / 开展研发项目问题研讨会④ / 提出解决方案 / 实施解决方案 / 继续研发工作	积极配合 / 积极参与 / 积极参与	D2
	审批	审核			
对研发项目相关资料保存不善，可能导致重要研发信息外泄，损害企业利益	审批	审核	编写《研发项目总结报告》⑤ / 资料存档⑥ / 结束		D3

2. 研发项目过程管理流程控制表

控制事项		详细描述及说明
阶段控制	D1	1. 研发部应根据公司的整体经营计划和研发战略规划制订具体的《研发项目工作计划》，主要包括研发工作的重点、研发小组成员、研发进度安排、研发资金预算等内容，并报研发总监审核、总经理审批
	D2	2. 研发部应当加强对研发过程的管理，合理配备专业人员，严格落实岗位责任制，确保研究过程高效、可控；在研发过程中，相关部门应积极配合研发工作，提供足够的资源和信息支持，确保项目按期、保质完成，有效规避研发失败的风险 3. 研发总监及总经理应跟踪检查研发项目的进展情况，以便于及时发现并纠正研发过程中存在的问题 4. 研发部负责研发项目阶段性成果的评估工作，并组织相关部门及专业人员开展问题讨论会，集思广益，寻求解决方案
	D3	5. 研发部应对研发项目及过程进行总结反思，编写《研发项目总结报告》，提交研发总监审核、总经理审批 6. 研发部负责研发相关资料的分类整理与存档保管工作
相关规范	应建规范	□《研究项目管理制度》 □《研究人员管理制度》
	参照规范	□《企业内部控制应用指引》 □《企业内部控制基本规范》
文件资料		□《研发项目工作计划》 □《研发项目总结报告》 □ 研发项目进度表
责任部门及责任人		□ 研发部、相关部门 □ 总经理、研发总监、研发人员、相关部门负责人

10.1.4　委托研发项目管理流程

1. 委托研发项目管理流程与风险控制图

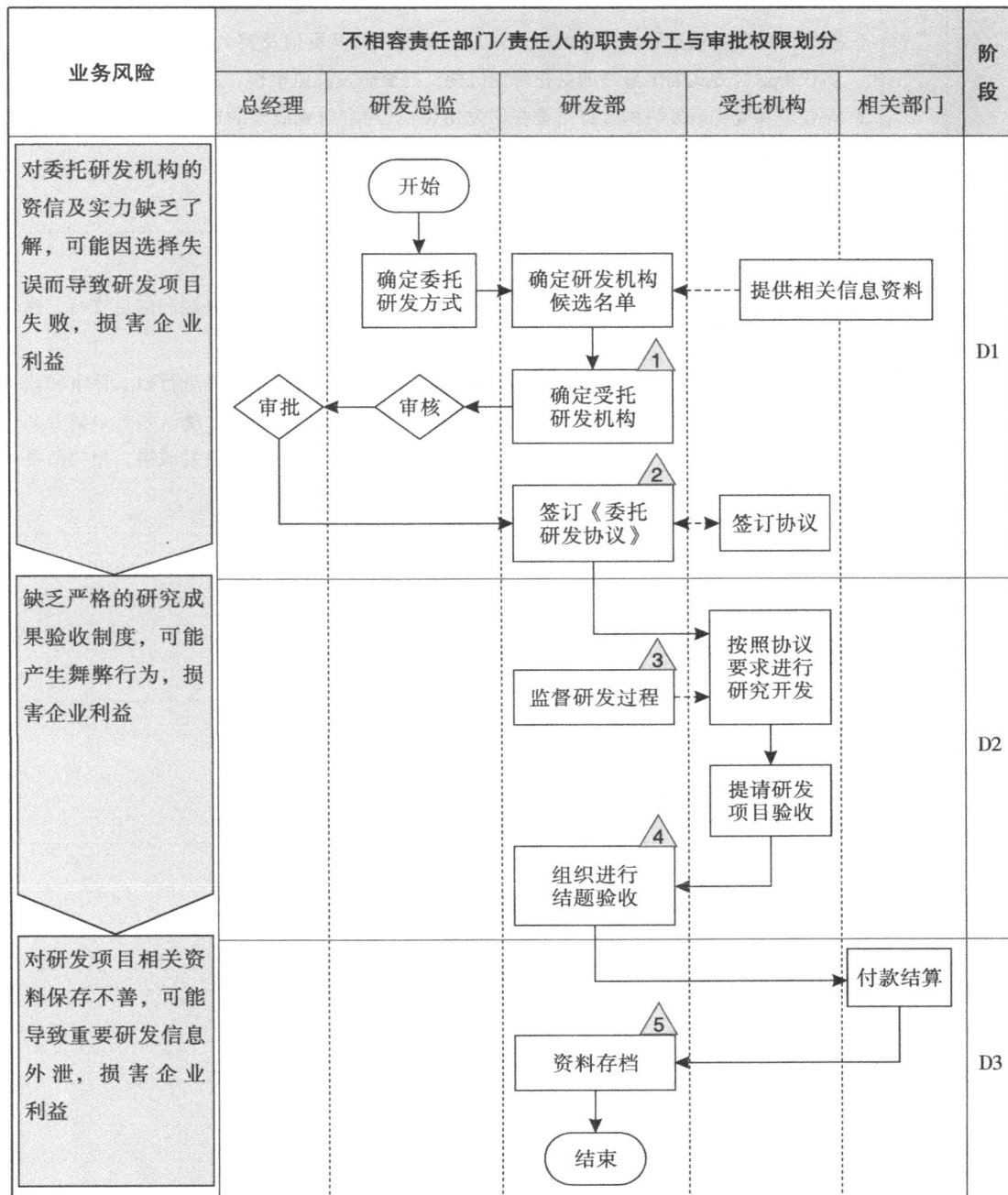

业务风险	不相容责任部门/责任人的职责分工与审批权限划分					阶段
	总经理	研发总监	研发部	受托机构	相关部门	
对委托研发机构的资信及实力缺乏了解，可能因选择失误而导致研发项目失败，损害企业利益	确定委托研发方式	审核	开始 → 确定研发机构候选名单 ①确定受托研发机构 ②签订《委托研发协议》	提供相关信息资料 签订协议		D1
		审批				
缺乏严格的研究成果验收制度，可能产生舞弊行为，损害企业利益		监督研发过程	④组织进行结题验收	③按照协议要求进行研究开发 提请研发项目验收		D2
对研发项目相关资料保存不善，可能导致重要研发信息外泄，损害企业利益			⑤资料存档 结束		付款结算	D3

133

2. 委托研发项目管理流程控制表

控制事项		详细描述及说明
阶段控制	D1	1. 研发部应收集候选研发机构的相关信息，综合评估其资信及实力状况，并通过招标、协议等适当方式确定最终的受托研发机构，提交研发总监审核、总经理审批 2. 企业应和受托研发机构签订《委托研发协议》，约定研究成果的产权归属、研究进度和质量标准等相关内容
	D2	3. 研发部应当加强对受托机构研究过程的监督管理，并提供足够的资源和信息支持，确保项目按期、保质完成，有效规避研发失败的风险 4. 企业应当建立和完善研发成果验收制度，组织专业人员对研发成果进行独立评审和验收；对于通过验收的研发成果，企业可以委托相关机构进行审查，确认是否申请专利或作为非专利技术、商业秘密等进行管理；对于需要申请专利的研发成果，相关负责人应及时办理专利申请手续
	D3	5. 研发部负责研发相关资料的分类整理与存档保管工作
相关规范	应建规范	📁《研发项目管理制度》 📁《研发成果验收制度》
	参照规范	📁《企业内部控制应用指引》 📁《企业内部控制基本规范》
文件资料		📁《委托研发协议》
责任部门及责任人		📁 研发部、受托机构、相关部门 📁 总经理、研发总监、受托机构负责人、相关部门负责人

10.1.5　合作研发项目管理流程

1. 合作研发项目管理流程与风险控制图

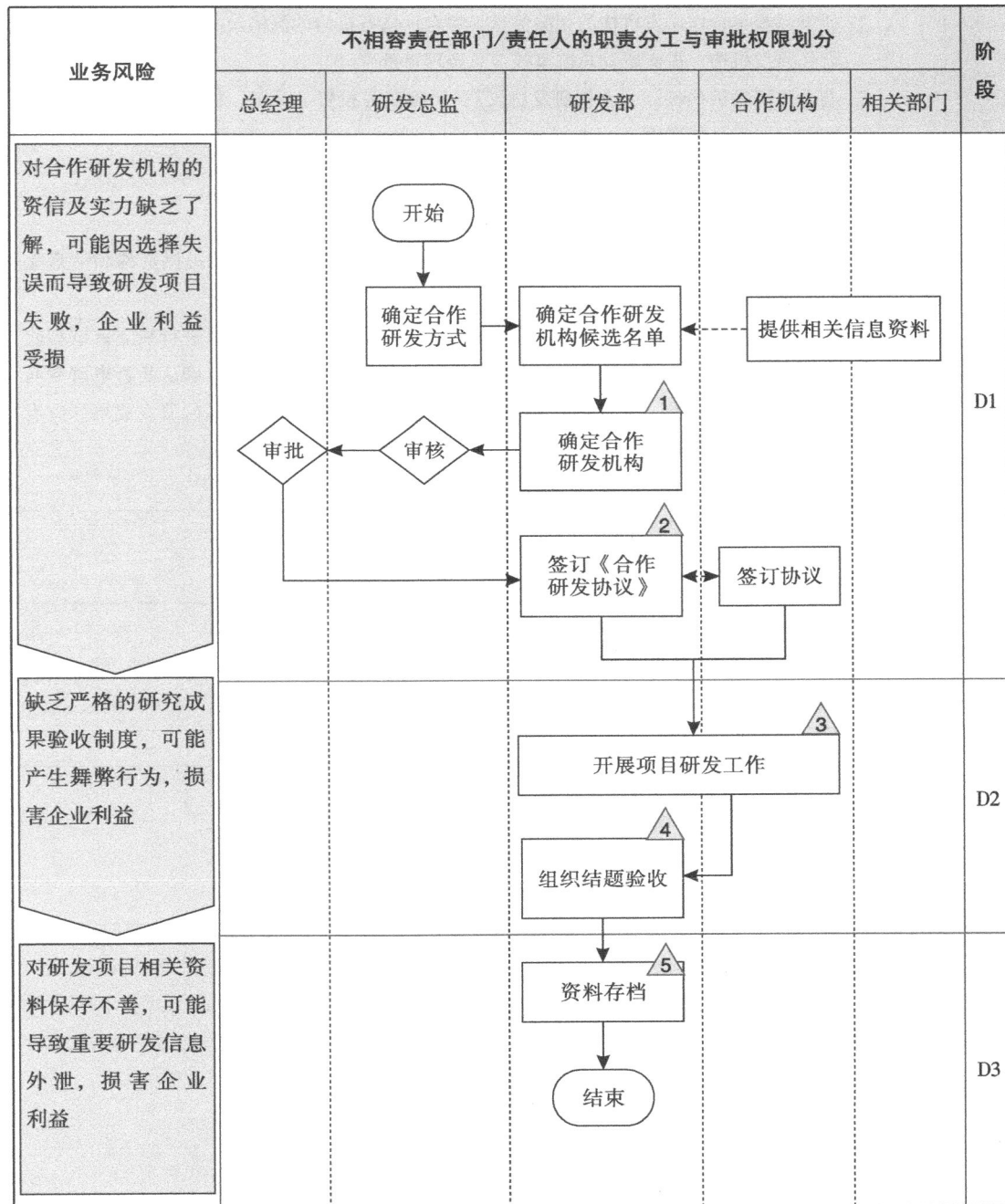

业务风险	不相容责任部门/责任人的职责分工与审批权限划分					阶段
	总经理	研发总监	研发部	合作机构	相关部门	
对合作研发机构的资信及实力缺乏了解，可能因选择失误而导致研发项目失败，企业利益受损			开始 → 确定合作研发方式	确定合作研发机构候选名单 ← 提供相关信息资料		D1
	审批 ←	审核 ←	1 确定合作研发机构			
			2 签订《合作研发协议》 ←	签订协议		
缺乏严格的研究成果验收制度，可能产生舞弊行为，损害企业利益			3 开展项目研发工作			D2
			4 组织结题验收 ←			
对研发项目相关资料保存不善，可能导致重要研发信息外泄，损害企业利益			5 资料存档 → 结束			D3

2. 委托研发项目管理流程控制表

控制事项		详细描述及说明
阶段控制	D1	1. 研发部收集合作研发机构的相关信息，综合评估各机构的资信及实力状况，最终确定合作研发机构，提交研发总监审核、总经理审批 2. 与合作研发机构签订《合作研发协议》，明确双方投资、分工、权利义务、研究成果产权归属等具体事项
	D2	3. 研发部应当加强与合作机构的沟通，根据《合作研发协议》互相提供资源和信息支持，确保项目按期、保质完成，有效规避研发失败的风险 4. 企业应当建立和完善研发成果验收制度，组织专业人员对研发成果进行独立评审和验收；对于通过验收的研发成果，企业可以委托相关机构进行审查，确认是否申请专利或作为非专利技术、商业秘密等进行管理；企业对于需要申请专利的研发成果，应当及时办理有关专利申请手续
	D3	5. 研发部负责研发相关资料的分类整理与存档保管工作
相关规范	应建规范	☐《研发项目管理制度》 ☐《研发成果验收制度》
	参照规范	☐《企业内部控制应用指引》 ☐《企业内部控制基本规范》
文件资料		☐《合作研发协议》
责任部门及责任人		☐ 研发部、合作机构、相关部门 ☐ 总经理、研发总监、合作机构负责人、相关部门负责人

10.1.6　研发项目验收管理流程

1. 研发项目验收管理流程与风险控制图

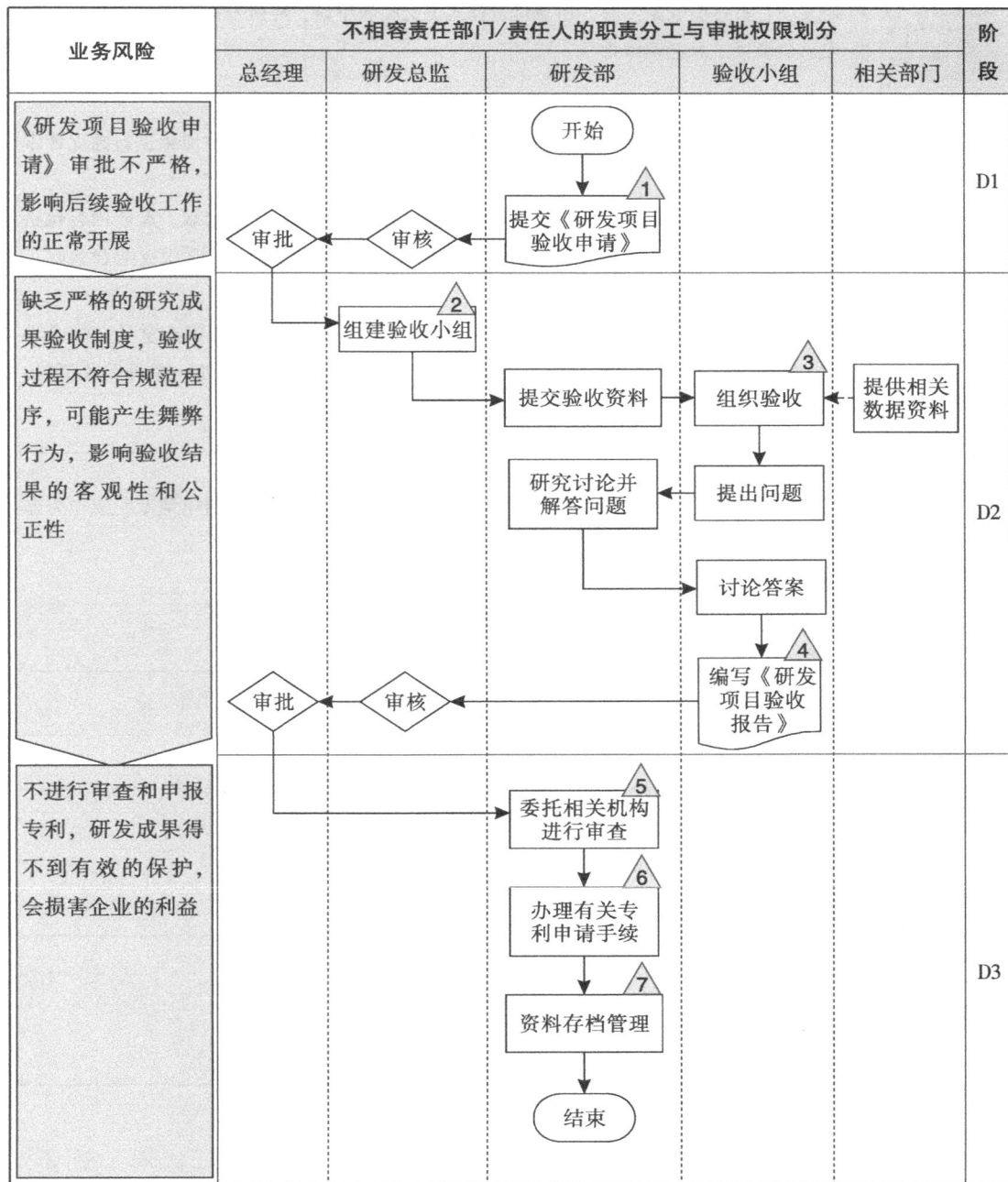

业务风险	不相容责任部门/责任人的职责分工与审批权限划分					阶段
	总经理	研发总监	研发部	验收小组	相关部门	
《研发项目验收申请》审批不严格，影响后续验收工作的正常开展	审批 ←	审核 ←	开始 ↓ ① 提交《研发项目验收申请》			D1
缺乏严格的研究成果验收制度，验收过程不符合规范程序，可能产生舞弊行为，影响验收结果的客观性和公正性	审批 ←	② 组建验收小组	提交验收资料 研究讨论并解答问题	③ 组织验收 ↓ 提出问题 ↓ 讨论答案 ↓ ④ 编写《研发项目验收报告》	提供相关数据资料	D2
		审核 ←				
不进行审查和申报专利，研发成果得不到有效的保护，会损害企业的利益			⑤ 委托相关机构进行审查 ↓ ⑥ 办理有关专利申请手续 ↓ ⑦ 资料存档管理 ↓ 结束			D3

2. 研发项目验收管理流程控制表

控制事项		详细描述及说明
阶段控制	D1	1. 研发项目具备验收条件时，由项目责任人提交验收申请，经研发部初审确认后，由研发总监审核、总经理审批
	D2	2. 研发总监负责组建验收小组，验收小组应由专业人员组成，对研究成果进行独立评审和验收 3. 验收组长确定验收议题，组织召开验收会议，并按规范程序主持会议。验收内容包括样品技术性能审查和相关资料文档审查。研发项目组和相关部门应积极配合验收工作，提供必要的数据及资料 4. 验收小组审查，各评委发表及签署审查意见后，由验收组长汇总审查意见并综合评判，宣布验收审查结论并签署意见。项目验收完毕，由验收组长统一整理验收资料，并编写《研发项目验收报告》提交研发总监审核、总经理审批
	D3	5. 对于通过验收的研发成果，可以委托相关机构进行审查，确认是否申请专利或作为非专利技术、商业秘密等进行管理 6. 企业对于需要申请专利的研发成果，应当及时办理专利申请手续 7. 研发部负责相关资料的分类整理与存档保管工作
相关规范	应建规范	《研发成果验收制度》
	参照规范	《企业内部控制应用指引》 《企业内部控制基本规范》 《中华人民共和国专利法》
文件资料		《研发项目验收申请》 《研发项目验收报告》
责任部门及责任人		研发部、验收小组、相关部门 总经理、研发总监、验收小组组长、相关部门负责人

10.2　开发与保护控制

10.2.1　研发成果开发流程

1. 研发成果开发流程与风险控制图

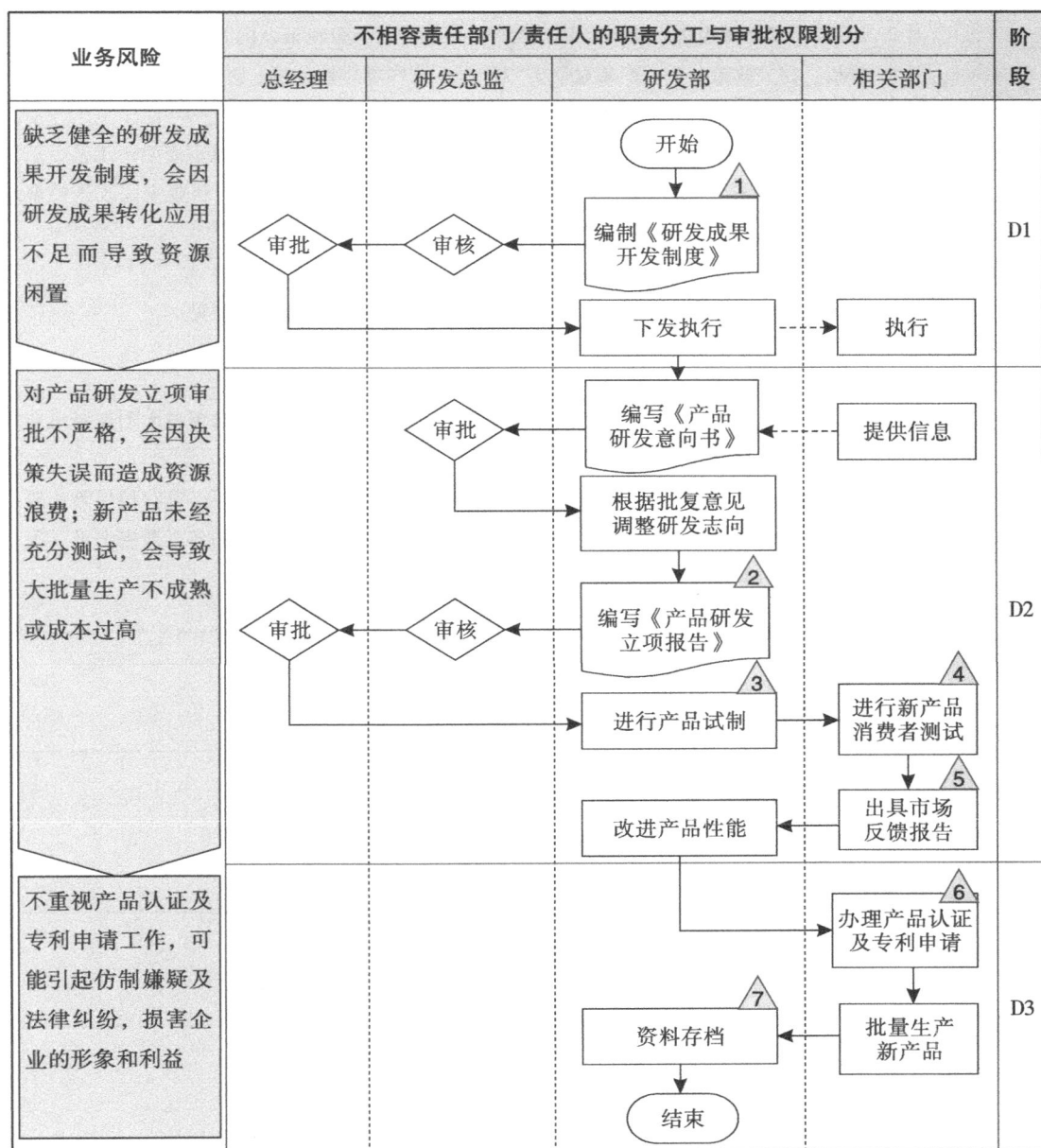

业务风险	不相容责任部门/责任人的职责分工与审批权限划分				阶段
	总经理	研发总监	研发部	相关部门	
缺乏健全的研发成果开发制度，会因研发成果转化应用不足而导致资源闲置	审批 ← 审核 ←		开始 ① 编制《研发成果开发制度》 下发执行	执行	D1
对产品研发立项审批不严格，会因决策失误而造成资源浪费；新产品未经充分测试，会导致大批量生产不成熟或成本过高	审批 ← 审批 ← 审核 ←	审批 ←	编写《产品研发意向书》 根据批复意见调整研发志向 ② 编写《产品研发立项报告》 ③ 进行产品试制 改进产品性能	提供信息 ④ 进行新产品消费者测试 ⑤ 出具市场反馈报告	D2
不重视产品认证及专利申请工作，可能引起仿制嫌疑及法律纠纷，损害企业的形象和利益			⑦ 资料存档 结束	⑥ 办理产品认证及专利申请 批量生产新产品	D3

2. 研发成果开发流程控制表

控制事项		详细描述及说明
阶段控制	D1	1. 研发部编制《研发成果开发制度》，报研发总监审核、总经理审批，促进研发成果及时有效转化
	D2	2. 《产品研发立项报告》应对产品开发的可行性进行充分论证，内容主要包括市场预测分析、相关政策分析、产品竞争实力分析、技术可行性分析、时间和资源成本分析、知识产权分析等内容 3. 产品试制分为样品试制和小批试制，主要审查产品的可靠性，通过审查生产工艺、工装与产品测试设备、各种技术资料的完备与可靠程度，明确产品制造应该改进的事项，并科学鉴定大批量生产的技术成熟度 4. 相关部门应开展以市场为导向的新产品开发消费者测试 5. 相关部门应出具新产品市场反馈报告，为产品性能改进提供参考意见
	D3	6. 相关部门负责办理产品认证、鉴定及专利申请工作；研发部应对每项技术创新提出专利申请，并提供相关资料和文件 7. 为避免和应对同行以仿制嫌疑起诉公司，产品研发的所有设计资料必须存档保管；研发部应加强对专利权、非专利技术、商业秘密及研发过程中形成的各类涉密图纸、程序、资料的管理，严格按照制度规定借阅和使用相关文件与资料
相关规范	应建规范	🗇《研发成果开发制度》
	参照规范	🗇《企业内部控制应用指引》 🗇《企业内部控制基本规范》 🗇《中华人民共和国专利法》
文件资料		🗇《产品研发意向书》 🗇《产品研发立项报告》
责任部门及责任人		🗇 研发部、相关部门 🗇 总经理、研发总监、相关部门负责人

10.2.2　新品试制管理流程

1. 新品试制管理流程与风险控制图

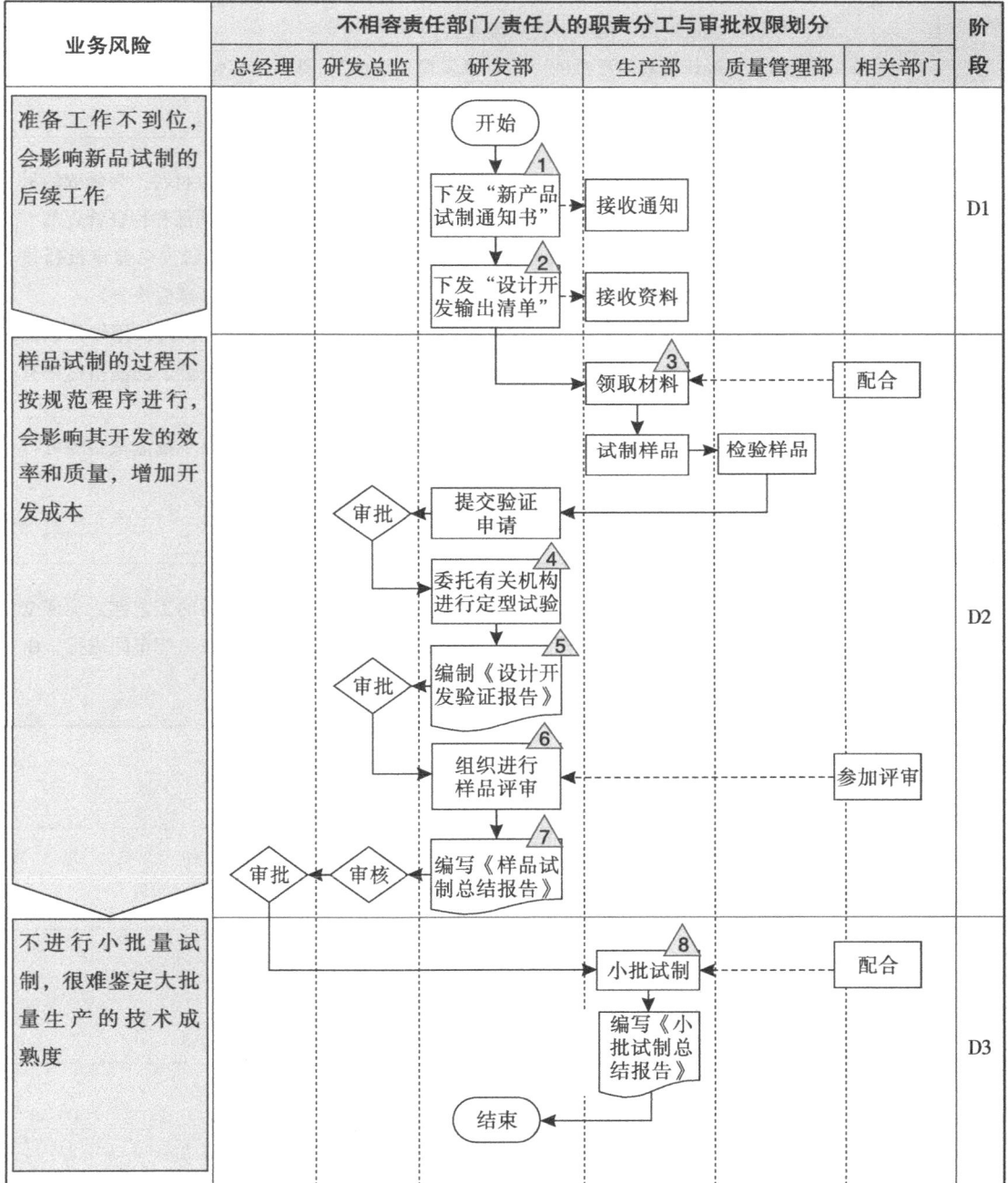

业务风险	不相容责任部门/责任人的职责分工与审批权限划分						阶段
	总经理	研发总监	研发部	生产部	质量管理部	相关部门	
准备工作不到位，会影响新品试制的后续工作			开始 ↓ ①下发"新产品试制通知书" ↓ ②下发"设计开发输出清单"	接收通知 接收资料			D1
样品试制的过程不按规范程序进行，会影响其开发的效率和质量，增加开发成本		审批 审批	③ 提交验证申请 ④委托有关机构进行定型试验 ⑤编制《设计开发验证报告》 ⑥组织进行样品评审 ⑦编写《样品试制总结报告》	领取材料 ← 试制样品 →	检验样品	配合 参加评审	D2
不进行小批量试制，很难鉴定大批量生产的技术成熟度		审批　审核		⑧小批试制 编写《小批试制总结报告》 结束		配合	D3

2. 新品试制管理流程控制表

控制事项		详细描述及说明
阶段控制	D1	1. 研发部下发经相关部门会签、总经理批准的新产品试制通知书，具体内容包括产品型号、数量、完成时间、地点、主要配置等内容 2. 研发部下发经研发总监批准的"设计开发输出清单"，具体内容包括零件图、部件图、整体图、原理图及明细表等
	D2	3. 生产部试制车间材料员应根据"产品明细表"上的图号和数量领取材料，为领取的材料建立台账；对于缺货的材料，每天按时把"缺件清单"发给采购部和物资管理部 4. 样品试制完毕时，根据产品的性质，研发部应提交验证申请，报研发总监审批通过后，委托国内有试验资格的试验机构进行定型试验，并出具《定型试验报告》 5. 研发部项目负责人汇总样品所有验证结果，编制《设计开发验证报告》，用以记录验证结果及跟踪措施，并报研发总监审批，以确保新产品的每一项性能、功能指标都有相应的验证记录 6. 样品验证通过后，研发部应组织各相关部门对样品进行评审，提出小批量试制的可行性意见 7. 《样品试制总结报告》由研发部项目负责人编写，供样品鉴定使用
	D3	8. 小批量试制是在样品试制的基础上进行的，其主要目的是考核产品的工艺性，验证全部工艺文件和工艺装备，并进一步校正和审验设计图纸；此阶段在生产车间进行，由生产部负责编制技术文件和进行工具设计
相关规范	应建规范	▯《新品试制管理制度》
	参照规范	▯《企业内部控制应用指引》 ▯《企业内部控制基本规范》
文件资料		▯ 新产品试制通知书、设计开发输出清单 ▯《设计开发验证报告》《样品试制总结报告》《小批试制总结报告》
责任部门及责任人		▯ 研发部、生产部、质量管理部、相关部门 ▯ 总经理、研发总监、生产部经理、质量管理部经理、相关部门负责人

第11章 企业内部控制流程——工程项目

11.1 工程立项控制

11.1.1 工程项目业务流程

1. 工程项目业务流程与风险控制图

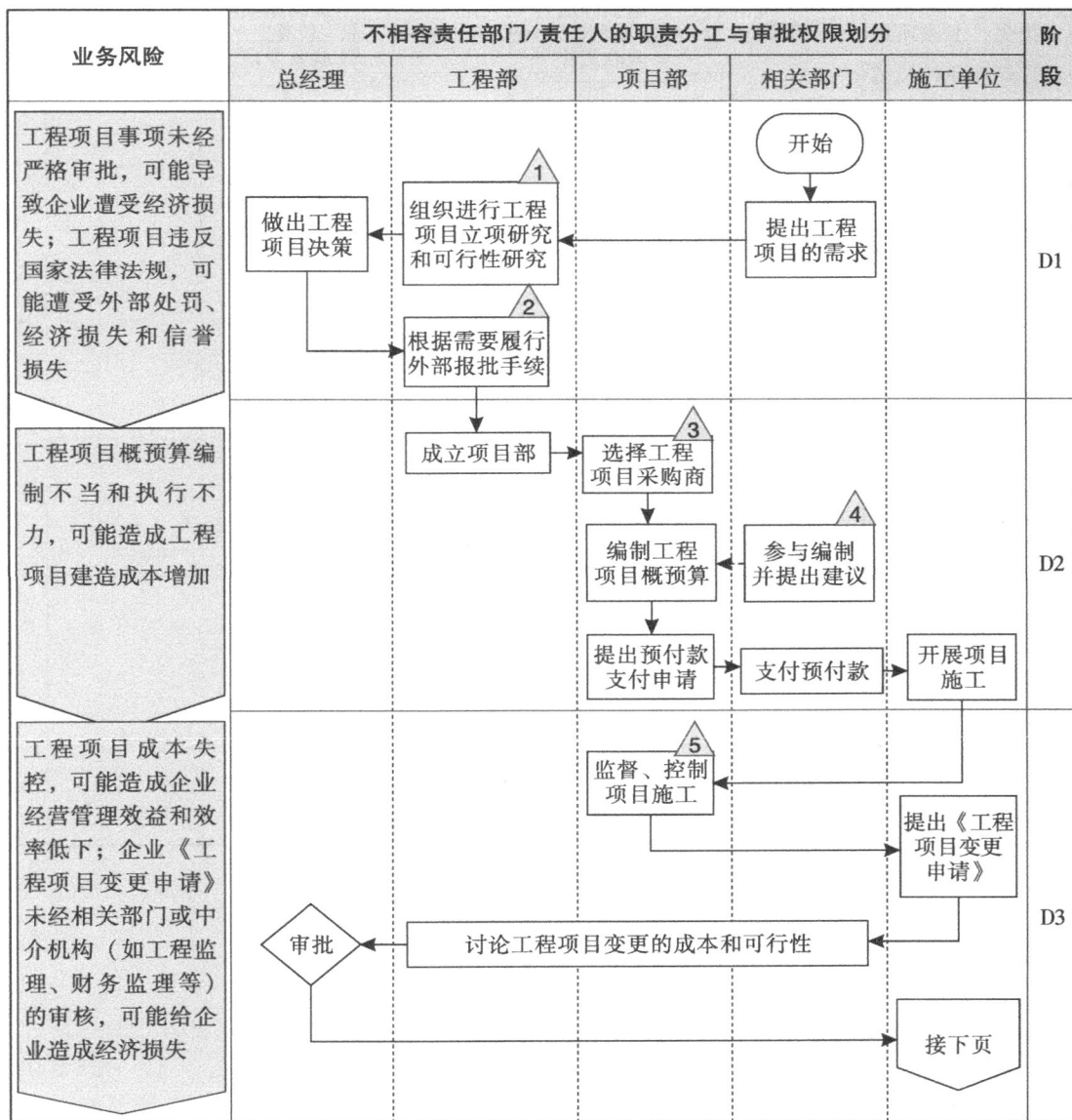

业务风险	不相容责任部门/责任人的职责分工与审批权限划分					阶段
	总经理	工程部	项目部	相关部门	施工单位	

业务风险	流程	阶段
工程项目事项未经严格审批，可能导致企业遭受经济损失；工程项目违反国家法律法规，可能遭受外部处罚、经济损失和信誉损失	开始 → 提出工程项目的需求（相关部门）→ ①组织进行工程项目立项研究和可行性研究（工程部）→ 做出工程项目决策（总经理）；②根据需要履行外部报批手续（工程部）	D1
工程项目概预算编制不当和执行不力，可能造成工程项目建造成本增加	成立项目部（工程部）→ ③选择工程项目采购商（项目部）→ 编制工程项目概预算（项目部）；④参与编制并提出建议（相关部门）；提出预付款支付申请（项目部）→ 支付预付款（相关部门）→ 开展项目施工（施工单位）	D2
工程项目成本失控，可能造成企业经营管理效益和效率低下；企业《工程项目变更申请》未经相关部门或中介机构（如工程监理、财务监理等）的审核，可能给企业造成经济损失	⑤监督、控制项目施工（项目部）；提出《工程项目变更申请》（施工单位）→ 讨论工程项目变更的成本和可行性 → 审批（总经理）；接下页	D3

143

（续）

业务风险	不相容责任部门/责任人的职责分工与审批权限划分					阶段
	总经理	工程部	项目部	相关部门	施工单位	
重大工程项目变更资料的整理与保存不及时、不准确，可能导致资料遗失，进而给企业带来损失；工程项目会计处理和相关信息不合法、不真实、不完整，可能导致企业资产账实不符或资产损失	参与	组织开展单项和竣工验收工作　→　验收通过　→通过→　申请支付剩余款项　→　资料文件存档　开展项目后评估　→　结束	支付剩余款项（7）　→　进行相关账务处理（8）	承上页　→（6）提出单项和竣工验收申请　→　根据意见进行修理、完善		D4

未通过

2. 工程项目业务流程控制表

控制事项		详细描述及说明
阶段控制	D1	1. 工程部根据立项研究和可行性研究的结果编制《工程项目建议书》和《工程项目可行性研究报告》，并提交总经理进行决策 2. 工程部根据工程项目是否需要政府主管部门审批或备案，履行相关的外部审批或备案手续
	D2	3. 选择工程项目采购商一般通过公开招标的方式 4. 财务部和其他部门对工程项目概预算的编制提出合理化建议
	D3	5. 项目部主要对工程项目的成本、安全、质量、进度等进行控制
	D4	6. 单项工程完成后，施工单位可以向项目部申请单项工程验收；整体工程完成后，施工单位申请整体工程竣工验收 7. 财务部出纳负责办理工程项目剩余款项的结算和支付工作 8. 财务部会计负责工程项目相关总账和明细账的账务处理工作
相关规范	应建规范	☐《工程项目决策管理制度》《工程项目授权审批制度》《工程项目概预算管理制度》 ☐《工程项目变更管理细则》《工程项目招标管理细则》《工程竣工验收细则》 ☐《工程项目质量管理条例》《项目进度控制办法》
	参照规范	☐《企业会计制度》 ☐《企业内部控制应用指引》 ☐《企业会计准则——基本准则》 ☐《中华人民共和国安全生产法》 ☐《中华人民共和国建筑法》
文件资料		☐《工程项目建议书》 ☐《项目可行性研究报告》 ☐《工程项目竣工验收报告》 ☐ 工程项目验收申请单 ☐ 工程变更申请单
责任部门及责任人		☐ 工程部、项目部、财务部 ☐ 总经理、工程部人员、项目部人员、会计、出纳

11.1.2　工程项目审批流程

1. 工程项目审批流程与风险控制图

业务风险	不相容责任部门/责任人的职责分工与审批权限划分					阶段
	总经理	相关部门	工程部经理	项目工程师	政府主管部门	

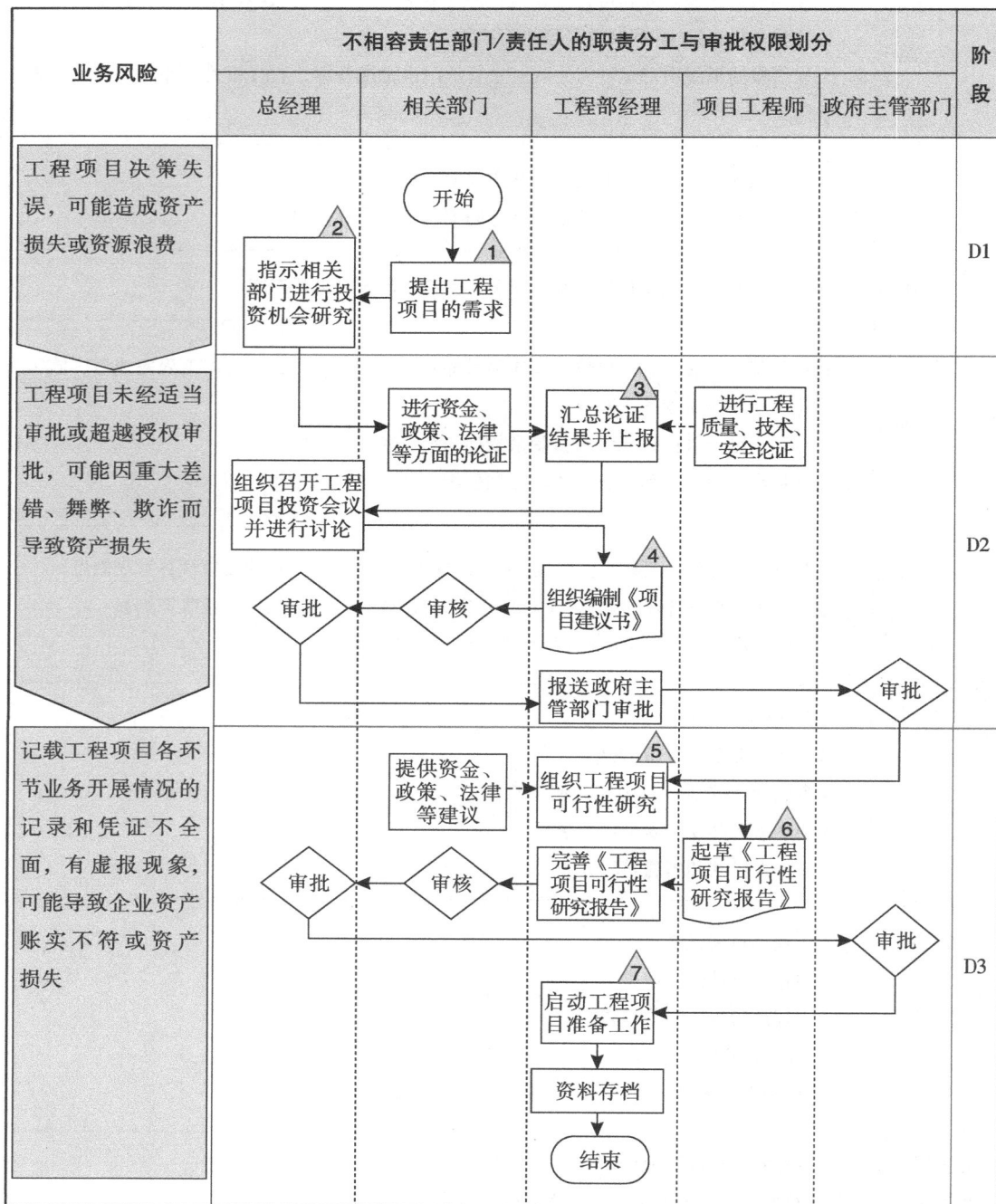

2. 工程项目审批流程控制表

控制事项		详细描述及说明
阶段控制	D1	1. 相关部门提出投资或工程项目的需求，提交"工程项目申请单"给总经理 2. 总经理收到"工程项目申请单"后，指示相关部门对项目进行投资机会研究
	D2	3. 工程部经理汇总相关部门和项目工程师对工程项目的技术、安全和工程质量等的论证，并上报总经理审阅 4. 项目可行性论证经讨论通过后，工程部经理组织相关人员编制《项目建议书》，并上报相关部门主管审核、总经理审批
	D3	5.《项目建议书》得到政府主管部门审批后，工程部经理组织做好工程项目可行性研究的相关工作 6. 项目工程师起草《工程项目可行性研究报告》，工程部经理负责补充完善 7.《工程项目可行性研究报告》得到总经理审批和政府主管部门审批后，启动工程项目的各项工作
相关规范	应建规范	�🗍《工程项目岗位责任制度》 �🗍《工程项目授权审批制度》 �🗍《工程项目决策管理制度》
	参照规范	�🗍《企业内部控制应用指引》 �🗍《企业会计准则——基本准则》
文件资料		�🗍 工程项目申请单 �🗍《项目建议书》 �🗍《工程项目可行性研究报告》
责任部门及责任人		�🗍 工程部、相关部门 �🗍 总经理、工程部经理、项目工程师

11.2 工程招标控制

11.2.1 项目评价分析流程

1. 项目评价分析流程与风险控制图

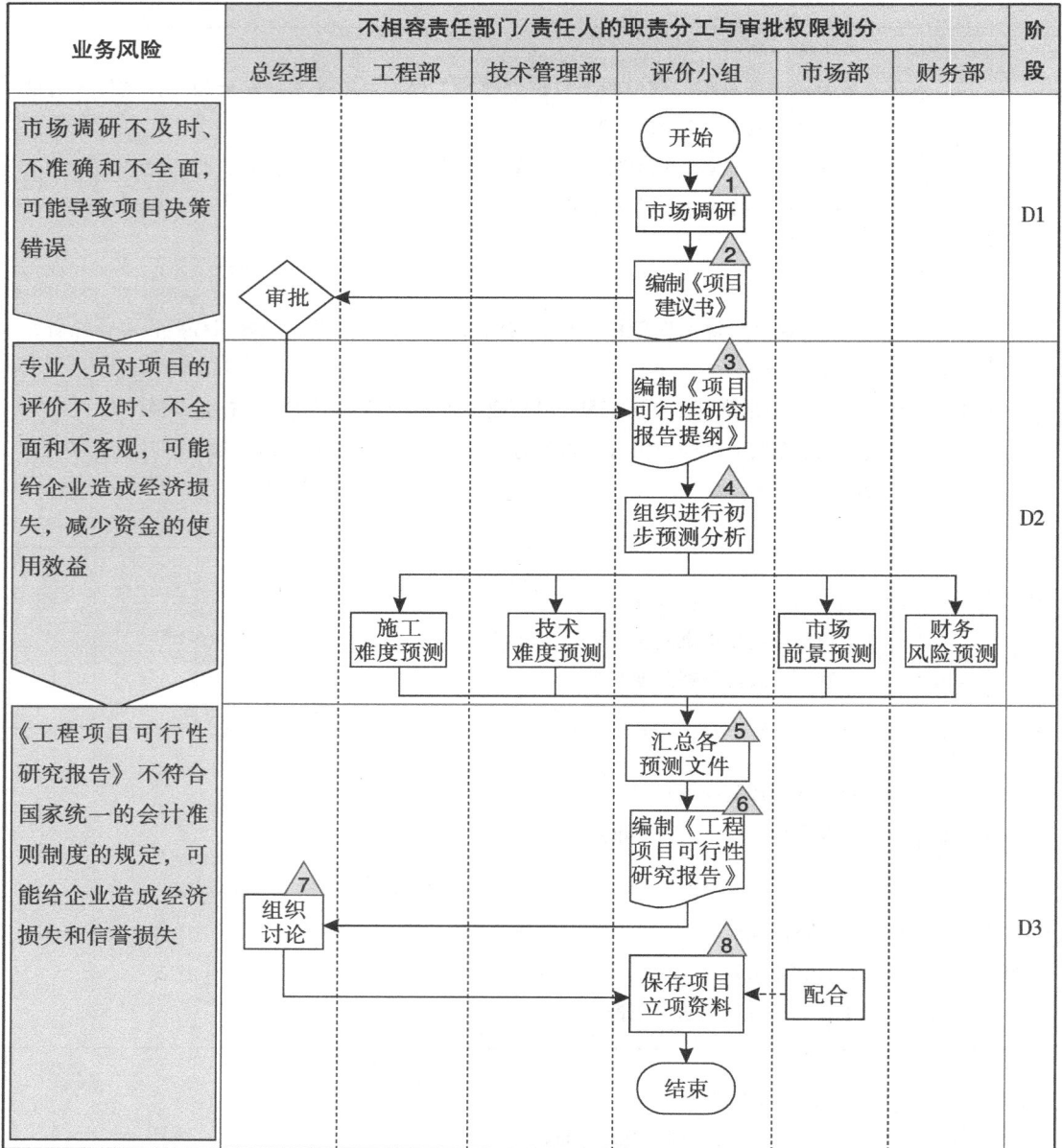

业务风险	不相容责任部门/责任人的职责分工与审批权限划分						阶段
	总经理	工程部	技术管理部	评价小组	市场部	财务部	
市场调研不及时、不准确和不全面，可能导致项目决策错误	审批			开始 → ① 市场调研 → ② 编制《项目建议书》			D1
专业人员对项目的评价不及时、不全面和不客观，可能给企业造成经济损失，减少资金的使用效益		施工难度预测	技术难度预测	③ 编制《项目可行性研究报告提纲》→ ④ 组织进行初步预测分析	市场前景预测	财务风险预测	D2
《工程项目可行性研究报告》不符合国家统一的会计准则制度的规定，可能给企业造成经济损失和信誉损失	⑦ 组织讨论			⑤ 汇总各预测文件 → ⑥ 编制《工程项目可行性研究报告》→ ⑧ 保存项目立项资料 → 结束		配合	D3

2. 项目评价分析流程控制表

控制事项		详细描述及说明
阶段控制	D1	1. 评价小组根据企业年度计划，按照企业发展规划进行前期市场调查，了解市场需求及国家的有关规定、规划、政策等 2. 评价小组根据市场调查结果、需求状况等编制《项目建议书》，上报总经理审批
	D2	3. 评价小组编制《项目可行性研究报告提纲》 4. 评价小组将《项目可行性研究报告提纲》送交工程部、技术管理部、市场开发部和财务部，让各部门对项目进行初步的研究和预测，并递交项目预测结果
	D3	5. 评价小组对各部门作出的项目预测结果进行汇总，工程部对项目的施工难度进行预测、技术管理部对项目技术难度进行预测、市场部对工程项目的市场前景进行预测、财务部对项目成本与利益进行预测 6. 评价小组根据汇总的项目预测结果编制《项目可行性研究报告》，并上报总经理审批 7. 总经理组织召开会议，就评价小组申报的工程项目进行讨论，并形成一致意见 8. 评价小组根据讨论意见的结果将《项目可行性研究报告》备案留存，并办理项目立项的各项准备工作及手续
相关规范	应建规范	🗇《工程项目决策管理制度》
	参照规范	🗇《企业内部控制应用指引》 🗇《企业会计准则——基本准则》
文件资料		🗇《项目建议书》《工程项目可行性研究报告提纲》《工程项目可行性研究报告》 🗇《施工难度预测报告》《市场前景分析报告》《财务预测报告》
责任部门及责任人		🗇 工程部、技术管理部、评价小组、市场开发部、财务部 🗇 总经理、工程部人员、其他相关部门人员

11.2.2 工程项目招标流程

1. 工程项目招标流程与风险控制图

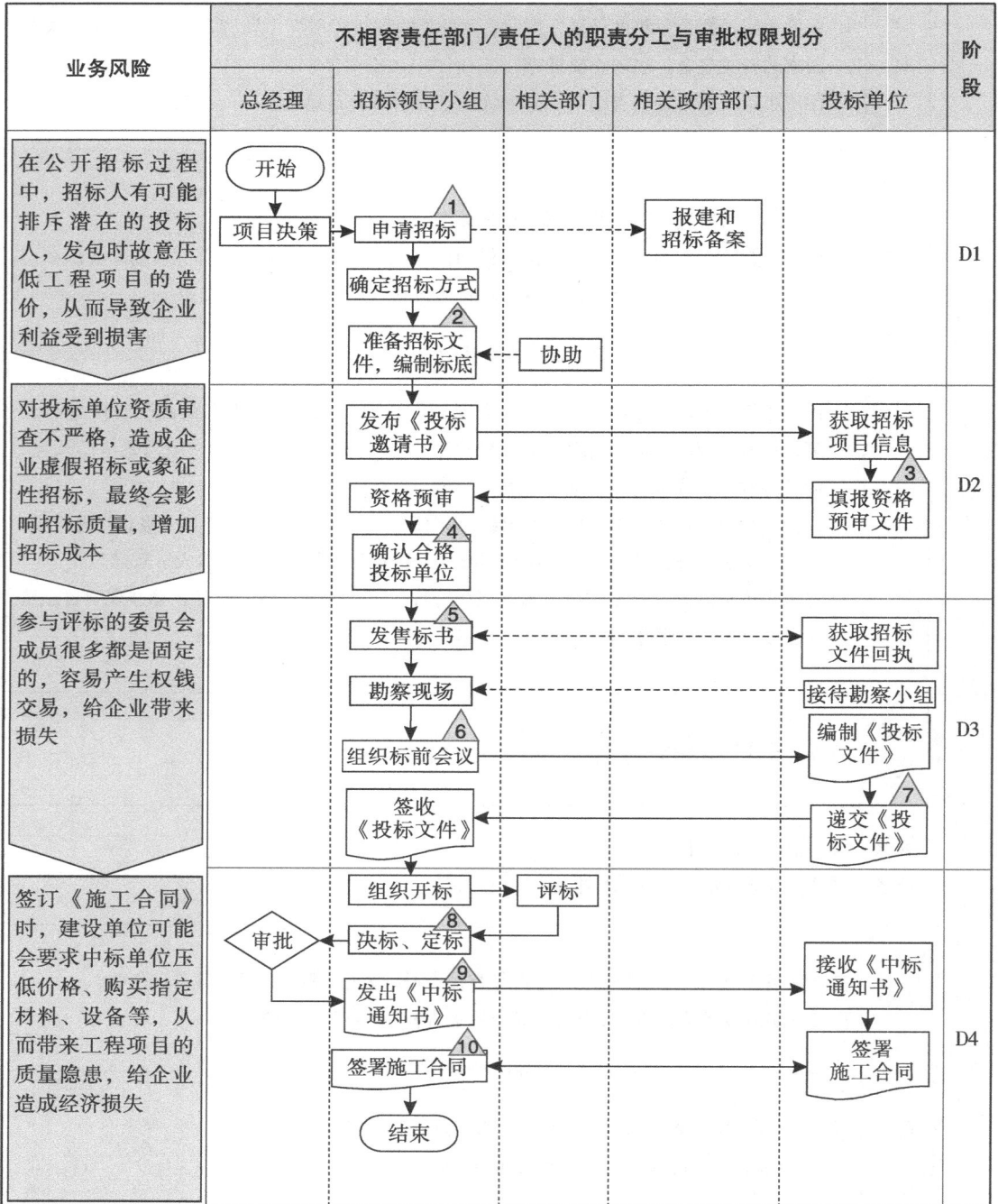

业务风险	不相容责任部门/责任人的职责分工与审批权限划分					阶段
	总经理	招标领导小组	相关部门	相关政府部门	投标单位	
在公开招标过程中，招标人有可能排斥潜在的投标人，发包时故意压低工程项目的造价，从而导致企业利益受到损害	开始 → 项目决策	申请招标 ① → 确定招标方式 → 准备招标文件，编制标底 ②	协助	报建和招标备案		D1
对投标单位资质审查不严格，造成企业虚假招标或象征性招标，最终会影响招标质量，增加招标成本		发布《投标邀请书》 → 资格预审 → 确认合格投标单位 ④			获取招标项目信息 → 填报资格预审文件 ③	D2
参与评标的委员会成员很多都是固定的，容易产生权钱交易，给企业带来损失		发售标书 ⑤ → 勘察现场 → 组织标前会议 ⑥ → 签收《投标文件》			获取招标文件回执 → 接待勘察小组 → 编制《投标文件》 → 递交《投标文件》 ⑦	D3
签订《施工合同》时，建设单位可能会要求中标单位压低价格、购买指定材料、设备等，从而带来工程项目的质量隐患，给企业造成经济损失	审批	组织开标 → 评标 → 决标、定标 ⑧ → 发出《中标通知书》 ⑨ → 签署施工合同 ⑩ → 结束	评标		接收《中标通知书》 → 签署施工合同	D4

150

2. 工程项目招标流程控制表

控制事项		详细描述及说明
阶段控制	D1	1. 招标领导小组负责人根据总经理的项目决策，组织招标领导小组成员备齐工程项目相关文件，然后到建委办理报建及招标备案手续，申请招标 2. 招标领导小组根据确定的招标方式准备相关招标文件，如《投标人须知》《招标工程综合说明》《技术规范标准》《项目合同》等相关文件
	D2	3. 有意向的投标单位根据资格预审文件的要求填写《投标申请书》，并提供相应的证明材料，连同资格预审文件一同交到招标领导小组办公室 4. 招标领导小组根据投标单位的资格预审文件对其进行资格预审，确定合格的招标单位
	D3	5. 招标领导小组向预审资格合格的投标单位发售标书 6. 招标领导小组组织标前会议，针对投标单位对招标文件和现场考察过程中的疑问进行解答 7. 投标单位根据招标文件及标书要求编制《投标文件》并密封，在招标方要求的截止日期前将《投标文件》交至招标领导小组办公室
	D4	8. 招标领导小组收到《投标文件》后，组织评标委员会（由招标方代表及相关技术专家、经济专家组成的五人以上单数的组织）在规定招标文件提交的截止日期前完成评标，并向招标领导小组出具《评标报告》 9. 招标领导小组根据总经理的审批结果，向中标单位发出《中标通知书》，同时将招标结果通知未中标单位 10. 招标领导小组负责人与中标单位进行合同谈判，并于发出《中标通知书》之日起三个工作日内与中标单位签署《施工合同》
相关规范	应建规范	🗂《工程项目招标管理细则》
	参照规范	🗂《内部会计控制规范——基本规范（试行）》 🗂《中华人民共和国招标投标法》《标准施工招标文件》
文件资料		🗂《投标邀请书》《中标通知书》《施工合同》
责任部门及责任人		🗂 招标领导小组、相关部门 🗂 总经理、招标领导小组负责人

11.3 工程造价控制

11.3.1 项目概预算编制流程

1. 项目概预算编制流程与风险控制图

业务风险	不相容责任部门/责任人的职责分工与审批权限划分					阶段
	总经理	财务部	工程部	项目部	相关部门/单位	
工程项目概预算编制不当，可能造成工程项目建造成本增加；概预算编制的依据、内容和标准不明确、不规范，可能导致实际支出严重超支				开始 → 明确概预算编制原则和编制依据 → 组织分析概算额度 → 修正概算 → 提出意见	① 外部单位编制概算 / 修正概算（是）	D1
			② 出具概算分析意见			
工程项目预算编制未经相关部门审核，可能导致预算额度偏差较大，造成预算编制成本过高和费用支出浪费				组织分析概算额度 → 修正预算 → 拟定正式方案并报批 → 概预算资料保存 → 结束	③ 外部单位编制预算 / 修正预算（是）	D2
			④ 出具预算分析意见			

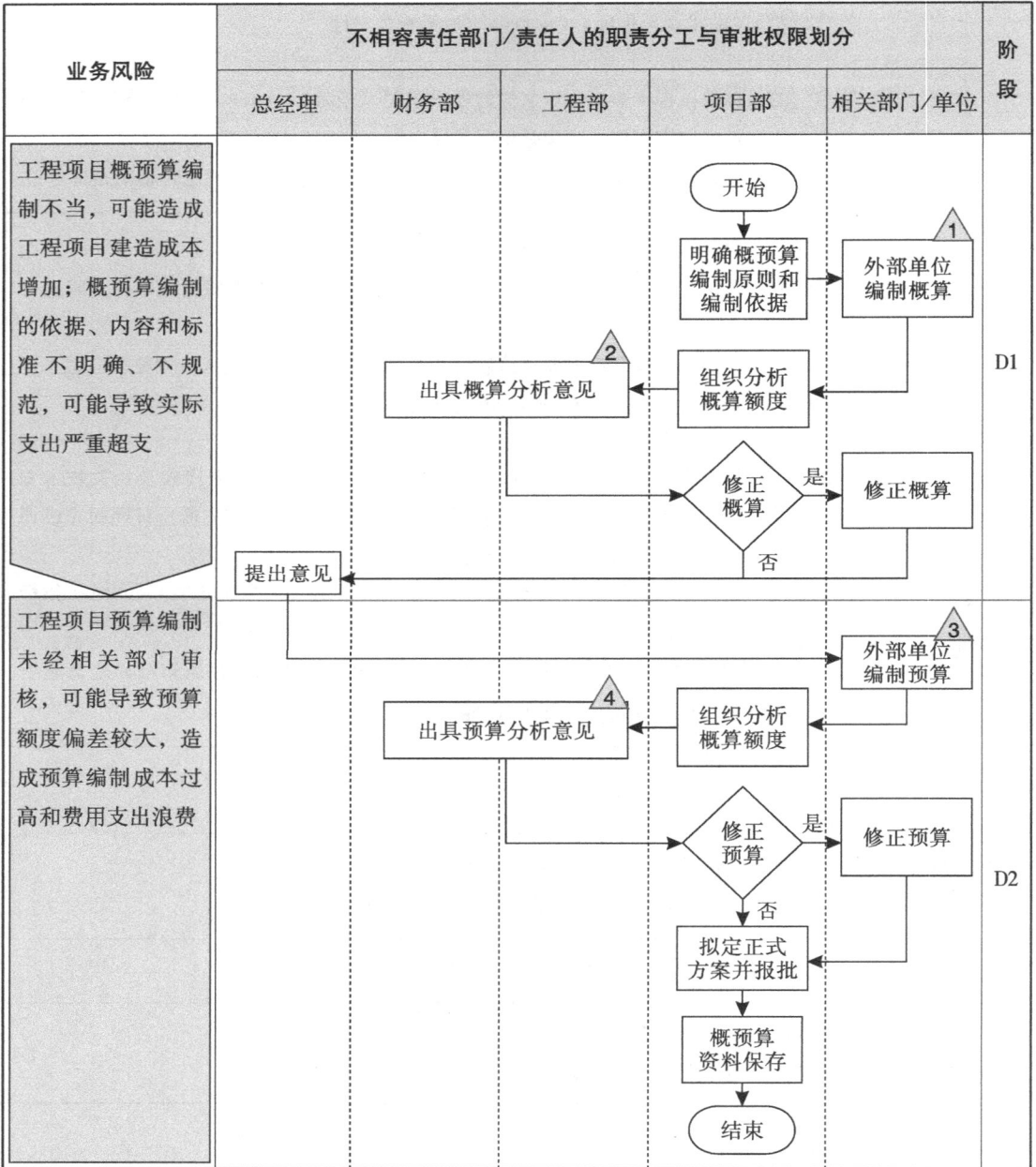

2. 项目概预算编制流程控制表

控制事项		详细描述及说明
阶段控制	D1	1. 公司聘请外部专业概算编制单位编制工程项目概算，概算应控制在经过批准的《工程项目可行性研究报告》投资估算允许的幅度范围内，概算经批准后为工程项目投资最高限额 2. 财务部和工程部针对外部专业单位编制的工程项目概算额度、方法等进行分析，提出改进意见，以确保概算的合理性
	D2	3. 公司聘请外部专业预算编制单位编制工程项目预算，审批通过后的预算是确定工程造价、签订合同、办理结算、实行核算、编制或调整固定资产投资计划和考核工程成本的依据 4. 财务部和工程部针对外部专业单位编制的工程项目预算额度、方法等进行分析，提出改进意见，以确保预算的合理性
相关规范	应建规范	❒《概预算管理制度》
	参照规范	❒《企业内部控制应用指引》 ❒《企业会计准则——基本准则》
文件资料		❒《工程项目概预算方案》
责任部门及责任人		❒ 工程部、财务部 ❒ 总经理、财务总监

153

11.3.2 项目概预算审核流程

1. 项目概预算审核流程与风险控制图

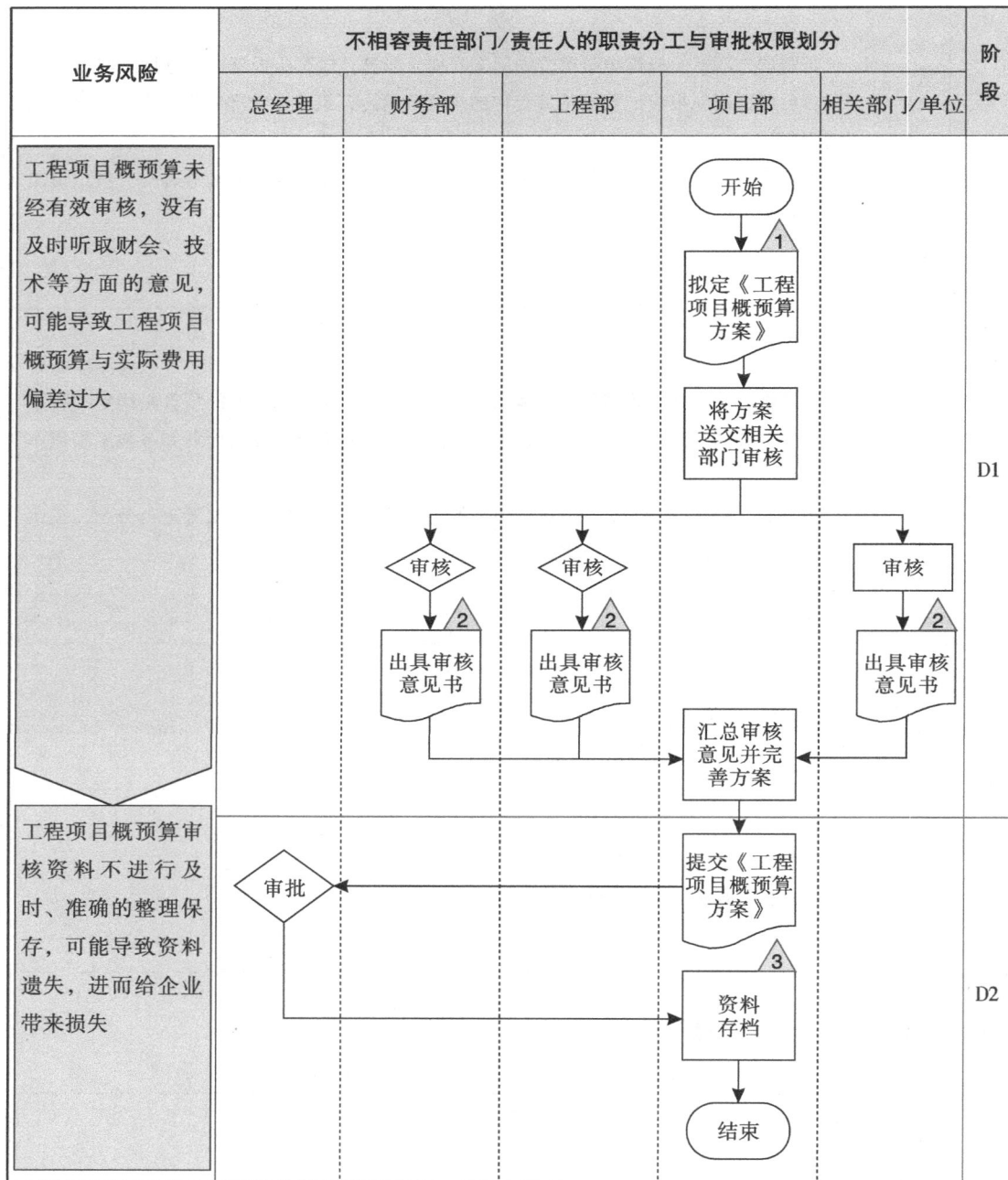

业务风险	不相容责任部门/责任人的职责分工与审批权限划分					阶段
	总经理	财务部	工程部	项目部	相关部门/单位	
工程项目概预算未经有效审核，没有及时听取财会、技术等方面的意见，可能导致工程项目概预算与实际费用偏差过大				开始 → ① 拟定《工程项目概预算方案》 → 将方案送交相关部门审核		D1
		审核 → ② 出具审核意见书	审核 → ② 出具审核意见书	汇总审核意见并完善方案	审核 → ② 出具审核意见书	
工程项目概预算审核资料不进行及时、准确的整理保存，可能导致资料遗失，进而给企业带来损失	审批			提交《工程项目概预算方案》 → ③ 资料存档 → 结束		D2

154

2. 项目概预算审核流程控制表

控制事项		详细描述及说明
阶段控制	D1	1. 项目部根据收集的资料信息和相关计算结果拟定《工程项目概预算方案》 2. 财务部、工程部以及其他相关部门对《工程项目概预算方案》提出审核意见，并填写《工程项目概预算审核意见书》；也可根据概预算的重要程度，聘请外部专业概预算单位进行审核并出具审核意见书
	D2	3. 项目部负责汇总、整理审核过程中的各类资料，并根据公司相关的档案管理规定进行存档
相关规范	应建规范	🗇《工程项目概预算管理制度》 🗇《工程项目概预算审核办法》
	参照规范	🗇《企业内部控制应用指引》 🗇《企业会计准则——基本准则》
文件资料		🗇《工程项目概预算审核意见书》
责任部门及责任人		🗇 财务部、工程部 🗇 总经理、项目部人员、财务部人员、工程部人员

11.4 工程建设控制

11.4.1 重大工程项目变更流程

1. 重大工程项目变更流程与风险控制图

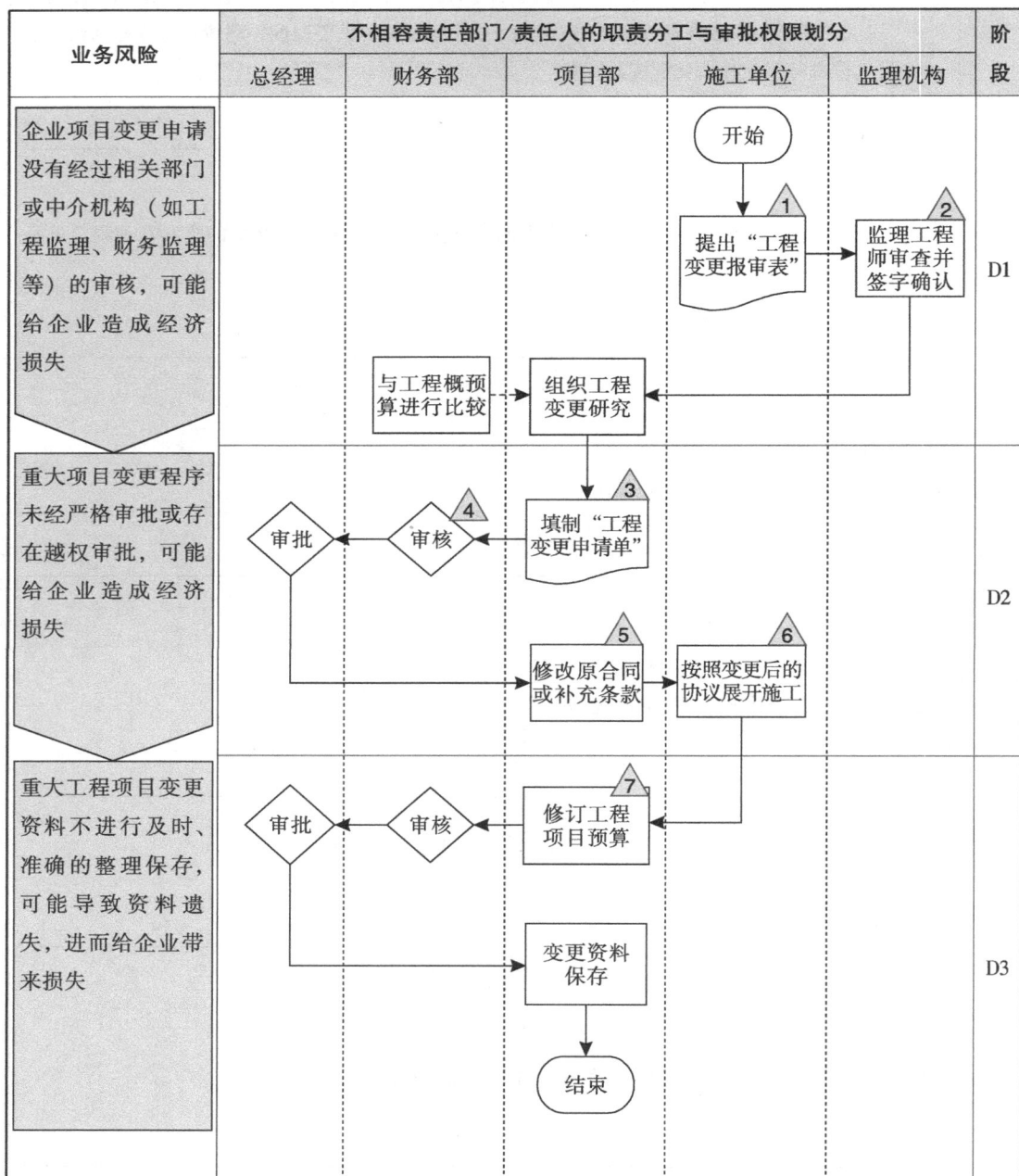

业务风险	不相容责任部门/责任人的职责分工与审批权限划分					阶段
	总经理	财务部	项目部	施工单位	监理机构	
企业项目变更申请没有经过相关部门或中介机构（如工程监理、财务监理等）的审核，可能给企业造成经济损失		与工程概预算进行比较	组织工程变更研究	开始 → ①提出"工程变更报审表"	②监理工程师审查并签字确认	D1
重大项目变更程序未经严格审批或存在越权审批，可能给企业造成经济损失	审批	审核 ④	③填制"工程变更申请单"	⑤修改原合同或补充条款	⑥按照变更后的协议展开施工	D2
重大工程项目变更资料不进行及时、准确的整理保存，可能导致资料遗失，进而给企业带来损失	审批	审核	⑦修订工程项目预算 / 变更资料保存 / 结束			D3

2. 重大工程项目变更流程控制表

控制事项		详细描述及说明
阶段控制	D1	1. 施工单位填报"工程变更报审表"，提出工程变更申请 2. 监理工程师负责对重大工程项目进行审查确认，其他项目只需要项目经理审核即可
	D2	3. 项目部根据财务部对重大工程项目概预算的比较和监理工程师的确认单，组织工程变更研究，并填制"工程变更申请单"，递交财务部审核、总经理审批 4. 企业会计人员应当对工程变更所涉及的价款支付进行审核 5. 项目经理根据总经理的审批意见修改原合同或者补充变更条款 6. 施工单位按照变更后的合同施工
	D3	7. 项目部根据工程项目的开展情况，修订工程项目预算
相关规范	应建规范	❒《工程项目变更管理细则》
	参照规范	❒《企业会计制度》 ❒《企业内部控制应用指引》
文件资料		❒ 工程变更报审表 ❒ 工程变更申请单
责任部门及责任人		❒ 财务部、项目部 ❒ 总经理、项目经理、会计

11.4.2　工程项目质量控制流程

1. 工程项目质量控制流程与风险控制图

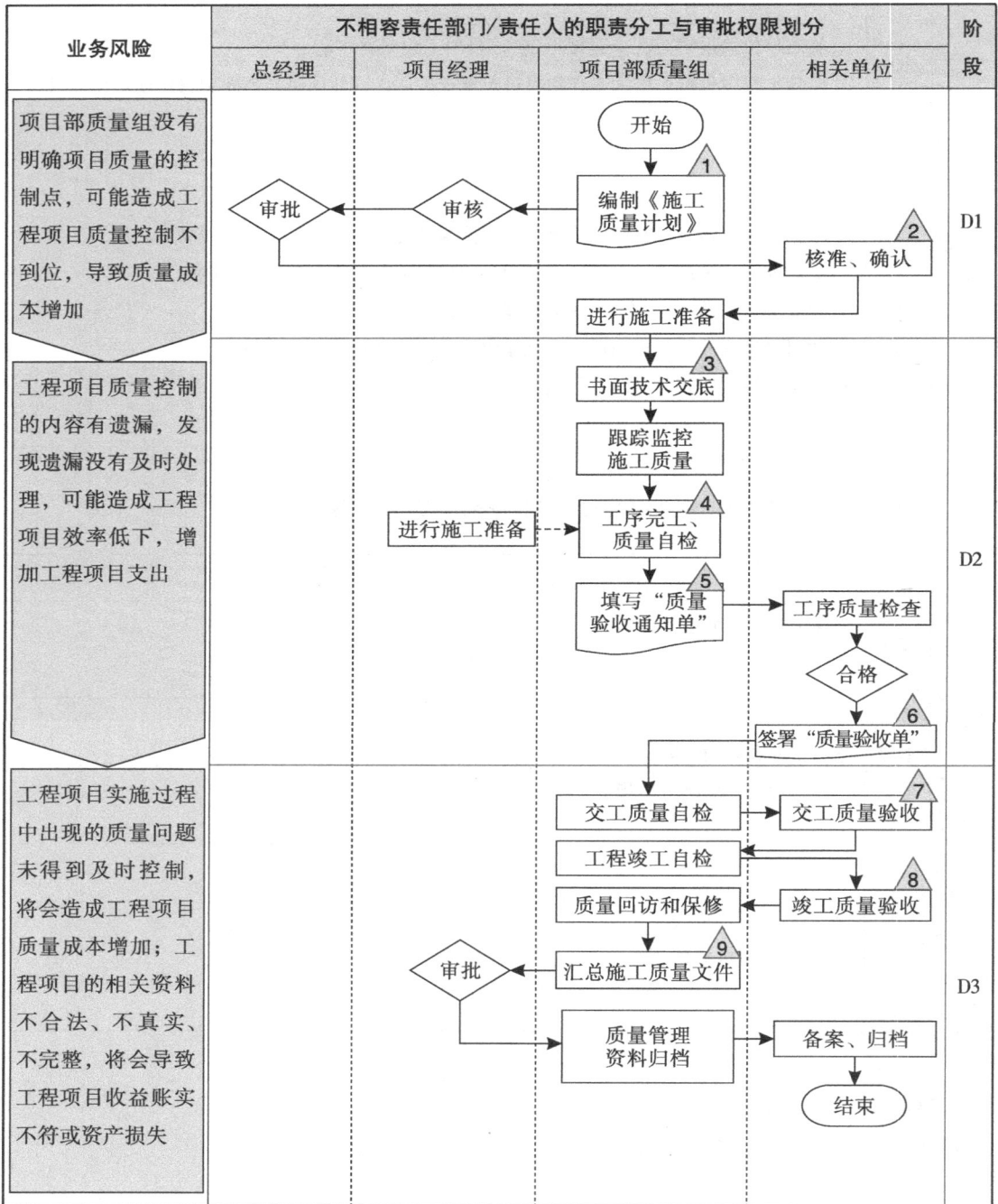

业务风险	不相容责任部门/责任人的职责分工与审批权限划分				阶段
	总经理	项目经理	项目部质量组	相关单位	
项目部质量组没有明确项目质量的控制点，可能造成工程项目质量控制不到位，导致质量成本增加	审批	审核	开始 → ① 编制《施工质量计划》 → 进行施工准备	② 核准、确认	D1
工程项目质量控制的内容有遗漏，发现遗漏没有及时处理，可能造成工程项目效率低下，增加工程项目支出		进行施工准备	③ 书面技术交底 → 跟踪监控施工质量 → ④ 工序完工、质量自检 → ⑤ 填写"质量验收通知单"	工序质量检查 → 合格 → ⑥ 签署"质量验收单"	D2
工程项目实施过程中出现的质量问题未得到及时控制，将会造成工程项目质量成本增加；工程项目的相关资料不合法、不真实、不完整，将会导致工程项目收益账实不符或资产损失	审批		交工质量自检 → 工程竣工自检 → 质量回访和保修 → ⑨ 汇总施工质量文件 → 质量管理资料归档	⑦ 交工质量验收 → ⑧ 竣工质量验收 → 备案、归档 → 结束	D3

2. 工程项目质量控制流程控制表

控制事项		详细描述及说明
阶段控制	D1	1. 项目部质量组根据施工合同质量要求和施工图纸编制《施工质量计划》 2. 监理工程师对项目部编制的《施工质量计划》进行核准和确认
	D2	3. 项目部质量组做好施工准备工作，向施工负责人或分包人进行书面技术交底 4. 项目部质量组对现场施工质量进行控制，对于检查中出现的问题，如果是职权范围内的，应及时与项目经理沟通并及时解决 5. 自检不合格的，应采取返工或其他方式进行质量修复，并填写"质量验收通知单"，递交给监理工程师 6. 监理方收到项目部质量组提交的"质量验收通知单"后，会同项目部进行工序质量检查。对于工序质量合格的项目，监理方应签署"质量验收单"交给项目质量组
	D3	7. 交工验收由监理方组织，由建设单位、施工项目部以及和政府相关质量监督部门参加，主要是对分项工程、分部工程和单位工程进行检查 8. 相关部门依据施工合同约定的工程质量标准对工程项目进行竣工质量验收 9. 项目部质量组对施工前和施工期间形成的质量管理资料进行全面汇总，形成完整的质量控制文件体系，并报送项目经理审批
相关规范	应建规范	🗋《项目质量管理条例》
	参照规范	🗋《企业内部控制应用指引》 🗋《企业会计准则——基本准则》
文件资料		🗋《施工质量计划》《建设工程施工合同》 🗋 质量检验通知单、质量验收单
责任部门及责任人		🗋 项目部 🗋 总经理、项目经理、项目部质量组

11.4.3 工程项目安全控制流程

1. 工程项目安全控制流程与风险控制图

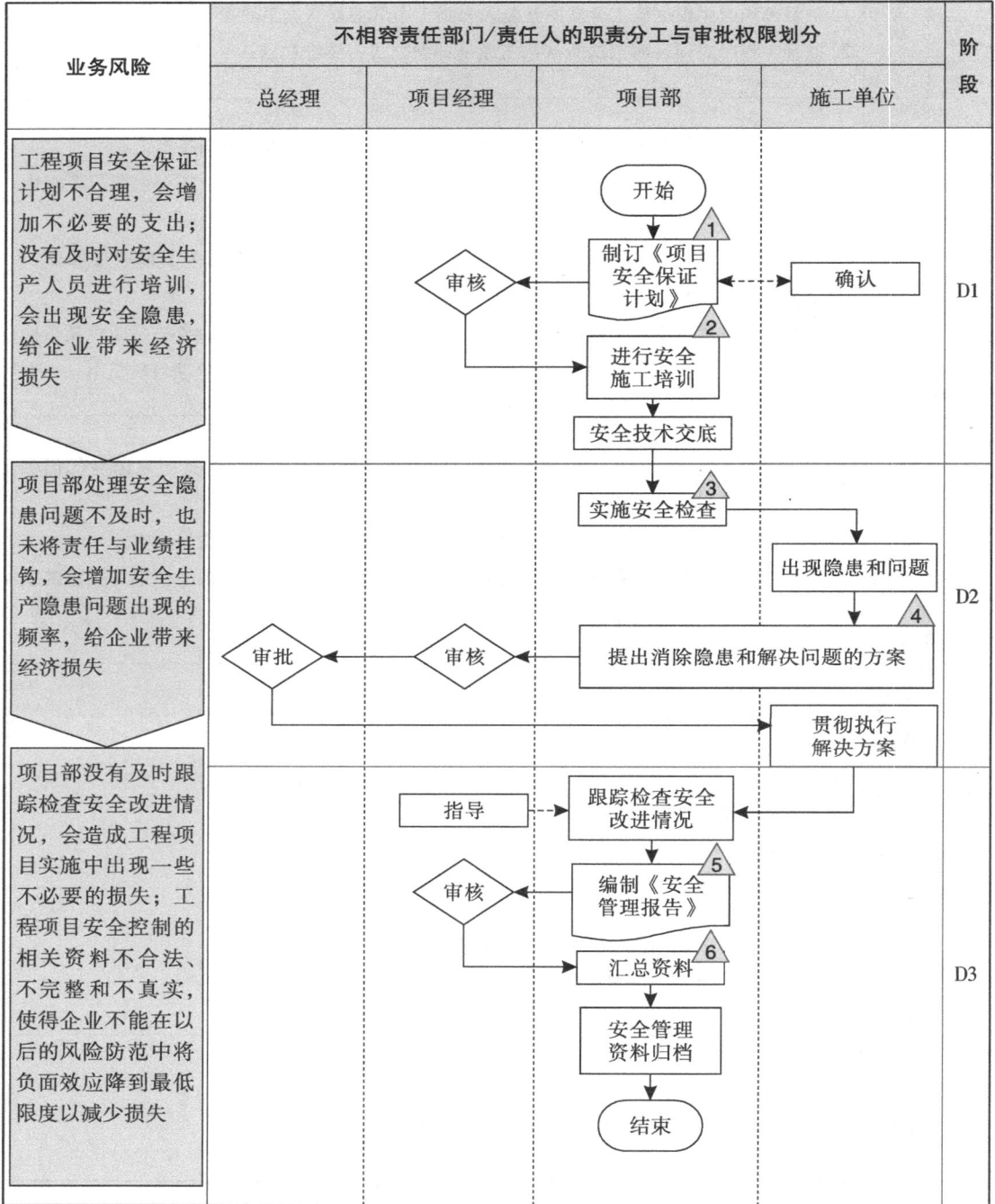

业务风险	不相容责任部门/责任人的职责分工与审批权限划分				阶段
	总经理	项目经理	项目部	施工单位	
工程项目安全保证计划不合理，会增加不必要的支出；没有及时对安全生产人员进行培训，会出现安全隐患，给企业带来经济损失	审核		开始 → 制订《项目安全保证计划》① → 进行安全施工培训② → 安全技术交底	确认	D1
项目部处理安全隐患问题不及时，也未将责任与业绩挂钩，会增加安全生产隐患问题出现的频率，给企业带来经济损失	审批	审核	实施安全检查③ → 提出消除隐患和解决问题的方案④	出现隐患和问题 → 贯彻执行解决方案	D2
项目部没有及时跟踪检查安全改进情况，会造成工程项目实施中出现一些不必要的损失；工程项目安全控制的相关资料不合法、不完整和不真实，使得企业不能在以后的风险防范中将负面效应降到最低限度以减少损失	指导	审核	跟踪检查安全改进情况 → 编制《安全管理报告》⑤ → 汇总资料⑥ → 安全管理资料归档 → 结束		D3

2. 工程项目安全控制流程控制表

控制事项		详细描述及说明
阶段控制	D1	1. 项目部根据《建设工程施工合同》及工程现场情况编制《项目安全保证计划》 2. 《项目安全保证计划》由项目经理和监理工程师进行审核确认后，提交给项目部完善。项目部在施工前安排施工单位员工进行安全教育培训，培训内容包括增强施工安全意识、遵守安全管理规范、实行机械设备的规范化操作以及安全事故的防范和处理等
	D2	3. 项目部对施工过程中的安全情况开展日常检查和定期检查，确保各项安全施工计划得以落实；同时，项目经理对安全检查工作进行指导；监理方及政府相关安全主管部门对安全管理工作进行定期检查，并提出意见和建议 4. 项目部根据项目施工过程中出现的隐患和问题的严重程度，会同施工单位提出消除隐患和解决问题的方案，并报送项目经理审核
	D3	5. 项目部跟踪检查安全改进情况并编制《安全管理报告》，报送项目经理审核 6. 项目部对所有施工前和施工期间形成的安全管理资料进行全面汇总，形成完整的安全控制文件体系
相关规范	应建规范	🗐《项目安全管理条例》
	参照规范	🗐《中华人民共和国安全生产法》 🗐《中华人民共和国建筑法》《企业内部控制应用指引》
文件资料		🗐《建设工程施工合同》 🗐《项目安全保证计划》 🗐《安全管理报告》
责任部门及责任人		🗀 项目部 🗀 总经理、项目经理、监理工程师

11.4.4 工程项目进度控制流程

1. 工程项目进度控制流程与风险控制图

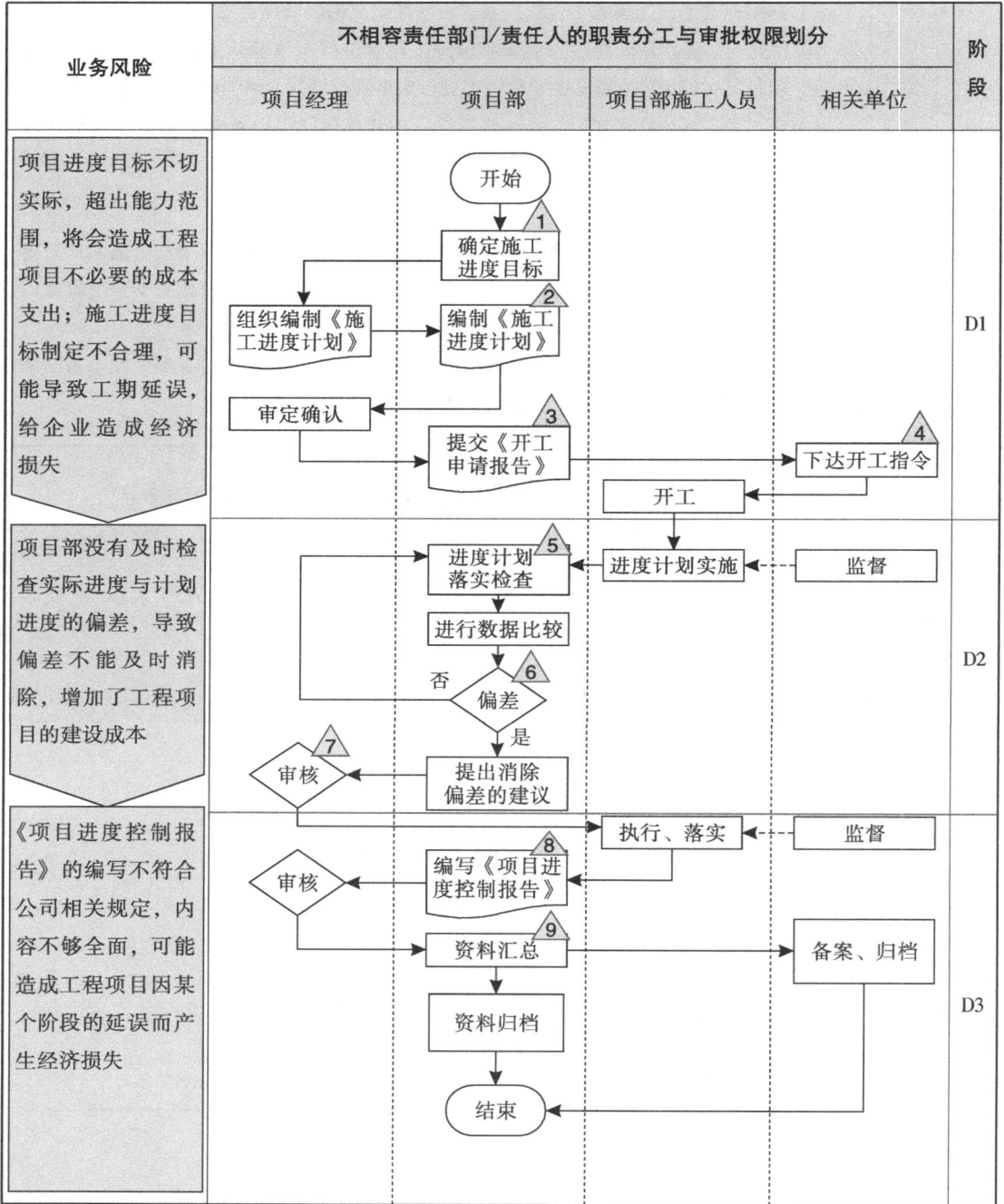

业务风险	不相容责任部门/责任人的职责分工与审批权限划分				阶段
	项目经理	项目部	项目部施工人员	相关单位	
项目进度目标不切实际，超出能力范围，将会造成工程项目不必要的成本支出；施工进度目标制定不合理，可能导致工期延误，给企业造成经济损失	组织编制《施工进度计划》 / 审定确认	开始 / ①确定施工进度目标 / ②编制《施工进度计划》 / ③提交《开工申请报告》	开工	④下达开工指令	D1
项目部没有及时检查实际进度与计划进度的偏差，导致偏差不能及时消除，增加了工程项目的建设成本	⑦审核	⑤进度计划落实检查 / 进行数据比较 / ⑥偏差 否 是 / 提出消除偏差的建议	进度计划实施	监督	D2
《项目进度控制报告》的编写不符合公司相关规定，内容不够全面，可能造成工程项目因某个阶段的延误而产生经济损失	审核 /	⑧编写《项目进度控制报告》 / ⑨资料汇总 / 资料归档 / 结束	执行、落实	监督 / 备案、归档	D3

2. 工程项目进度控制流程控制表

控制事项		详细描述及说明
阶段控制	D1	1. 项目部根据施工合同的开工日期、总工期和竣工日期确定施工进度目标 2. 项目部相关人员根据项目经理的安排、施工合同的要求和施工现场情况编制《施工进度计划》，并报项目经理审定 3. 项目部根据《建设工程施工合同》和《施工进度计划》向监理工程师提出开工申请，递交《开工申请报告》 4. 监理工程师根据合同和国家法律法规的要求、建设单位的进度控制情况和施工现场情况分析项目部开工日期的合理性，并下达开工指令
	D2	5. 项目部实时检查项目部施工人员进度计划的实施情况，并认真记录检查情况 6. 项目部根据施工人员记录的检查情况与进度计划进行对比，对存在偏差的，应提出消除偏差的建议；对不存在偏差的，应继续跟踪工作进度情况，及时发现问题、解决问题，确保进度计划按时完成 7. 项目经理对项目部提交的消除偏差的建议进行审核，认为可行和符合实际的，交由施工人员具体落实；认为有待完善的，返回项目部，项目部再重新进行分析和完善
	D3	8. 项目部根据总进度计划和具体的年、季度、月、旬进度计划要求，定期编写旬、月、季度、年的《项目进度控制报告》 9. 项目部对所有施工前和施工期间形成的进度资料进行全面汇总，形成完整的进度控制文件体系
相关规范	应建规范	🗐《项目进度控制办法》
	参照规范	🗐《企业内部控制应用指引》 🗐《企业会计准则——基本准则》
文件资料		🗐《建设工程施工合同》《施工进度计划》 🗐《开工申请报告》《项目进度控制报告》
责任部门及责任人		🗐 项目部、相关单位 🗐 项目经理、项目施工人员

11.4.5 工程项目成本控制流程

1. 工程项目成本控制流程与风险控制图

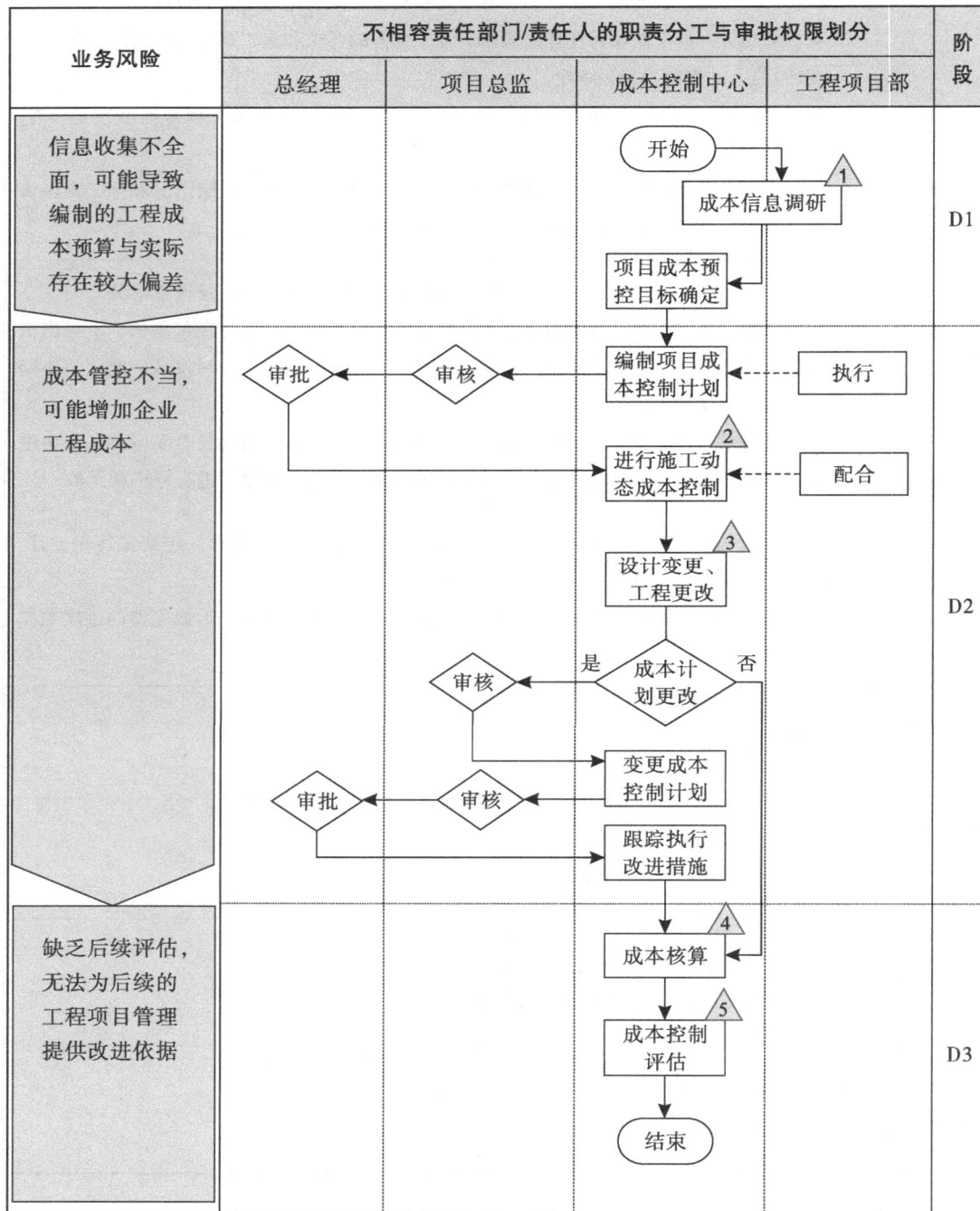

业务风险	不相容责任部门/责任人的职责分工与审批权限划分				阶段
	总经理	项目总监	成本控制中心	工程项目部	
信息收集不全面，可能导致编制的工程成本预算与实际存在较大偏差			开始 → 成本信息调研 ① 项目成本预控目标确定		D1
成本管控不当，可能增加企业工程成本	审批 ← 审核 ← 编制项目成本控制计划 进行施工动态成本控制 ② 设计变更、工程更改 ③ 成本计划更改（是/否） 审核 ← 变更成本控制计划 审批 ← 审核 ← 跟踪执行改进措施			执行 配合	D2
缺乏后续评估，无法为后续的工程项目管理提供改进依据			成本核算 ④ 成本控制评估 ⑤ 结束		D3

2. 工程项目成本管控流程控制表

控制事项		详细描述及说明
阶段控制	D1	1. 成本控制中心与工程项目部共同进行市场调研，包括该项目的设计要求、技术特点等对工程成本的影响，确保获取的信息真实、准确
	D2	2. 成本控制中心依据制订的成本控制计划对工程施工成本进行控制，防范项目成本超出预算 3. 成本控制中心按设计变更管理流程的规定，对通过可行性论证的设计变更进行成本估算，对超出成本目标的变更提出预警和控制要求
	D3	4. 成本控制中心归集成本金额，将实际发生额与目标成本作对比分析 5. 成本控制中心对比项目结算与成本控制计划书中相关的成本内容，汇总成本差异，分析差异产生的原因，评价成本管理工作的有效性
相关规范	应建规范	⬚《工程项目成本控制制度》
	参照规范	⬚《企业内部控制应用指引》
文件资料		⬚《工程成本分析报告》
责任部门及责任人		⬚ 成本控制中心、工程项目部 ⬚ 项目总监、成本控制中心经理、工程项目部员工

11.5 工程验收控制

11.5.1 工程竣工决算流程

1. 工程竣工决算流程与风险控制图

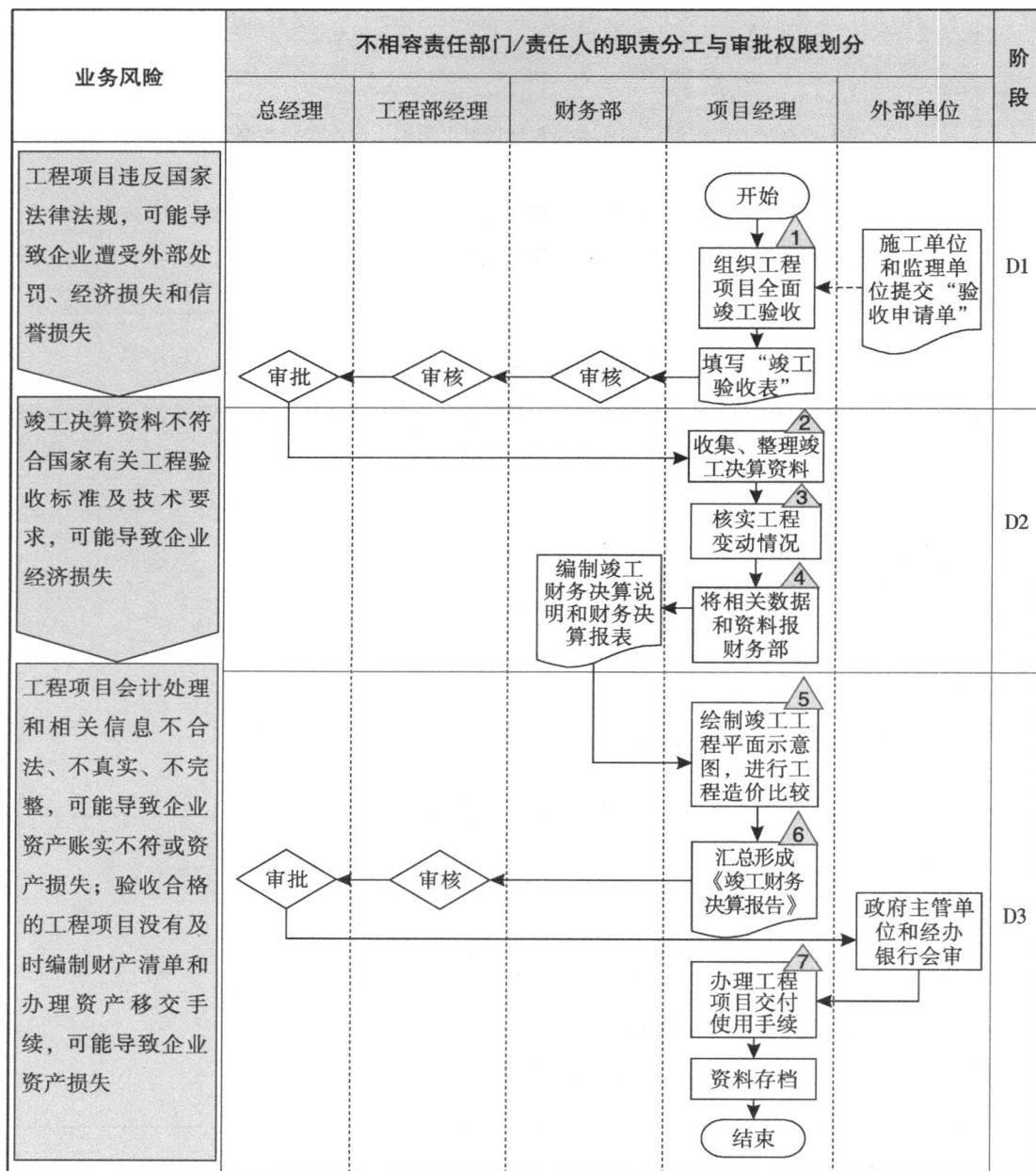

业务风险	不相容责任部门/责任人的职责分工与审批权限划分					阶段
	总经理	工程部经理	财务部	项目经理	外部单位	
工程项目违反国家法律法规，可能导致企业遭受外部处罚、经济损失和信誉损失	审批	审核	审核	开始 → ① 组织工程项目全面竣工验收 → 填写"竣工验收表"	施工单位和监理单位提交"验收申请单"	D1
竣工决算资料不符合国家有关工程验收标准及技术要求，可能导致企业经济损失			编制竣工财务决算说明和财务决算报表	② 收集、整理竣工决算资料 → ③ 核实工程变动情况 → ④ 将相关数据和资料报财务部		D2
工程项目会计处理和相关信息不合法、不真实、不完整，可能导致企业资产账实不符或资产损失；验收合格的工程项目没有及时编制财产清单和办理资产移交手续，可能导致企业资产损失	审批	审核		⑤ 绘制竣工工程平面示意图，进行工程造价比较 → ⑥ 汇总形成《竣工财务决算报告》 → ⑦ 办理工程项目交付使用手续 → 资料存档 → 结束	政府主管单位和经办银行会审	D3

2. 工程竣工决算流程控制表

控制事项		详细描述及说明
阶段控制	D1	1. 项目部接到申请后，提前做好竣工验收准备的各项工作
	D2	2. 项目部准备工程质量评定的各项资料 3. 项目部对预检合格的工程项目进行验收，对工程项目是否符合合同规定及相关工程施工标准进行检查 4. 财务部依据项目部提供的相关数据和资料编制竣工财务决算说明和财务决算报表
	D3	5. 项目经理对竣工项目的施工图纸、招投标书、招标答疑、《施工承包合同》、资质等级、设计变更和现场签证进行比较 6. 项目经理根据竣工财务决算说明和财务决算报表编制《竣工财务决算报告》，报送工程部经理审核、总经理审批 7. 《竣工财务决算报告》得到总经理审批后，交政府主管单位和经办银行会审
相关规范	应建规范	🗇《竣工决算控制制度》 🗇《竣工决算审计制度》
	参照规范	🗇《企业内部控制应用指引》 🗇《企业会计准则——基本准则》
文件资料		🗇 竣工验收表、竣工财务决算说明和财务决算报表 🗇《竣工财务决算报告》
责任部门及责任人		🗇 财务部、工程部、项目部 🗇 总经理、项目经理

11.5.2 竣工清理管理流程

1. 竣工清理管理流程与风险控制图

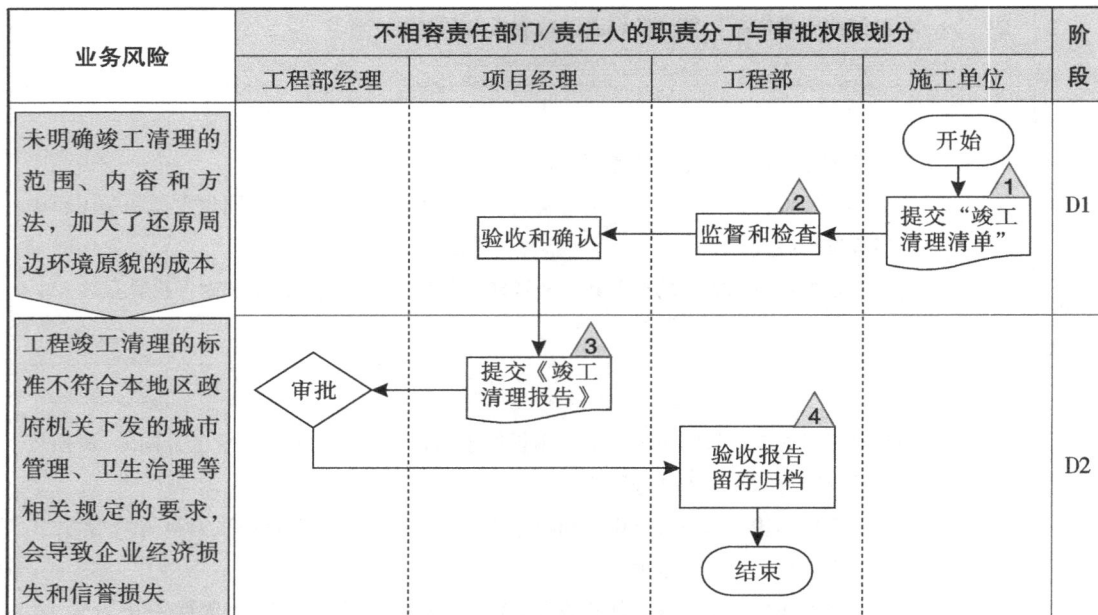

业务风险	不相容责任部门/责任人的职责分工与审批权限划分				阶段
	工程部经理	项目经理	工程部	施工单位	
未明确竣工清理的范围、内容和方法，加大了还原周边环境原貌的成本		验收和确认 ←	监督和检查 ②	开始 / 提交"竣工清理清单" ①	D1
工程竣工清理的标准不符合本地区政府机关下发的城市管理、卫生治理等相关规定的要求，会导致企业经济损失和信誉损失	审批 ←	提交《竣工清理报告》③	验收报告留存归档 ④ / 结束		D2

2. 竣工清理管理流程控制表

控制事项		详细描述及说明
阶段控制	D1	1. 工程开工前，由施工单位上交清理计划，明确竣工清理完成的相关事宜、期限
		2. 竣工验收准备阶段，工程部根据施工单位的清理计划进行监督和检查
	D2	3. 工程清理工作按计划完成后，由项目经理提交《竣工清理报告》
		4. 工程部经理审批《竣工清理报告》后留存，作为《竣工验收报告》的组成部分
相关规范	应建规范	❒《竣工清理制度》
		❒《工程竣工验收细则》
	参照规范	❒《企业内部控制应用指引》
		❒ 政府机关下发的城市管理、卫生治理等相关规定
文件资料		❒ 竣工清理清单
		❒《竣工清理报告》
责任部门及责任人		❒ 工程部、项目部和施工单位
		❒ 工程部经理、项目经理

11.5.3　工程竣工验收流程

1. 工程竣工验收流程与风险控制图

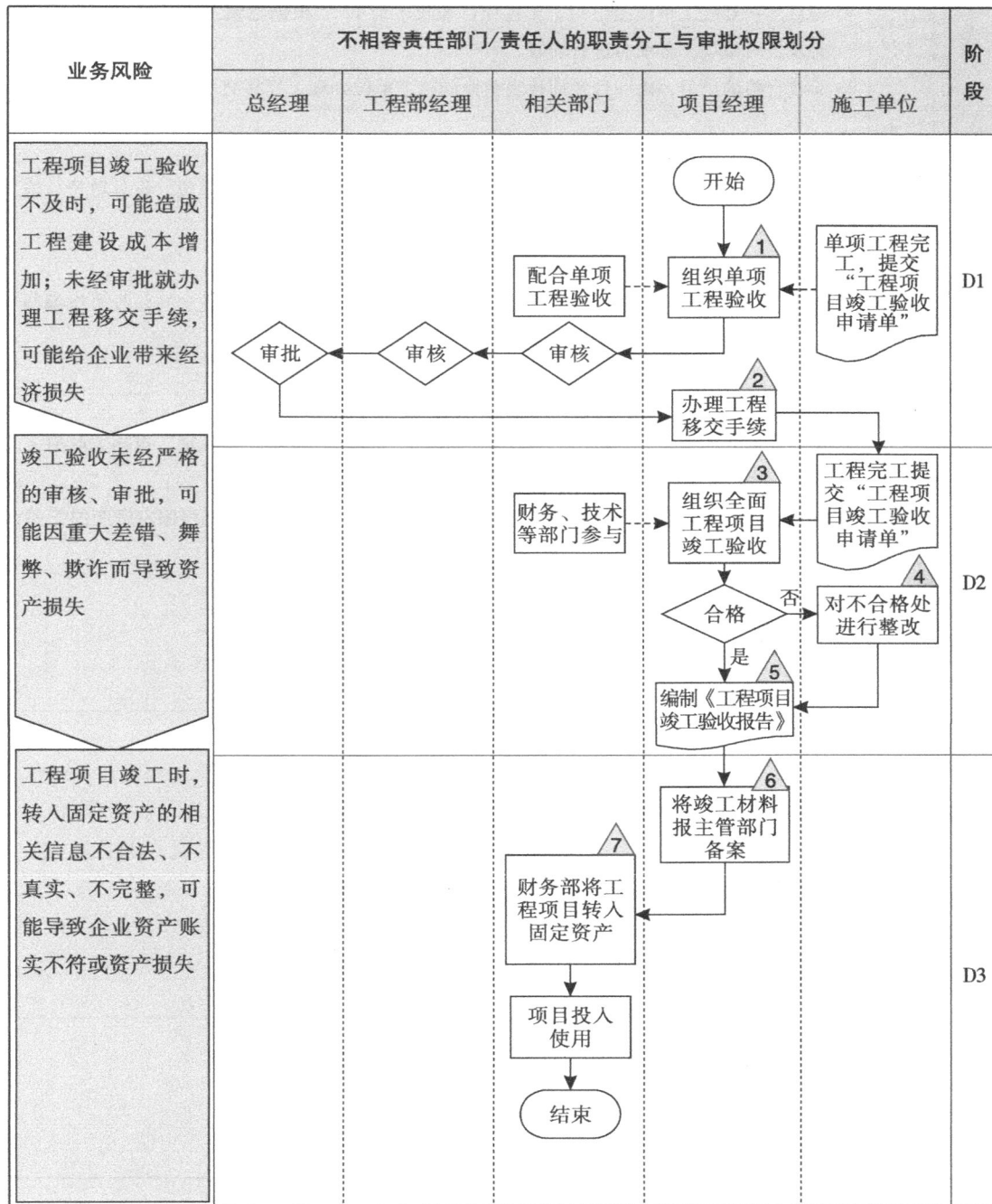

业务风险	不相容责任部门/责任人的职责分工与审批权限划分					阶段
	总经理	工程部经理	相关部门	项目经理	施工单位	
工程项目竣工验收不及时，可能造成工程建设成本增加；未经审批就办理工程移交手续，可能给企业带来经济损失	审批	审核	配合单项工程验收　审核	开始　①组织单项工程验收　②办理工程移交手续	单项工程完工，提交"工程项目竣工验收申请单"	D1
竣工验收未经严格的审核、审批，可能因重大差错、舞弊、欺诈而导致资产损失			财务、技术等部门参与	③组织全面工程项目竣工验收　合格　否　是　⑤编制《工程项目竣工验收报告》	工程完工提交"工程项目竣工验收申请单"　④对不合格处进行整改	D2
工程项目竣工时，转入固定资产的相关信息不合法、不真实、不完整，可能导致企业资产账实不符或资产损失			⑦财务部将工程项目转入固定资产	⑥将竣工材料报主管部门备案　项目投入使用　结束		D3

2. 工程竣工验收流程控制表

控制事项		详细描述及说明
阶段控制	D1	1. 项目部接到施工单位提出的"工程项目验收申请单"，根据建筑工程项目质量检验相关规定对单项工程项目进行验收 2. 验收合格的项目，由项目经理代表企业同施工单位办理工程移交手续
	D2	3. 项目经理受总经理授权组织企业内部相关部门、人员和外部勘察单位、设计单位、施工单位、监理单位等相关人员实施全面的工程项目竣工验收工作 4. 如果工程项目检验不合格，施工单位要对存在的问题进行整改 5. 如果工程项目经过验收，符合设计及质量要求，由项目经理组织成立的验收小组编制《工程项目竣工验收报告》，相关各方在验收报告上签字
	D3	6. 项目部备齐竣工图表、工程总结及其他相关资料文件，根据相关规定，报相关政府主管部门审批 7. 项目得到政府主管部门审批后，财务部办理固定资产移交手续，加强固定资产的管理
相关规范	应建规范	◻ 《竣工决算审计制度》 ◻ 《工程竣工验收细则》
	参照规范	◻ 国家或地方政府部门对安装工程竣工验收工作的相关规定 ◻ 《企业内部控制应用指引》
文件资料		◻ 工程项目验收申请单 ◻ 《竣工验收计划》 ◻ 《工程项目竣工验收报告》
责任部门及责任人		◻ 工程部、相关部门 ◻ 总经理、项目经理、工程部经理

第12章 企业内部控制流程——担保业务

12.1 调查评估与审批控制

12.1.1 担保业务综合管理流程

1. 担保业务综合管理流程与风险控制图

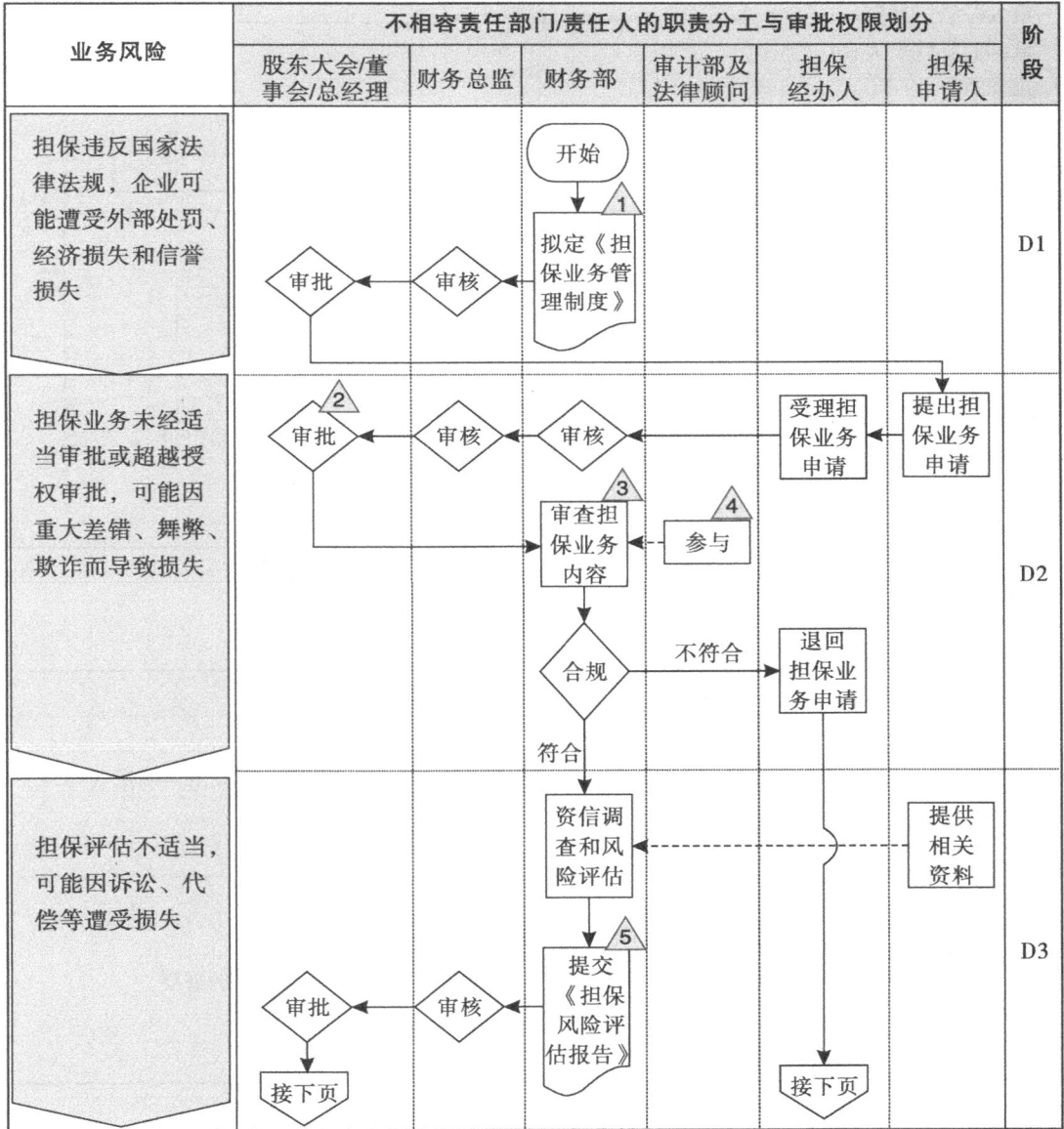

业务风险	不相容责任部门/责任人的职责分工与审批权限划分						阶段
	股东大会/董事会/总经理	财务总监	财务部	审计部及法律顾问	担保经办人	担保申请人	
担保违反国家法律法规，企业可能遭受外部处罚、经济损失和信誉损失	审批 ← 审核		开始 → ①拟定《担保业务管理制度》				D1
担保业务未经适当审批或超越授权审批，可能因重大差错、舞弊、欺诈而导致损失	②审批 ← 审核		审核 ← ③审查担保业务内容 ← ④参与 ← 合规 → 不符合		受理担保业务申请 → 退回担保业务申请	提出担保业务申请	D2
担保评估不适当，可能因诉讼、代偿等遭受损失	审批 ← 审核 ← 接下页		符合 → 资信调查和风险评估 → ⑤提交《担保风险评估报告》		接下页	提供相关资料	D3

（续）

业务风险	不相容责任部门/责任人的职责分工与审批权限划分						阶段
	股东大会/董事会/总经理	财务总监	财务部	审计部及法律顾问	担保经办人	担保申请人	
担保业务未经适当审批或超越授权审批，可能因重大差错、舞弊、欺诈而导致损失；担保执行监控不当，可能导致企业经营效率低下或资产遭受损失	承上页		⑥ 设定担保业务限额 → 执行担保业务 → ⑦ 终止担保关系 → 结束		承上页	签订担保合同	D4

2. 担保业务综合管理流程控制表

控制事项		详细描述及说明
阶段控制	D1	1. 为了防范担保业务风险，确保担保业务符合国家相关法律法规，企业需制定《担保业务管理制度》，对担保业务的开展进行规范
	D2	2. 企业各项担保业务必须经过董事会或股东大会批准 3. 审查担保业务是否符合国家有关法律法规及企业发展战略和经营的需要 4. 审计部及法务部相关人员参与对担保业务的审查

（续表）

控制事项		详细描述及说明
阶段控制	D3	5.《担保风险评估报告》的主要内容包括担保申请人提出担保的经济背景、接受担保业务的利弊分析、拒绝担保业务的利弊分析、担保业务的评估结论及建议等
	D4	6. 综合考虑担保业务的可接受风险水平，设定担保风险限额 7. 按照合同约定，及时终止担保关系
相关规范	应建规范	⊡《担保业务管理制度》
	参照规范	⊡《企业内部控制应用指引》 ⊡《中华人民共和国担保法》 ⊡《中华人民共和国合同法》
文件资料		⊡《担保风险评估报告》 ⊡ 担保合同
责任部门及责任人		⊡ 股东大会、董事会、财务部、审计部、法务部 ⊡ 董事长、总经理、财务总监、担保业务经办人、法律顾问

12.1.2 担保业务风险评估流程

1. 担保业务风险评估流程与风险控制图

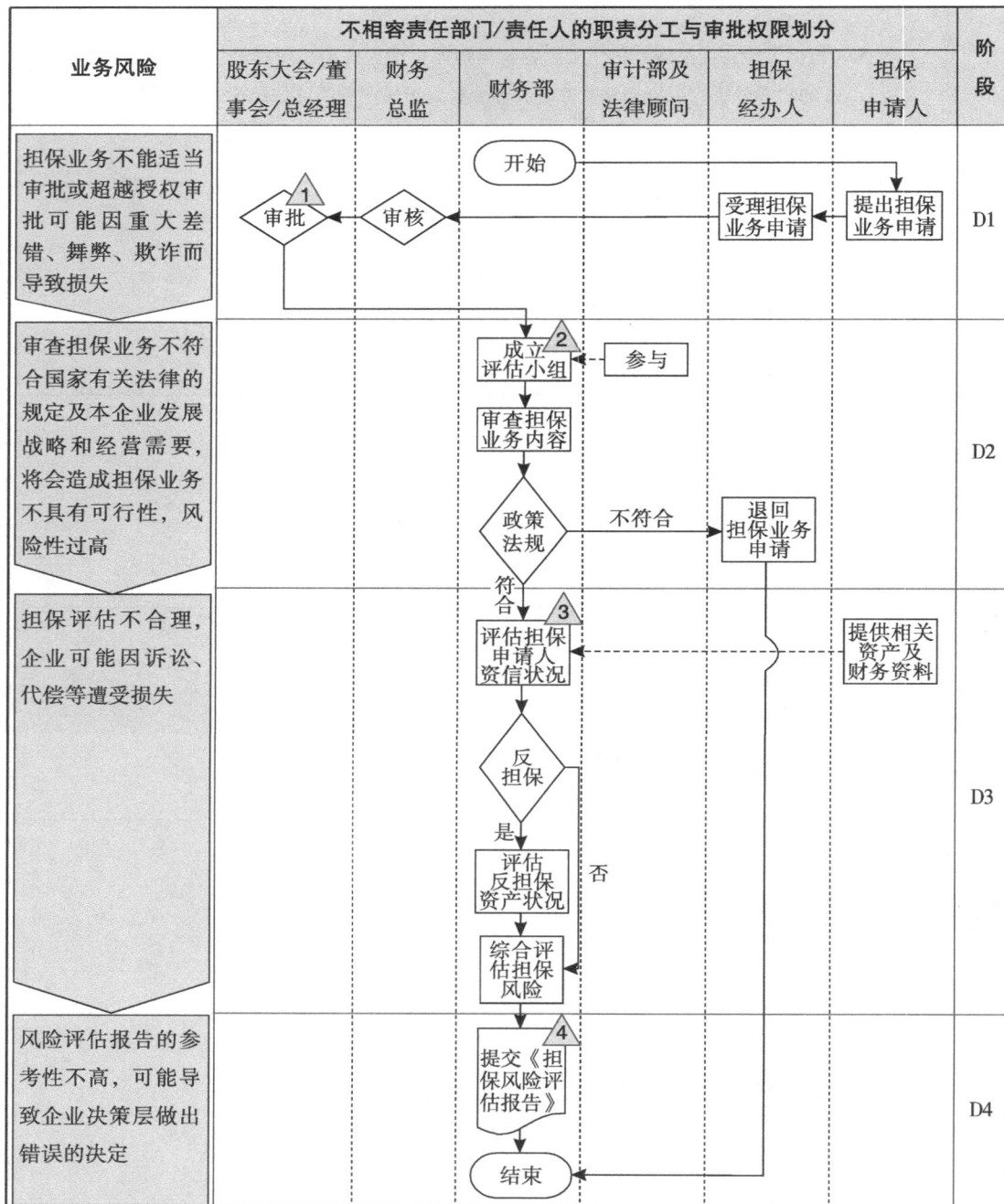

业务风险	不相容责任部门/责任人的职责分工与审批权限划分						阶段
	股东大会/董事会/总经理	财务总监	财务部	审计部及法律顾问	担保经办人	担保申请人	
担保业务不能适当审批或超越授权审批可能因重大差错、舞弊、欺诈而导致损失	◇1 审批 ← 审核		开始		受理担保业务申请 ←	提出担保业务申请	D1
审查担保业务不符合国家有关法律的规定及本企业发展战略和经营需要，将会造成担保业务不具有可行性，风险性过高			△2 成立评估小组 ┈ 参与 → 审查担保业务内容 → 政策法规 —不符合→ 退回担保业务申请 符合				D2
担保评估不合理，企业可能因诉讼、代偿等遭受损失			△3 评估担保申请人资信状况 → 反担保 是/否 → 评估反担保资产状况 → 综合评估担保风险			提供相关资产及财务资料	D3
风险评估报告的参考性不高，可能导致企业决策层做出错误的决定			△4 提交《担保风险评估报告》 → 结束				D4

2. 担保业务风险评估流程控制表

控制事项		详细描述及说明
阶段控制	D1	1. 企业各项担保业务必须经董事会或股东大会批准，任何其他部门或个人均无权代表企业提供担保业务
	D2	2. 成立风险评估小组，小组成员包括财务部、审计部及法务部相关人员。评估需要收集的资料主要包括以下六个方面 （1）申请担保人的营业执照、企业章程复印件、法定代表人身份证明、反映与本企业有关联关系的资料等 （2）担保申请书、担保业务资金使用计划或项目资料 （3）近＿＿年经审计的财务报告等财务资料 （4）申请担保人的资信等级评估报告及还款能力分析报告等 （5）申请担保人与债权人签订的主合同复印件 （6）申请担保人提供反担保的条件和相关资料
	D3	3. 申请担保人的资信状况评估内容一般包括申请人的基本情况、资产质量、经营情况、行业前景、偿债能力、信用状况，以及用于担保和第三方担保的资产及其权利归属情况等
	D4	4. 担保业务风险评估完成之后，由评估小组负责人撰写并提交《担保风险评估报告》
相关规范	应建规范	☐《担保业务管理制度》
	参照规范	☐《企业内部控制应用指引》 ☐《中华人民共和国担保法》
文件资料		☐《担保风险评估报告》
责任部门及责任人		☐ 股东大会、董事会、财务部、审计部 ☐ 董事长、总经理、财务总监、担保业务经办人、法律顾问

12.2 担保执行与监控

12.2.1 担保项目跟踪监督流程

1. 担保项目跟踪监督流程与风险控制图

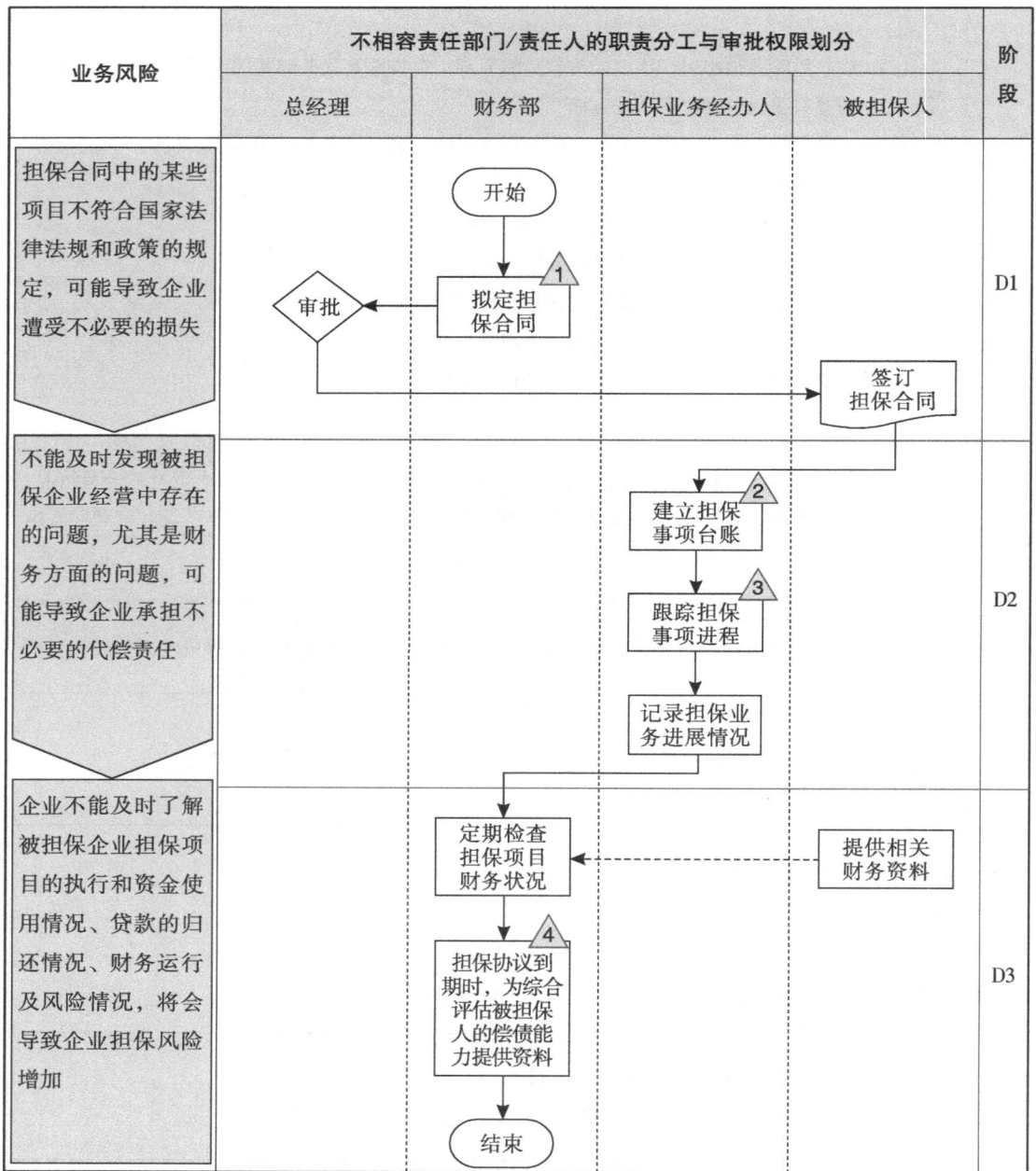

业务风险	不相容责任部门/责任人的职责分工与审批权限划分				阶段
	总经理	财务部	担保业务经办人	被担保人	
担保合同中的某些项目不符合国家法律法规和政策的规定，可能导致企业遭受不必要的损失	审批	开始 → 拟定担保合同 ①　→（审批）		签订担保合同	D1
不能及时发现被担保企业经营中存在的问题，尤其是财务方面的问题，可能导致企业承担不必要的代偿责任		建立担保事项台账 ② → 跟踪担保事项进程 ③ → 记录担保业务进展情况			D2
企业不能及时了解被担保企业担保项目的执行和资金使用情况、贷款的归还情况、财务运行及风险情况，将会导致企业担保风险增加		定期检查担保项目财务状况 → 担保协议到期时，为综合评估被担保人的偿债能力提供资料 ④ → 结束		提供相关财务资料	D3

2. 担保项目跟踪监督流程控制表

控制事项		详细描述及说明
阶段控制	D1	1. 为避免担保合同中某些项目不符合国家法律法规和政策的规定，企业拟定的担保合同应先由法律顾问审核
	D2	2. 建立担保事项台账，详细记录担保对象、金额、期限、用于抵押和质押的物品、权利和其他有关事项 3. 担保经办人员负责对担保项目的执行状况进行定期或不定期的跟踪和监督，主要包括监督检查时限和监督检查项目两个方面的内容。 （1）担保期限在＿＿年以内的，担保风险在＿＿级以上的担保项目，担保经办人员需每月跟踪检查一次 （2）担保期限在＿＿年以上的担保项目，担保经办人员至少每季度监督检查一次。监督检查的内容包括担保项目进度是否按照计划进行；被担保人的经营状况及财务状况是否正常；被担保人的资金是否按照担保合同的规定使用，有无挪用现象；被担保人的资金周转是否正常等
	D3	4. 担保合同到期时，财务部要提供被担保单位财务状况的说明
相关规范	应建规范	▢《担保执行管理制度》
	参照规范	▢《中华人民共和国担保法》 ▢《企业内部控制应用指引》 ▢《中华人民共和国公司法》 ▢《中华人民共和国合同法》
文件资料		▢《担保合同》《担保项目书》
责任部门及责任人		▢ 董事会、财务部 ▢ 董事长、总经理、担保业务经办人

12.2.2 担保项目信息披露流程

1. 担保项目信息披露流程与风险控制图

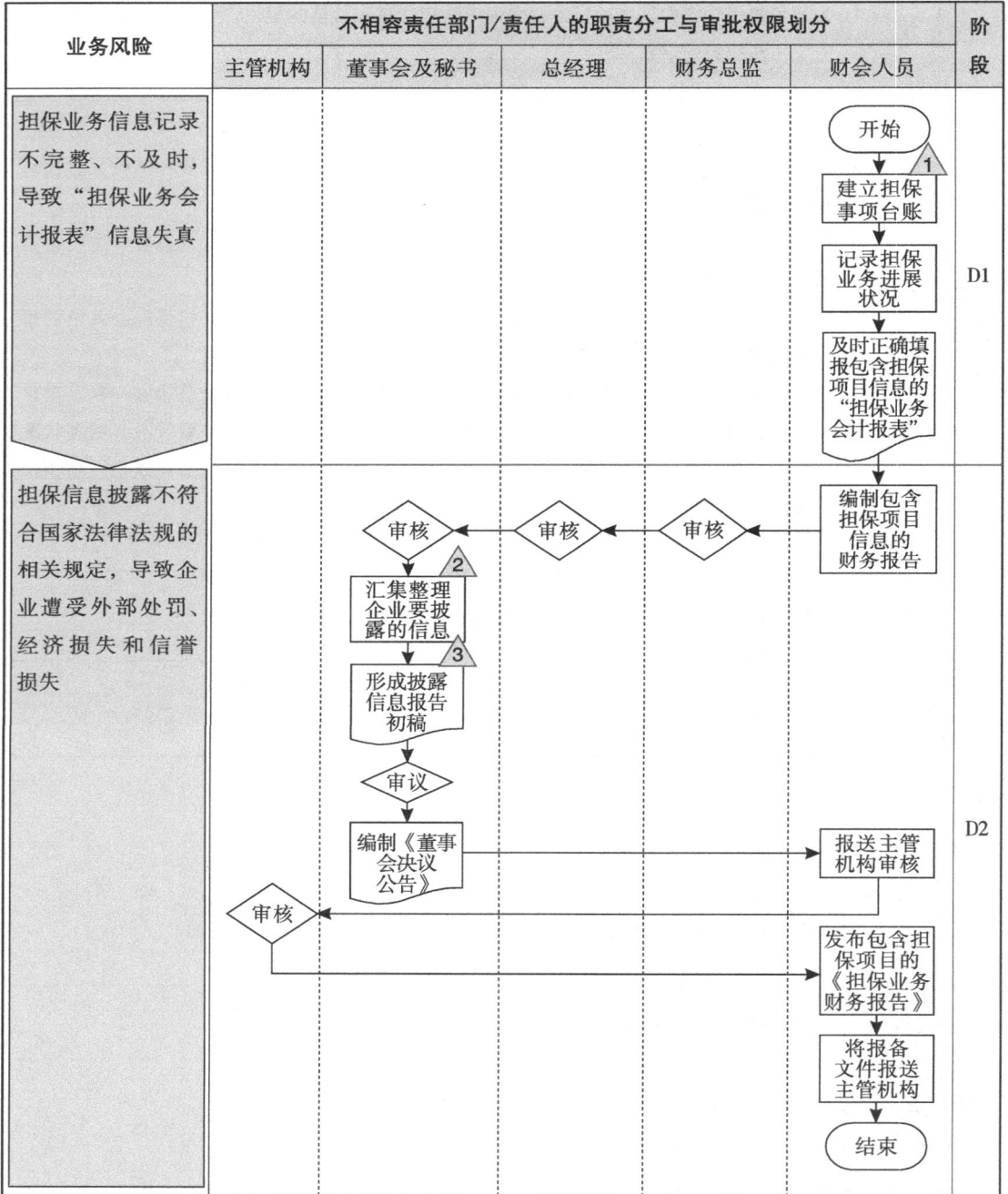

业务风险	不相容责任部门/责任人的职责分工与审批权限划分					阶段
	主管机构	董事会及秘书	总经理	财务总监	财会人员	
担保业务信息记录不完整、不及时，导致"担保业务会计报表"信息失真					开始 ① 建立担保事项台账 记录担保业务进展状况 及时正确填报包含担保项目信息的"担保业务会计报表"	D1
担保信息披露不符合国家法律法规的相关规定，导致企业遭受外部处罚、经济损失和信誉损失	审核 审核	审核 ② 汇集整理企业要披露的信息 ③ 形成披露信息报告初稿 审议 编制《董事会决议公告》	审核	审核	编制包含担保项目信息的财务报告 报送主管机构审核 发布包含担保项目的《担保业务财务报告》 将报备文件报送主管机构 结束	D2

178

2. 担保项目信息披露流程控制表

控制事项		详细描述及说明
阶段控制	D1	1. 企业应当建立担保事项台账，详细记录担保对象、金额、期限、用于抵押和质押的物品、权利和其他有关事项
	D2	2. 企业董事会秘书负责整理汇总需要披露的信息 3. 根据相关法律法规的要求和定期的财务报告，董事会秘书编写披露信息报告初稿，经过董事会审议之后，编制《董事会决议公告》，并把相关材料报送主管机构审核
相关规范	应建规范	🗋《担保业务管理制度》
	参照规范	🗋《中华人民共和国担保法》 🗋《中华人民共和国公司法》 🗋《企业内部控制应用指引》 🗋《内部会计控制规范——基本规范（试行）》
文件资料		🗋 担保业务会计报表 🗋 财务报告 🗋 披露信息报告初稿 🗋《董事会决议公告》
责任部门及责任人		🗋 董事会、董事会秘书处、财务部 🗋 总经理、财务总监、董事会秘书、财会人员

第13章 企业内部控制流程——业务外包

13.1 承包方选择控制

13.1.1 承包方资质审查流程

1. 承包方资质审查流程与风险控制图

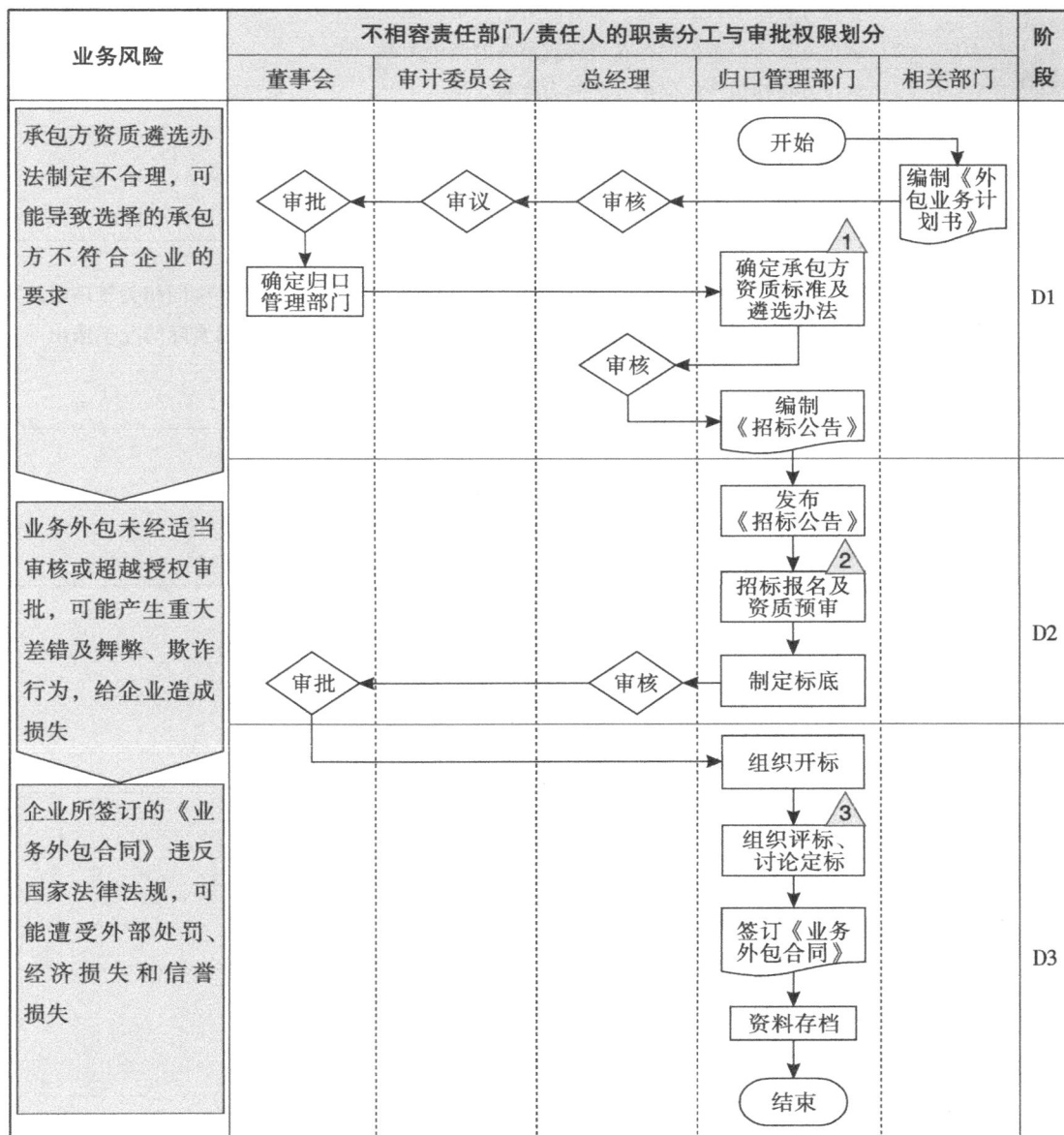

业务风险	不相容责任部门/责任人的职责分工与审批权限划分					阶段
	董事会	审计委员会	总经理	归口管理部门	相关部门	
承包方资质遴选办法制定不合理，可能导致选择的承包方不符合企业的要求	审批 → 确定归口管理部门	审议	审核	开始 ← 确定承包方资质标准及遴选办法 ① 审核 编制《招标公告》	编制《外包业务计划书》	D1
业务外包未经适当审核或超越授权审批，可能产生重大差错及舞弊、欺诈行为，给企业造成损失	审批		审核	发布《招标公告》 ② 招标报名及资质预审 制定标底		D2
企业所签订的《业务外包合同》违反国家法律法规，可能遭受外部处罚、经济损失和信誉损失				组织开标 ③ 组织评标、讨论定标 签订《业务外包合同》 资料存档 结束		D3

181

2. 承包方资质审查流程控制表

控制事项		详细描述及说明	
阶段控制	D1	1. 根据企业外包业务的性质确定承包方应具备的资质标准及遴选办法	
	D2	2. 归口管理部门对承包方进行资质预审，评估承包方的综合能力。评估因素主要包括以下五个方面 （1）承包方类似项目的经验、服务能力、资格认证和信誉 （2）承包方是否与本公司存在直接或潜在的竞争关系 （3）承包方在知识产权保护方面的力度和效果 （4）承包方的性能价格比是否合适 （5）其他因素	
	D3	3. 归口管理部门通过评估，对候选承包方的综合竞争力进行排名，并会同相关管理层及其他职能部门负责人分析与候选承包方建立外包合同的风险，根据实际情况挑选出一家或几家承包单位	
相关规范	应建规范	🗋《业务外包管理制度》	
	参照规范	🗋《企业内部控制应用指引》 🗋《中华人民共和国公司法》 🗋《中华人民共和国招标投标法》	
文件资料		🗋《外包业务计划书》 🗋《招标公告》 🗋《业务外包合同》	
责任部门及责任人		🗋 董事会、审计委员会、归口管理部门 🗋 董事长、总经理、归口管理部门相关人员	

13.1.2　外包业务计划书审核流程

1. 外包业务计划书审核流程与风险控制图

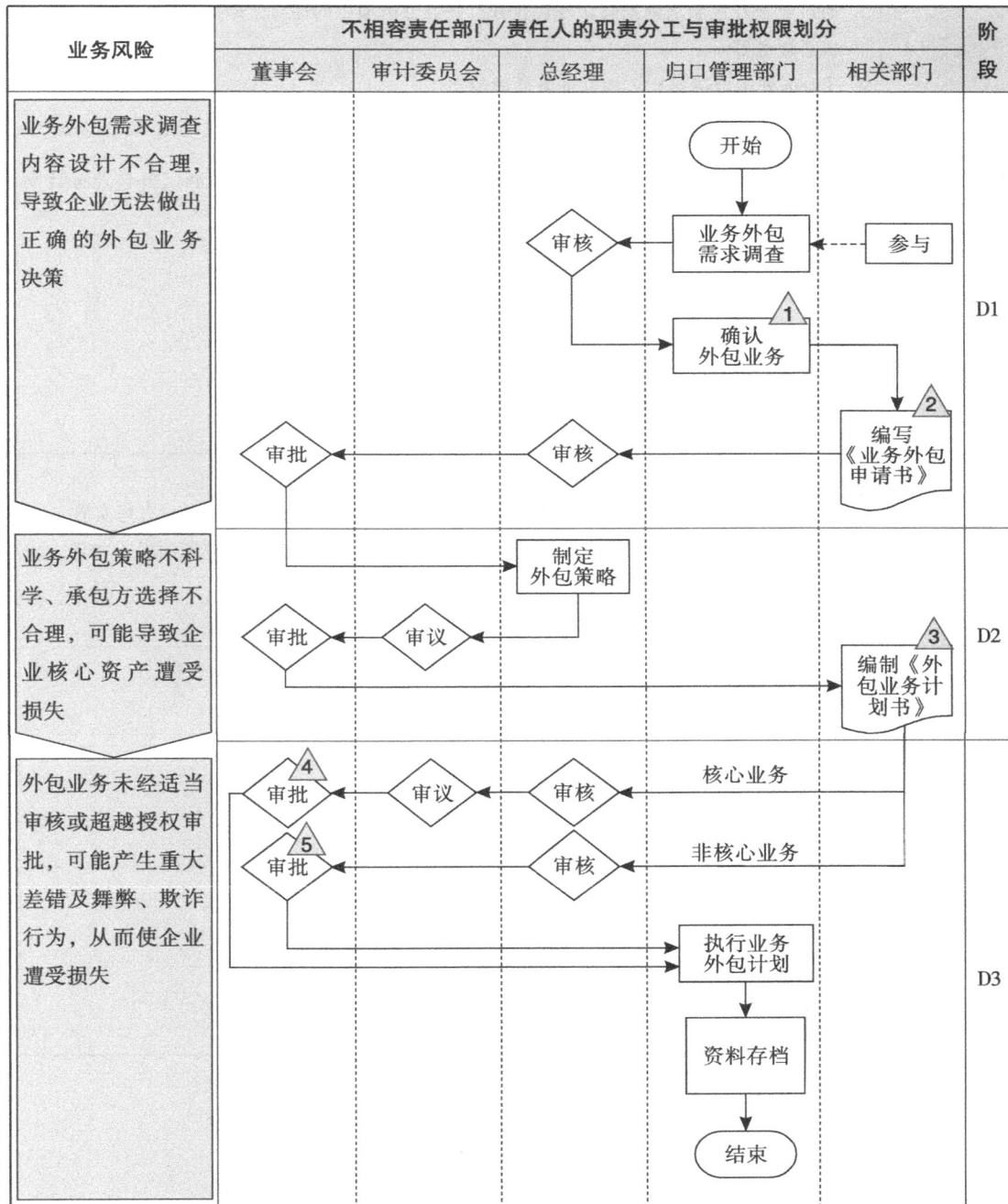

业务风险	不相容责任部门/责任人的职责分工与审批权限划分					阶段
	董事会	审计委员会	总经理	归口管理部门	相关部门	
业务外包需求调查内容设计不合理，导致企业无法做出正确的外包业务决策		审核		开始　业务外包需求调查　确认外包业务①　编写《业务外包申请书》②	参与	D1
	审批		审核			
业务外包策略不科学、承包方选择不合理，可能导致企业核心资产遭受损失	审批	审议	制定外包策略		编制《外包业务计划书》③	D2
外包业务未经适当审核或超越授权审批，可能产生重大差错及舞弊、欺诈行为，从而使企业遭受损失	审批④ 审批⑤	审议	审核 核心业务 审核 非核心业务	执行业务外包计划　资料存档　结束		D3

2. 外包业务计划书审核流程控制表

控制事项		详细描述及说明
阶段控制	D1	1. 通过业务外包需求调查确认外包业务，并且分析项目的性质，即属于核心业务还是非核心业务等 2. 《业务外包申请书》要根据业务性质编写
	D2	3. 企业在确定业务外包内容后，指定与该项业务相关的职能部门编制《外包业务计划书》，主要包括以下内容 （1）业务外包的背景，如企业外部环境要求及企业中长期发展战略 （2）业务外包是部分外包还是全部项目外包 （3）业务外包的具体实施程序 （4）业务外包的主要风险和预期收益 （5）其他相关内容
	D3	4. 企业重大或核心业务外包应当提交审计委员会审议，董事会审批通过后方可实施 5. 非核心业务或涉及金额较小的业务外包，应当由相关部门在授权范围内提出申请，报总经理审核、董事长审批通过后实施
相关规范	应建规范	☐《业务外包管理制度》
	参照规范	☐《企业内部控制应用指引》
文件资料		☐《业务外包需求调查计划》 ☐《业务外包需求调查报告》 ☐《业务外包申请书》
责任部门及责任人		☐ 董事会、审计委员会、归口管理部门 ☐ 董事长、总经理、归口管理部门相关人员

13.2　业务外包实施控制

13.2.1　业务外包管理控制流程

1. 业务外包管理控制流程图

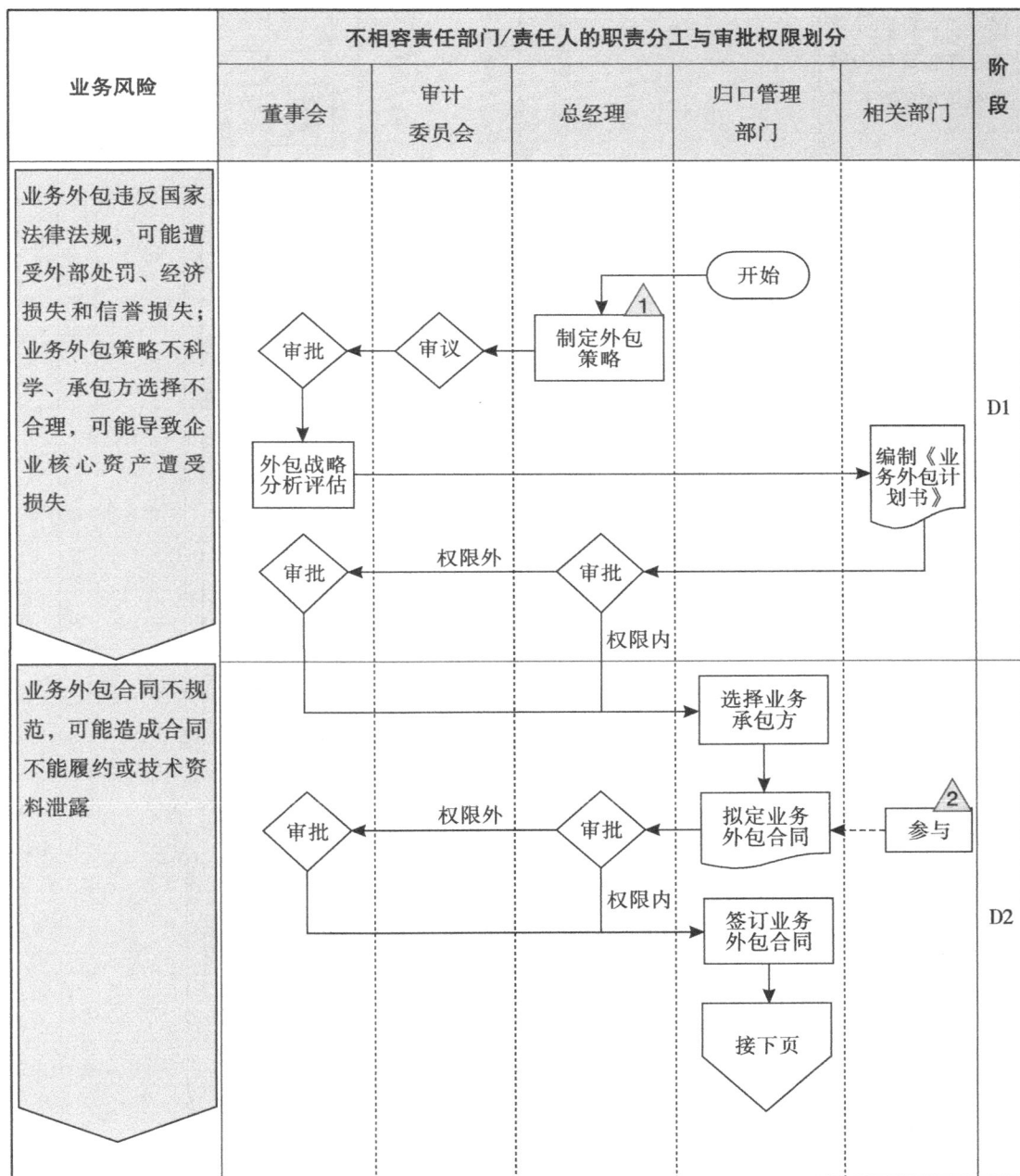

业务风险	不相容责任部门/责任人的职责分工与审批权限划分					阶段
	董事会	审计委员会	总经理	归口管理部门	相关部门	
业务外包违反国家法律法规，可能遭受外部处罚、经济损失和信誉损失；业务外包策略不科学、承包方选择不合理，可能导致企业核心资产遭受损失	审批　外包战略分析评估　审批	审议	制定外包策略（1）　审批（权限外）　审批（权限内）	编制《业务外包计划书》		D1
业务外包合同不规范，可能造成合同不能履约或技术资料泄露	审批		选择业务承包方　拟定业务外包合同　审批（权限外）　审批（权限内）　签订业务外包合同　接下页		参与（2）	D2

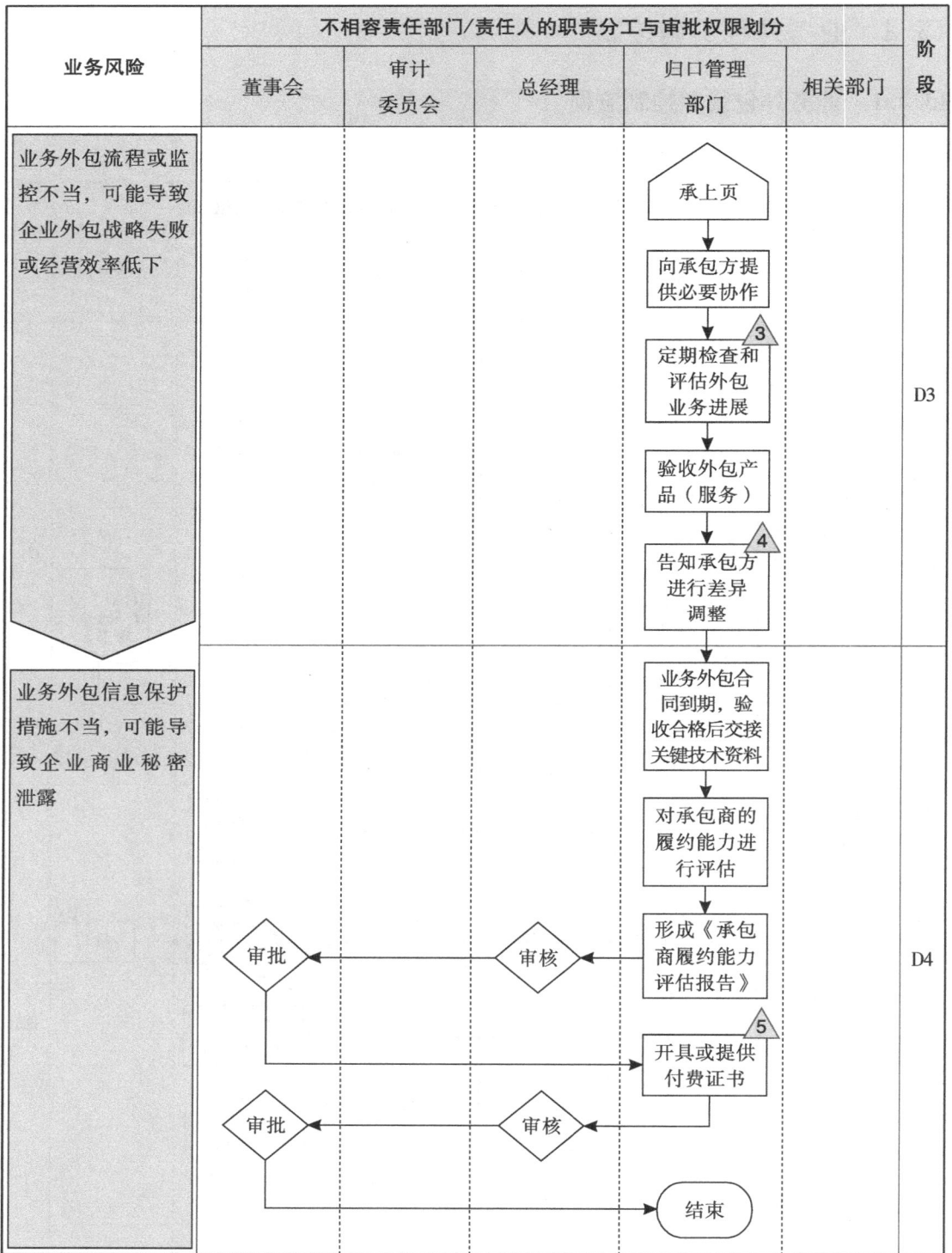

（续）

业务风险	不相容责任部门/责任人的职责分工与审批权限划分					阶段
	董事会	审计委员会	总经理	归口管理部门	相关部门	
业务外包流程或监控不当，可能导致企业外包战略失败或经营效率低下				承上页 → 向承包方提供必要协作 → ③定期检查和评估外包业务进展 → 验收外包产品（服务） → ④告知承包方进行差异调整		D3
业务外包信息保护措施不当，可能导致企业商业秘密泄露	审批 ← ... 审批 ←		审核 ← ... 审核 ←	业务外包合同到期，验收合格后交接关键技术资料 → 对承包商的履约能力进行评估 → 形成《承包商履约能力评估报告》 → ⑤开具或提供付费证书 → 结束		D4

186

2. 业务外包管理控制流程控制表

控制事项		详细描述及说明
阶段控制	D1	1. 企业在决定是否将业务外包时，应考虑以下三个方面的因素 （1）本企业是否不具备开展外包业务的设备、生产系统、专业人员及专门技术 （2）是否可以降低成本 （3）是否能够产生比自己运作更多的利益
	D2	2. 企业在拟定外包合同时，相关部门的专业人员要参与其中，保证合同条款不违反国家的法律法规
	D3	3. 归口管理部门根据合同约定，为承包方提供必要的协作条件，并指定专人定期检查和评估项目进展情况 4. 项目结束或合同到期时，归口管理部门负责对外包业务产品（服务）进行验收。如出现承包方最终提供的产品（服务）与合同约定不一致时，及时告知承包方进行调整
	D4	5. 与承包方就最终产品（服务）达成一致后，由承包方提交费用支付申请，归口管理部门就申请书的合理性进行审核，审核通过后开具付款凭证，按照公司规定程序审批，支付承包方费用
相关规范	应建规范	□《业务外包管理制度》
	参照规范	□《中华人民共和国招标投标法》 □《内部会计控制规范——基本规范（试行）》 □《中华人民共和国合同法》
文件资料		□《业务外包计划书》 □《业务外包合同》 □《承包商履约能力评估报告》
责任部门及责任人		□ 董事会、审计委员会、归口管理部门 □ 董事长、总经理、归口管理部门相关人员

13.2.2　非核心业务外包申请流程

1. 非核心业务外包申请流程与风险控制图

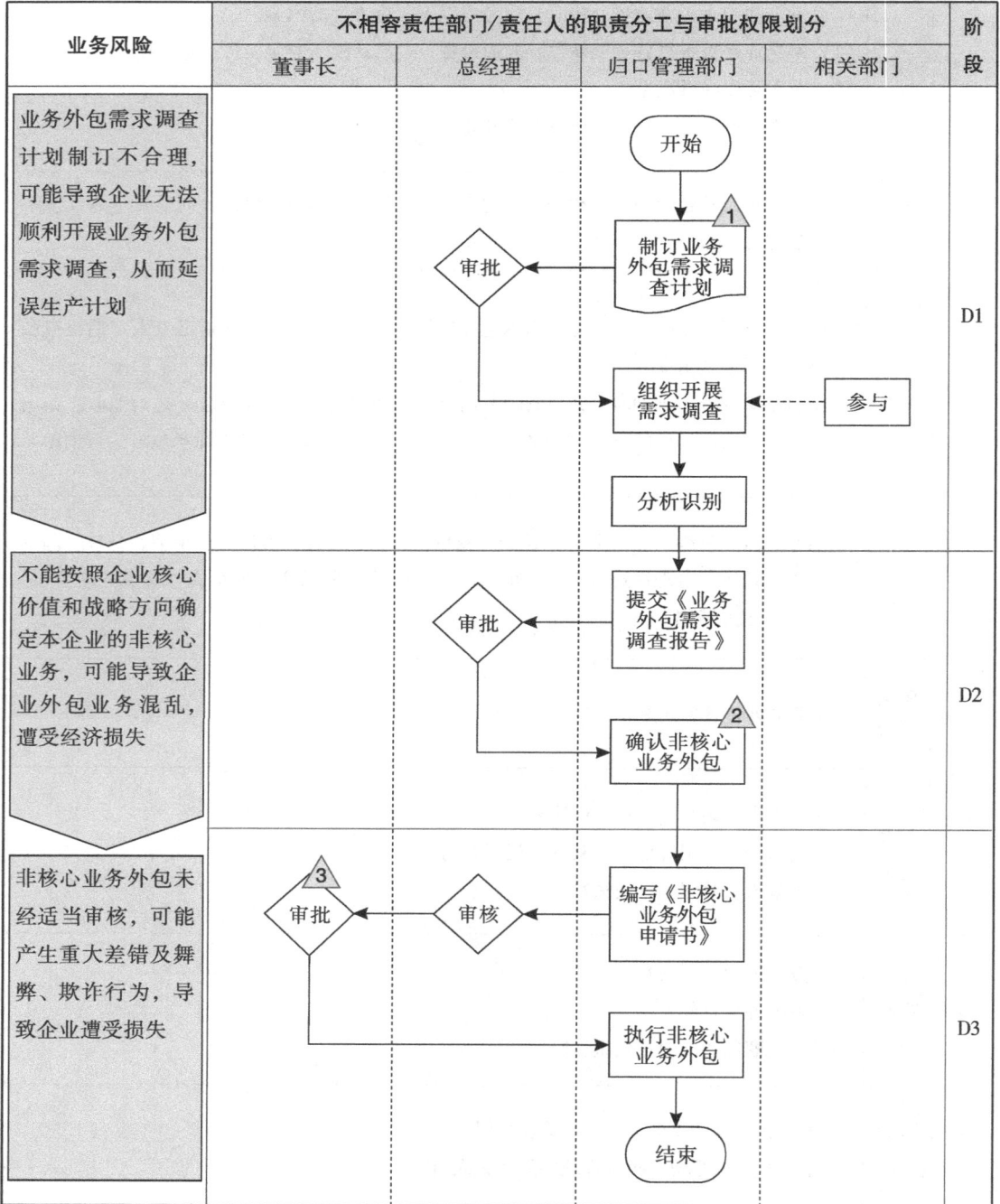

业务风险	不相容责任部门/责任人的职责分工与审批权限划分				阶段
	董事长	总经理	归口管理部门	相关部门	
业务外包需求调查计划制订不合理，可能导致企业无法顺利开展业务外包需求调查，从而延误生产计划		审批	开始 → ①制订业务外包需求调查计划 → 组织开展需求调查 → 分析识别	参与	D1
不能按照企业核心价值和战略方向确定本企业的非核心业务，可能导致企业外包业务混乱，遭受经济损失		审批	提交《业务外包需求调查报告》 → ②确认非核心业务外包		D2
非核心业务外包未经适当审核，可能产生重大差错及舞弊、欺诈行为，导致企业遭受损失	③审批	审核	编写《非核心业务外包申请书》 → 执行非核心业务外包 → 结束		D3

2. 非核心业务外包申请流程控制表

控制事项		详细描述及说明
阶段控制	D1	1. 企业根据自身的实际生产状况及年度生产计划制订业务外包需求调查计划，确定外包业务的范围和目标
	D2	2. 按照核心能力的关联度划分外包业务类型，当关联度超过某个特定值时就将其定为核心业务，反之就是非核心业务
	D3	3. 非核心业务或涉及金额较小的业务外包，应当由相关部门在授权范围内提出申请，报董事长审批通过后实施
相关规范	应建规范	❐《业务外包管理制度》
	参照规范	❐《企业内部控制应用指引》 ❐《中华人民共和国公司法》 ❐《中华人民共和国合同法》
文件资料		❐《业务外包需求调查计划》 ❐《业务外包需求调查报告》
责任部门及责任人		❐ 归口管理部门 ❐ 董事长、总经理、归口管理部门相关人员

13.2.3 外包业务索赔申请流程

1. 外包业务索赔申请流程与风险控制图

业务风险	不相容责任部门/责任人的职责分工与审批权限划分				阶段
	总经理	外部机构	归口管理部门	承包商	

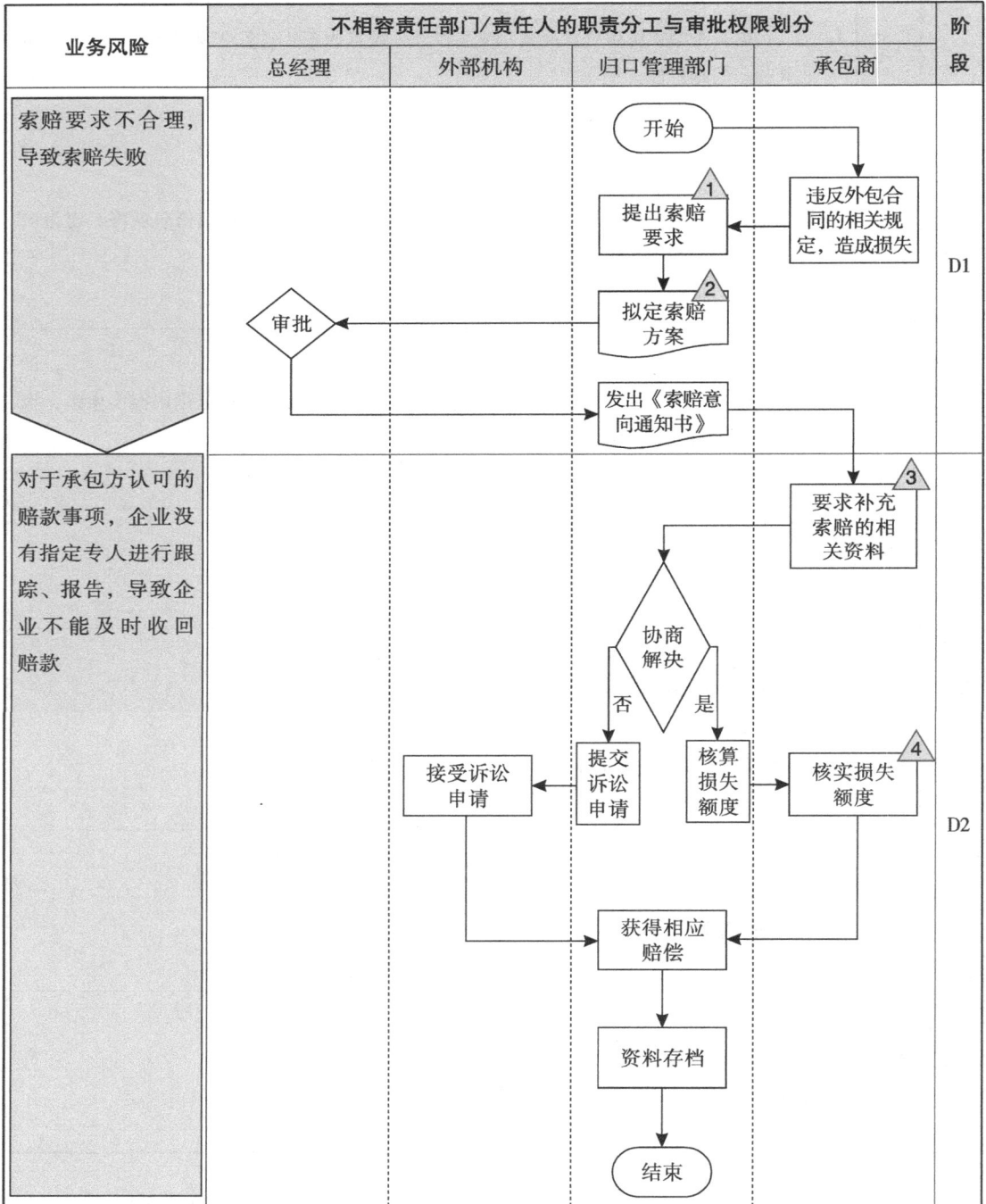

索赔要求不合理，导致索赔失败

对于承包方认可的赔款事项，企业没有指定专人进行跟踪、报告，导致企业不能及时收回赔款

开始 → 违反外包合同的相关规定，造成损失 → 提出索赔要求 → 拟定索赔方案 → 审批 → 发出《索赔意向通知书》 → 要求补充索赔的相关资料 → 协商解决 → 接受诉讼申请 / 提交诉讼申请 / 核算损失额度 / 核实损失额度 → 获得相应赔偿 → 资料存档 → 结束

D1 / D2

2. 外包业务索赔申请流程控制表

控制事项		详细描述及说明
阶段控制	D1	1. 企业若确定承包单位违反了合同规定，应当在一定期限内及时提出索赔要求 2. 归口管理部门确认损失后，拟定索赔方案并上报总经理审批
	D2	3. 归口管理部门发出《索赔意向通知书》，整理相关证明资料作为索赔依据 4. 企业核算损失额度，并提供相关材料给承包单位，请其核实，核实无误后协商解决
相关规范	应建规范	⬄《业务外包管理制度》
	参照规范	⬄《企业内部控制应用指引》 ⬄《内部会计控制规范——基本规范（试行）》 ⬄《中华人民共和国合同法》 ⬄《中华人民共和国民事诉讼法》
文件资料		⬄ 索赔方案 ⬄《索赔意向通知书》
责任部门及责任人		⬄ 归口管理部门 ⬄ 总经理、财务人员

13.2.4　承包商履约能力评估流程

1. 承包商履约能力评估流程与风险控制图

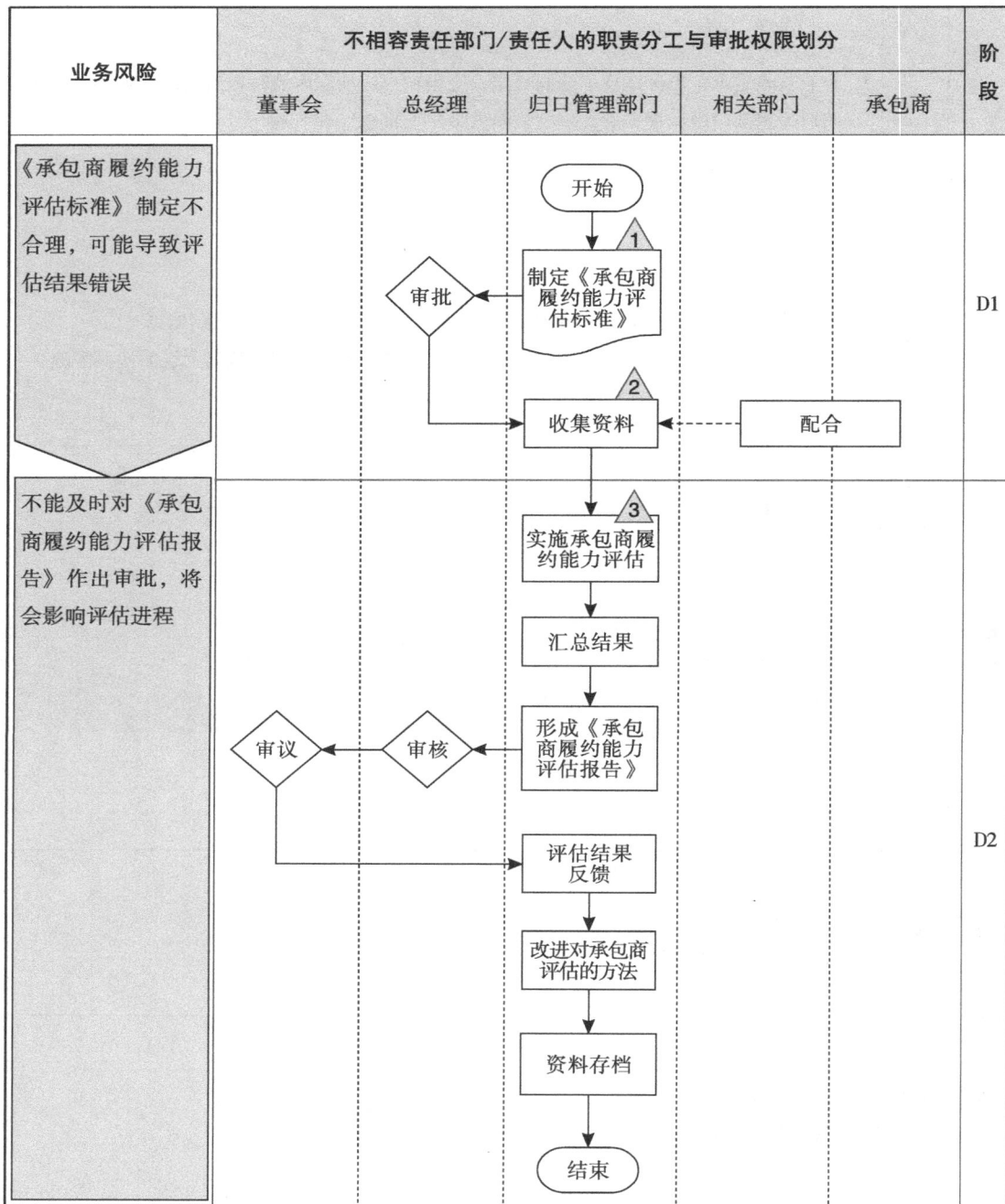

业务风险	不相容责任部门/责任人的职责分工与审批权限划分					阶段
	董事会	总经理	归口管理部门	相关部门	承包商	
《承包商履约能力评估标准》制定不合理，可能导致评估结果错误			开始 ↓ ① 制定《承包商履约能力评估标准》→ 审批 ↓ ② 收集资料 ← 配合			D1
不能及时对《承包商履约能力评估报告》作出审批，将会影响评估进程	审议	审核	③ 实施承包商履约能力评估 ↓ 汇总结果 ↓ 形成《承包商履约能力评估报告》 ↓ 评估结果反馈 ↓ 改进对承包商评估的方法 ↓ 资料存档 ↓ 结束			D2

2. 承包商履约能力评估流程控制表

控制事项		详细描述及说明
阶段控制	D1	1. 归口管理部门拟定《承包商履约能力评估标准》，该标准交由归口管理部门负责人审核并提出相应的修改意见，提交总经理审批 2. 归口管理部门安排相关人员收集资料，包括生产部提供的《承包商生产进度报告》、质检部提供的《产品检验报告》、财务部提供的《成本费用报告》等
	D2	3. 承包商履约能力的评估内容主要包括三个方面：承包商的生产进度情况、送检的产品质量情况、生产费用的控制情况
相关规范	应建规范	🗇《承包商履约能力评估标准》
	参照规范	🗇《企业内部控制应用指引》 🗇《内部会计控制规范——基本规范（试行）》 🗇《中华人民共和国合同法》
文件资料		🗇《承包商履约能力评估报告》
责任部门及责任人		🗇 董事会、归口管理部门、生产部、财务部、质检部 🗇 董事长、总经理、归口管理部门负责人

第14章　企业内部控制流程——财务报告

14.1　财务报告编制控制

14.1.1　年度财务报告编制流程

1. 年度财务报告编制流程与风险控制图

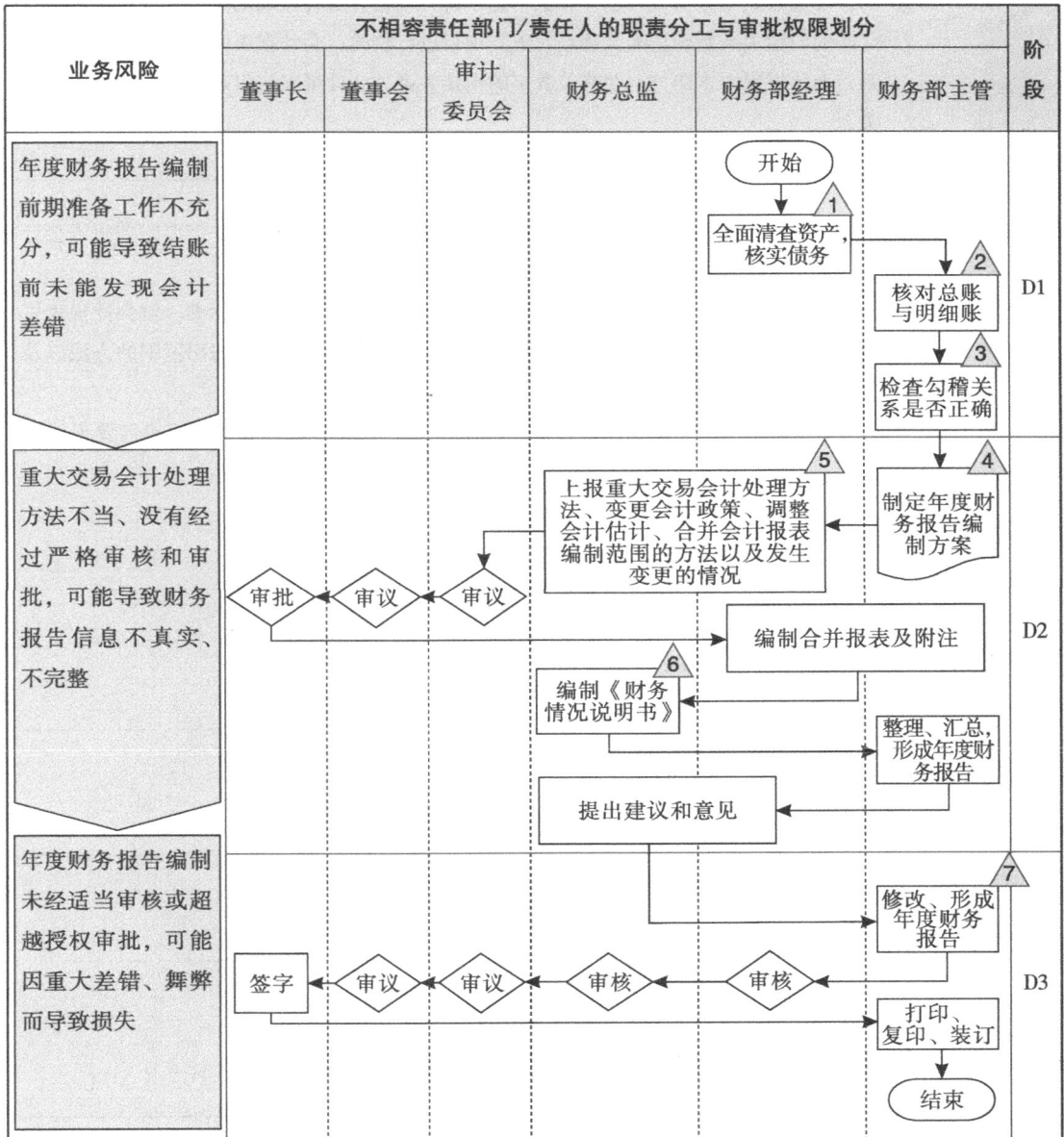

业务风险	不相容责任部门/责任人的职责分工与审批权限划分						阶段
	董事长	董事会	审计委员会	财务总监	财务部经理	财务部主管	
年度财务报告编制前期准备工作不充分，可能导致结账前未能发现会计差错					开始 ↓ ①全面清查资产，核实债务	②核对总账与明细账 ③检查勾稽关系是否正确	D1
重大交易会计处理方法不当、没有经过严格审核和审批，可能导致财务报告信息不真实、不完整	审批 ←	审议 ←	审议 ←	⑤上报重大交易会计处理方法、变更会计政策、调整会计估计、合并会计报表编制范围的方法以及发生变更的情况	编制合并报表及附注 ⑥编制《财务情况说明书》 提出建议和意见	④制定年度财务报告编制方案 整理、汇总，形成年度财务报告	D2
年度财务报告编制未经适当审核或超越授权审批，可能因重大差错、舞弊而导致损失	签字 ←	审议 ←	审议 ←	审核 ←	审核 ←	⑦修改、形成年度财务报告 打印、复印、装订 ↓ 结束	D3

2. 年度财务报告编制流程控制表

控制事项		详细描述及说明
阶段控制	D1	1. 财务部在编制年度财务报告前，应当全面进行资产清查、减值测试和债务核实 2. 财务部人员将会计账簿的记录与实物资产、会计凭证、往来单位或者个人等进行核对，保证账证相符、账账相符、账实相符 3. 财务部通过人工分析或利用计算机信息系统自动检查会计报表之间、会计报表各项目之间的勾稽关系是否正确，重点对下列项目进行校验：会计报表内有关项目的对应关系，会计报表中本期与上期有关数字的衔接关系，会计报表与附表之间的平衡及勾稽关系
	D2	4. 财务部制定年度财务报告编制方案，明确年度财务报告编制方法、年度财务报告会计调整政策、披露政策及报告的时间要求等 5. 企业应当制定对会计报表可能产生重大影响的交易或事项的判断标准。对会计报表可能产生重大影响的交易或事项应将会计处理方法、合并会计报表编制范围的方法以及发生变更的情况及时提交审计委员会和董事会审议 6. 财务总监应真实、完整地在会计报表附注和《财务情况说明书》中记录需要说明的事项
	D3	7. 财务主管根据审议结果和审核意见修改、编制年度财务报告
相关规范	应建规范	🗇《财务报告编制管理规范》
	参照规范	🗇《企业内部控制应用指引》
文件资料		🗇 年度财务报告编制方案、年度财务报告
责任部门及责任人		🗇 董事会、审计委员会、财务部 🗇 董事长、财务总监、财务部经理、财务部主管

14.1.2　母子公司合并财务报表编制流程

1. 母子公司合并财务报表编制流程与风险控制图

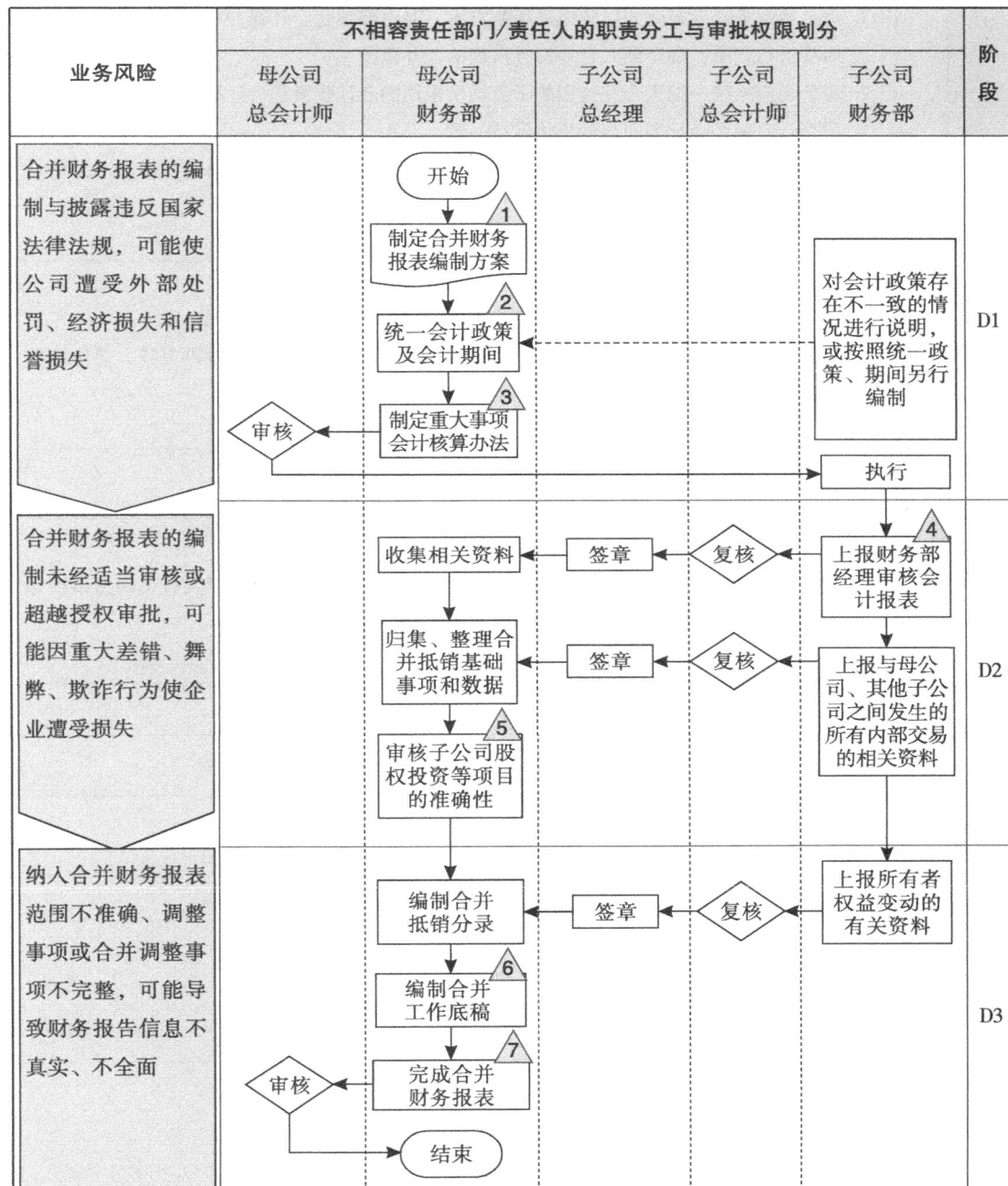

业务风险	不相容责任部门/责任人的职责分工与审批权限划分					阶段
	母公司 总会计师	母公司 财务部	子公司 总经理	子公司 总会计师	子公司 财务部	
合并财务报表的编制与披露违反国家法律法规，可能使公司遭受外部处罚、经济损失和信誉损失	审核	开始 ① 制定合并财务报表编制方案 ② 统一会计政策及会计期间 ③ 制定重大事项会计核算办法			对会计政策存在不一致的情况进行说明，或按照统一政策、期间另行编制 执行	D1
合并财务报表的编制未经适当审核或超越授权审批，可能因重大差错、舞弊、欺诈行为使企业遭受损失		收集相关资料 归集、整理合并抵销基础事项和数据 ⑤ 审核子公司股权投资等项目的准确性	签章 签章	复核 复核	④ 上报财务部经理审核会计报表 上报与母公司、其他子公司之间发生的所有内部交易的相关资料	D2
纳入合并财务报表范围不准确、调整事项或合并调整事项不完整，可能导致财务报告信息不真实、不全面	审核	编制合并抵销分录 ⑥ 编制合并工作底稿 ⑦ 完成合并财务报表 结束	签章	复核	上报所有者权益变动的有关资料	D3

2. 母子公司合并财务报表编制流程控制表

控制事项		详细描述及说明
阶段控制	D1	1. 母公司财务部制定合并财务报表编制方案，对内部整合、外部并购、股份划转等交易事项进行判断，确定纳入合并财务报表的合并范围 2. 母公司应当统一纳入合并范围的子公司所采用的会计政策和会计期间，使子公司采用的会计政策和会计期间与母公司保持一致 3. 由母公司财务部统一制定合理合法的会计核算办法，经财会部门负责人审核、总会计师审批后下发至各相关子公司执行
	D2	4. 子公司财务部收集、审核子公司会计报表，并汇总本公司会计报表 5. 子公司报送母公司的会计报表由子公司财务部负责人审核，总会计师复核，总经理签章，确保其完整、准确并符合编制要求
	D3	6. 母公司依据纳入合并范围子公司的会计报表及相关数据资料，对纳入合并范围的子公司的股权投资项目和其他项目的准确性进行审核 7. 母公司财务部根据合并范围内子公司的会计报表、合并抵销分录以及有关调整事项等资料，按照国家统一的会计准则制度的规定编制合并财务报表
相关规范	应建规范	☐《财务报告编制与披露岗位责任制度》 ☐《母子公司合并财务报表编制规范》《子公司重大事项会计核算办法》
	参照规范	☐《企业内部控制应用指引》 ☐《企业会计准则第 33 号——合并财务报表》
文件资料		☐ 母子公司合并财务报表编制方案、合并资产负债表、合并利润表 ☐ 合并现金流量表、合并所有者权益变动表
责任部门及责任人		☐ 母公司财务部、子公司财务部 ☐ 母公司总会计师、子公司总经理、子公司总会计师

14.2　财务报告对外提供与分析控制

14.2.1　财务分析报告编制流程

1. 财务分析报告编制流程与风险控制图

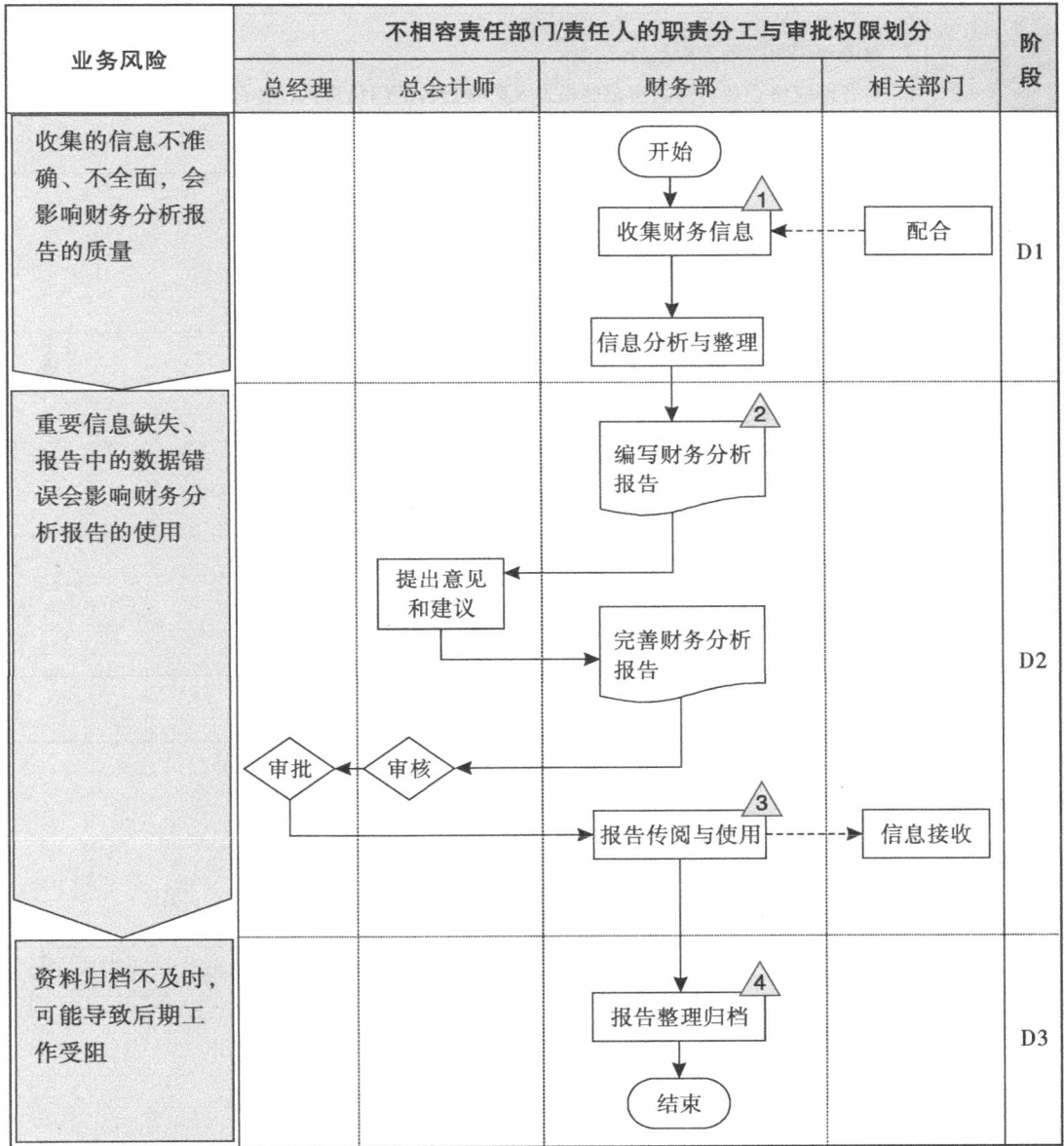

业务风险	不相容责任部门/责任人的职责分工与审批权限划分				阶段
	总经理	总会计师	财务部	相关部门	
收集的信息不准确、不全面，会影响财务分析报告的质量			开始 → 收集财务信息 ① ← 配合　信息分析与整理	配合	D1
重要信息缺失、报告中的数据错误会影响财务分析报告的使用	审批	提出意见和建议　审核	编写财务分析报告 ②　完善财务分析报告　报告传阅与使用 ③	信息接收	D2
资料归档不及时，可能导致后期工作受阻			报告整理归档 ④　结束		D3

2. 财务分析报告编制流程控制表

控制事项		详细描述及说明
阶段控制	D1	1. 在编制财务分析报告前，财务人员应做好资料（财务报表等）的收集与整理工作
	D2	2. 财务部编写财务分析报告 3. 财务部应将企业负责人审批的报告及时报送各部门负责人，各部门负责人根据分析结果进行决策及改进
	D3	4. 财务部及时对相关财务资料进行整理归档
相关规范	应建规范	□《存货验收制度》 □《存货保管制度》
	参照规范	□《企业会计准则》 □《企业内部控制应用指引》
文件资料		□《财务分析报告》 □ 有关财务单据、凭证
责任部门及责任人		□ 财务部 □ 总会计师、财务部及各部门负责人

14.2.2　年度财务报告信息披露审批流程

1. 年度财务报告信息披露审批流程与风险控制图

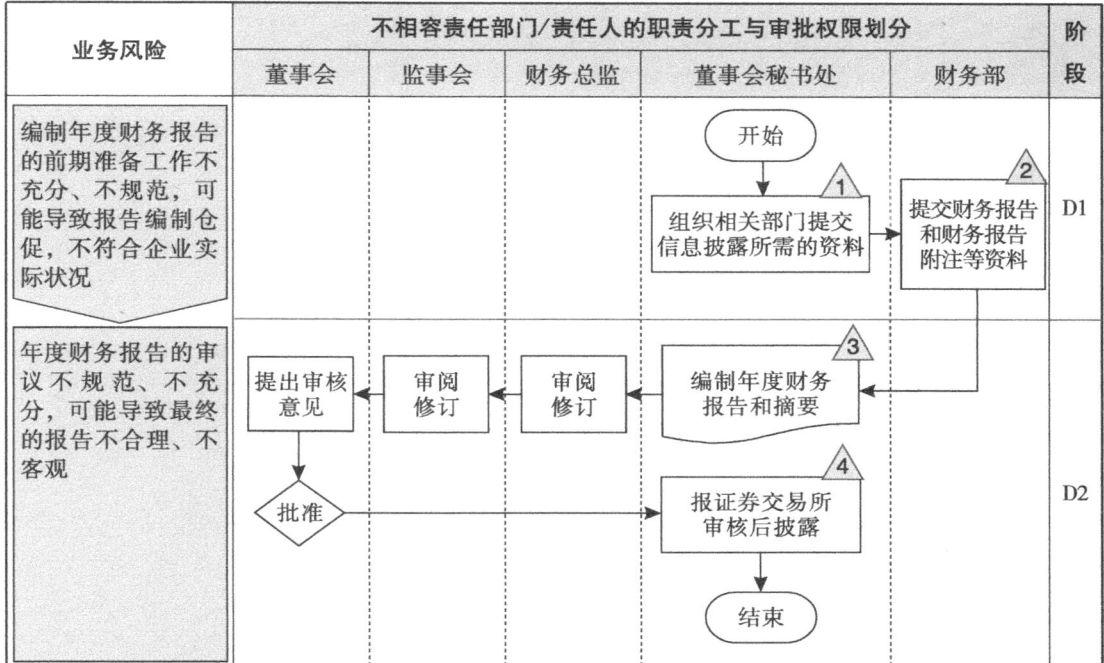

业务风险	不相容责任部门/责任人的职责分工与审批权限划分					阶段
	董事会	监事会	财务总监	董事会秘书处	财务部	
编制年度财务报告的前期准备工作不充分、不规范，可能导致报告编制仓促，不符合企业实际状况				开始 1 组织相关部门提交信息披露所需的资料	2 提交财务报告和财务报告附注等资料	D1
年度财务报告的审议不规范、不充分，可能导致最终的报告不合理、不客观	提出审核意见 批准	审阅修订	审阅修订	3 编制年度财务报告和摘要 4 报证券交易所审核后披露 结束		D2

2. 年度财务报告信息披露审批流程控制表

控制事项		详细描述及说明
阶段控制	D1	1. 由董事会秘书处组织相关部门提交信息披露所需的资料 2. 财务部提交财务报告和财务报告附注等有关财务资料
	D2	3. 董事会秘书处编制年度财务报告和摘要 4. 董事会秘书处报证券交易所审核后披露
相关规范	应建规范	《年度财务报告信息披露管理规范》
	参照规范	《企业内部控制应用指引》
文件资料		年度财务报告
责任部门及责任人		董事会、监事会、董事会秘书处、财务部 财务总监

第 15 章　企业内部控制流程——全面预算

15.1　预算编制控制

15.1.1　预算工作业务流程

1. 预算工作业务流程与风险控制图

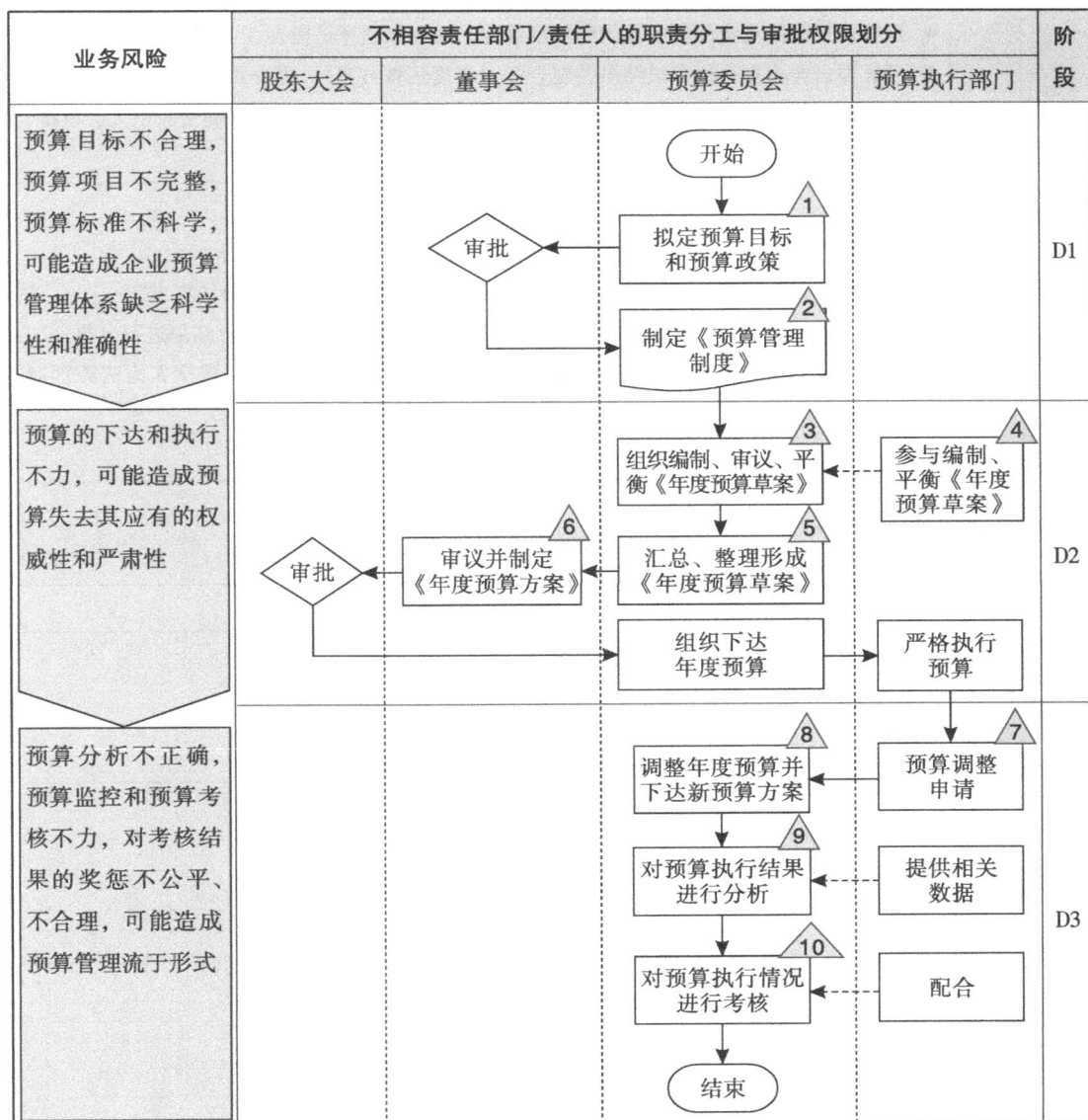

业务风险	不相容责任部门/责任人的职责分工与审批权限划分				阶段
	股东大会	董事会	预算委员会	预算执行部门	
预算目标不合理，预算项目不完整，预算标准不科学，可能造成企业预算管理体系缺乏科学性和准确性		审批	开始　①拟定预算目标和预算政策　②制定《预算管理制度》		D1
预算的下达和执行不力，可能造成预算失去其应有的权威性和严肃性		审批　⑥审议并制定《年度预算方案》	③组织编制、审议、平衡《年度预算草案》　⑤汇总、整理形成《年度预算草案》　组织下达年度预算	④参与编制、平衡《年度预算草案》　严格执行预算	D2
预算分析不正确，预算监控和预算考核不力，对考核结果的奖惩不公平、不合理，可能造成预算管理流于形式			⑧调整年度预算并下达新预算方案　⑨对预算执行结果进行分析　⑩对预算执行情况进行考核　结束	⑦预算调整申请　提供相关数据　配合	D3

2. 预算工作业务流程控制表

控制事项		详细描述及说明
阶段控制	D1	1. 预算委员会根据企业战略和企业目标拟定企业预算目标和预算政策 2. 预算委员会制定《预算管理制度》，明确预算管理的具体措施和办法
	D2	3. 预算委员会组织召开预算平衡会议，审议、平衡《年度预算草案》 4. 预算执行部门负责编制本部门的年度预算，并参加预算平衡会议 5. 预算委员会根据会议审议结果编制企业《年度预算方案》，提交董事会审议 6. 董事会根据企业经营发展战略和企业目标制定《年度预算方案》，提交股东大会审批
	D3	7. 预算执行部门根据市场变动情况和实际工作需要提出预算调整申请 8. 预算委员会审核执行部门提交的申请，对预算进行调整，并下达新预算方案 9. 预算委员会根据预算执行部门提交的《预算执行报告》对预算执行结果进行分析 10. 预算委员会根据企业相关规定，对预算执行情况制定考核方案，提交人力资源部对预算执行部门进行奖惩
相关规范	应建规范	☐《预算管理制度》
	参照规范	☐《企业内部控制应用指引》
文件资料		☐《年度预算方案》 ☐《预算执行报告》 ☐ 预算调整申请表
责任部门及责任人		☐ 股东大会、董事会、预算委员会、预算执行部门 ☐ 各预算执行部门人员

15.1.2　预算业务授权流程

1. 预算业务授权流程与风险控制图

业务风险	不相容责任部门/责任人的职责分工与审批权限划分				阶段
	股东大会	董事会	预算委员会	预算执行部门	

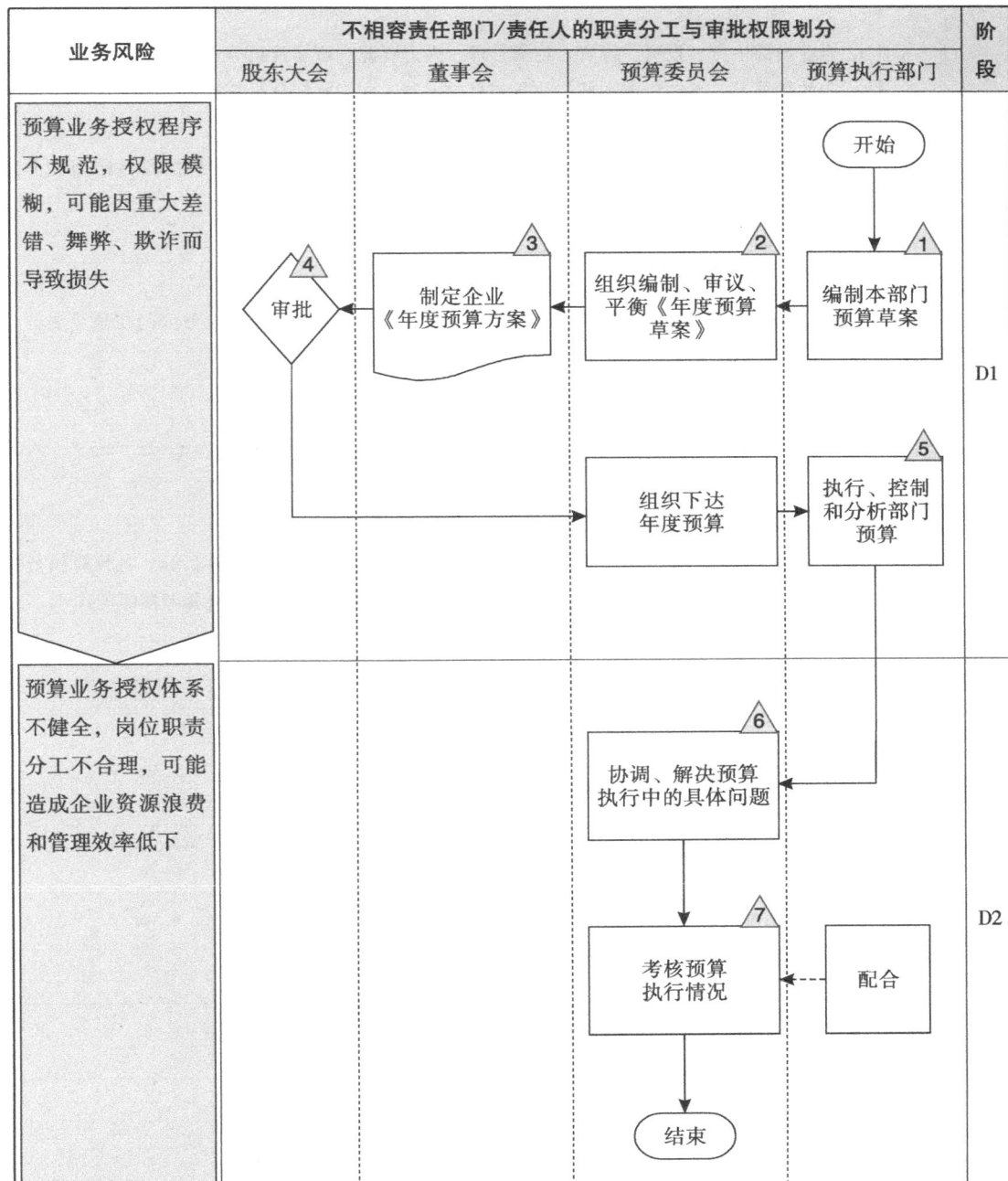

预算业务授权程序不规范，权限模糊，可能因重大差错、舞弊、欺诈而导致损失

开始

4 审批　← 3 制定企业《年度预算方案》　← 2 组织编制、审议、平衡《年度预算草案》　← 1 编制本部门预算草案

组织下达年度预算

5 执行、控制和分析部门预算

D1

预算业务授权体系不健全，岗位职责分工不合理，可能造成企业资源浪费和管理效率低下

6 协调、解决预算执行中的具体问题

7 考核预算执行情况　←-- 配合

结束

D2

2. 预算业务授权流程控制表

控制事项		详细描述及说明	
阶段控制	D1	1. 企业内部生产、投资、筹资、物资管理、人力资源、市场营销等业务部门在预算委员会的领导下，具体负责本部门业务预算的编制工作，并配合预算委员会做好企业总预算的综合平衡工作 2. 企业预算委员会主要负责拟订预算目标和预算政策；制定预算管理的具体措施和办法；组织编制、审议、平衡年度预算草案等 3. 董事会即企业决策机构负责制定企业《年度预算方案》 4. 股东大会即企业的最高权力机构负责审批企业《年度预算方案》 5. 企业内部生产、投资、筹资、物资管理、人力资源、市场营销等业务部门在预算委员会的领导下，具体负责本部门业务预算的执行、控制和分析等工作	
	D2	6. 预算委员会负责协调、解决预算执行中的具体问题 7. 预算委员会负责考核预算执行情况，督促各预算执行部门完成预算目标；各预算执行部门负责配合预算委员会做好企业总预算的综合平衡、控制、分析和考核等工作	
相关规范	应建规范	🗋《预算管理制度》	
	参照规范	🗋《企业内部控制应用指引》	
文件资料		🗋《年度预算方案》	
责任部门及责任人		🗋 股东大会、董事会、预算委员会、预算执行部门 🗋 各预算执行部门人员	

15.1.3　预算编制业务流程

1. 预算编制业务流程与风险控制图

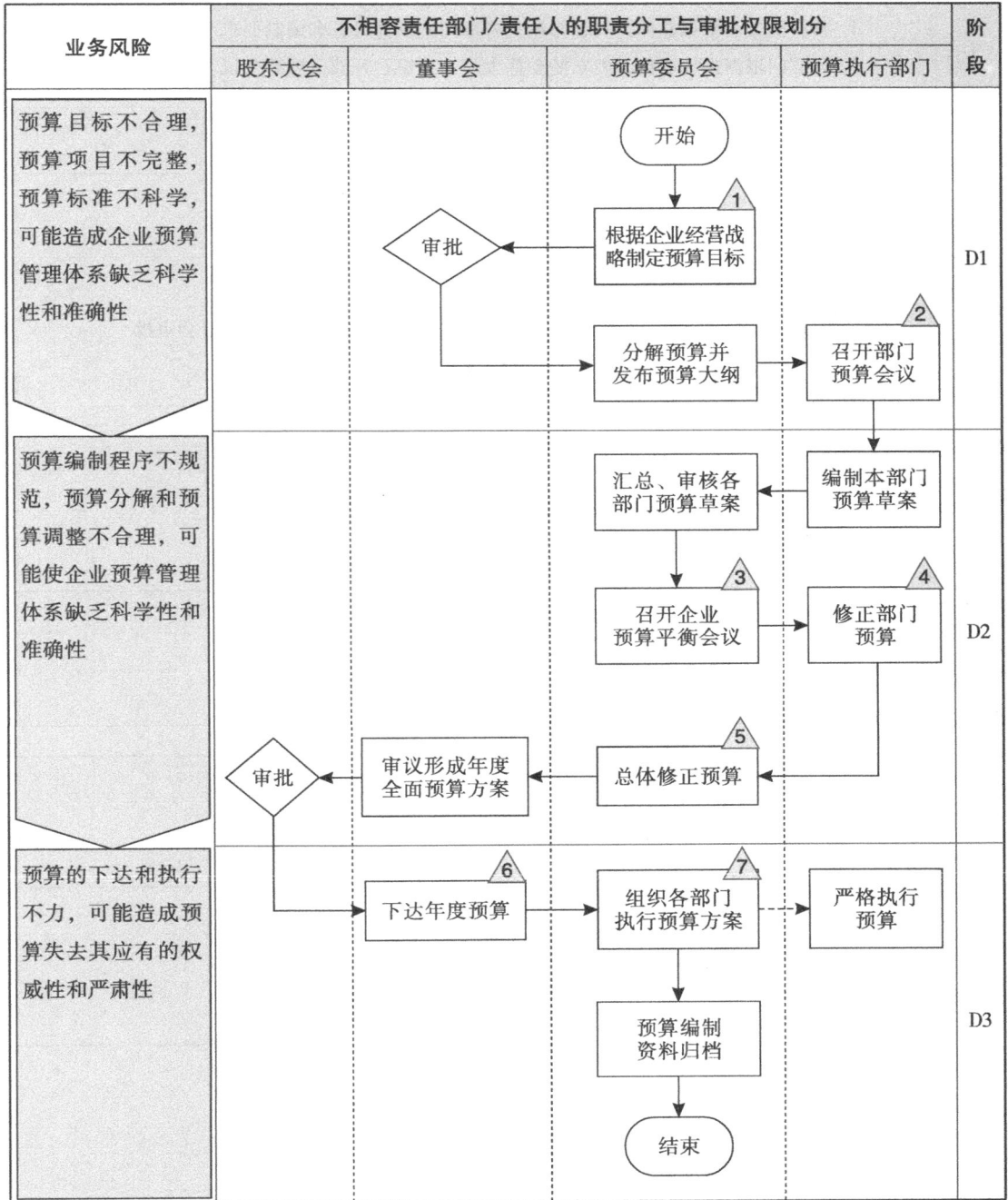

业务风险	不相容责任部门/责任人的职责分工与审批权限划分				阶段
	股东大会	董事会	预算委员会	预算执行部门	
预算目标不合理，预算项目不完整，预算标准不科学，可能造成企业预算管理体系缺乏科学性和准确性		审批	开始　1 根据企业经营战略制定预算目标　分解预算并发布预算大纲	2 召开部门预算会议	D1
预算编制程序不规范，预算分解和预算调整不合理，可能使企业预算管理体系缺乏科学性和准确性		审批	汇总、审核各部门预算草案　3 召开企业预算平衡会议　5 总体修正预算　审议形成年度全面预算方案	编制本部门预算草案　4 修正部门预算	D2
预算的下达和执行不力，可能造成预算失去其应有的权威性和严肃性		6 下达年度预算	7 组织各部门执行预算方案　预算编制资料归档　结束	严格执行预算	D3

2. 预算编制业务流程控制表

控制事项		详细描述及说明
阶段控制	D1	1. 预算委员会根据总体预算目标制定各部门的预算目标和编制要求 2. 各部门根据预算委员会发布的预算大纲，组织召开部门预算会议，讨论本部门预算的编制情况
	D2	3. 预算委员会组织召开预算平衡会议，各部门经理及相关人员参与 4. 各部门根据预算平衡会议讨论的结果修正本部门预算 5. 预算委员会根据各部门修正后的预算形成总体修正预算，提交董事会审批
	D3	6. 企业年度全面预算方案经股东大会审批后，由董事会下达年度预算 7. 预算委员会组织并监督各部门预算的执行
相关规范	应建规范	☐《预算管理制度》 ☐《预算编制规定》
	参照规范	☐《企业内部控制应用指引》
文件资料		☐《年度全面预算方案》 ☐《各部门预算草案》
责任部门及责任人		☐ 股东大会、董事会、预算委员会、预算执行部门、财务部 ☐ 各预算执行部门人员、财务部人员

15.2　预算执行控制

15.2.1　预算执行控制流程

1. 预算执行控制流程与风险控制图

业务风险	不相容责任部门/责任人的职责分工与审批权限划分					阶段
	总经理	总会计师	预算管理委员会	财务部	相关部门	

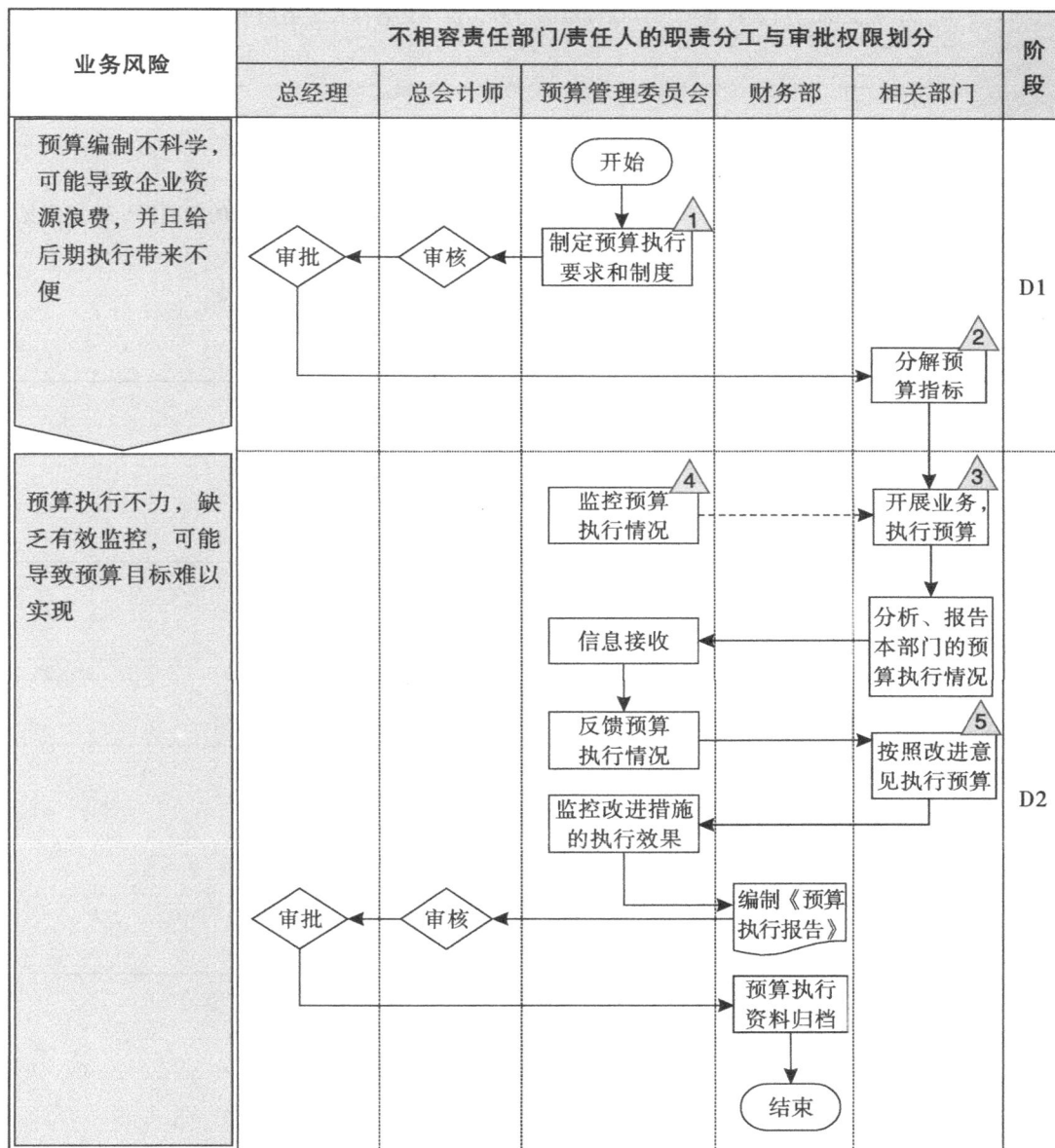

2. 预算执行控制编制流程控制表

控制事项		详细描述及说明
阶段控制	D1	1. 预算管理委员会负责制定企业预算执行的有关要求和制度，并报相关负责人审核、审批 2. 相关部门负责将各项预算指标层层分解，落实到各岗位、各时间节点
	D2	3. 各部门在开展业务时，严格按照预算的要求合理使用资金 4. 预算管理委员会对各部门预算的执行情况进行监控，并针对存在的问题提出改进意见或措施 5. 各部门依据预算管理委员会提出的改进意见和措施，执行预算方案
相关规范	应建规范	🗐《预算执行控制制度》
	参照规范	🗐《企业内部控制应用指引》
文件资料		🗐《预算执行报告》 🗐 部门预算执行情况表 🗐 相关财务报表
责任部门及责任人		🗐 财务部 🗐 总会计师、财务部及各部门负责人

15.2.2　超预算支付审批流程

1. 超预算支付审批流程与风险控制图

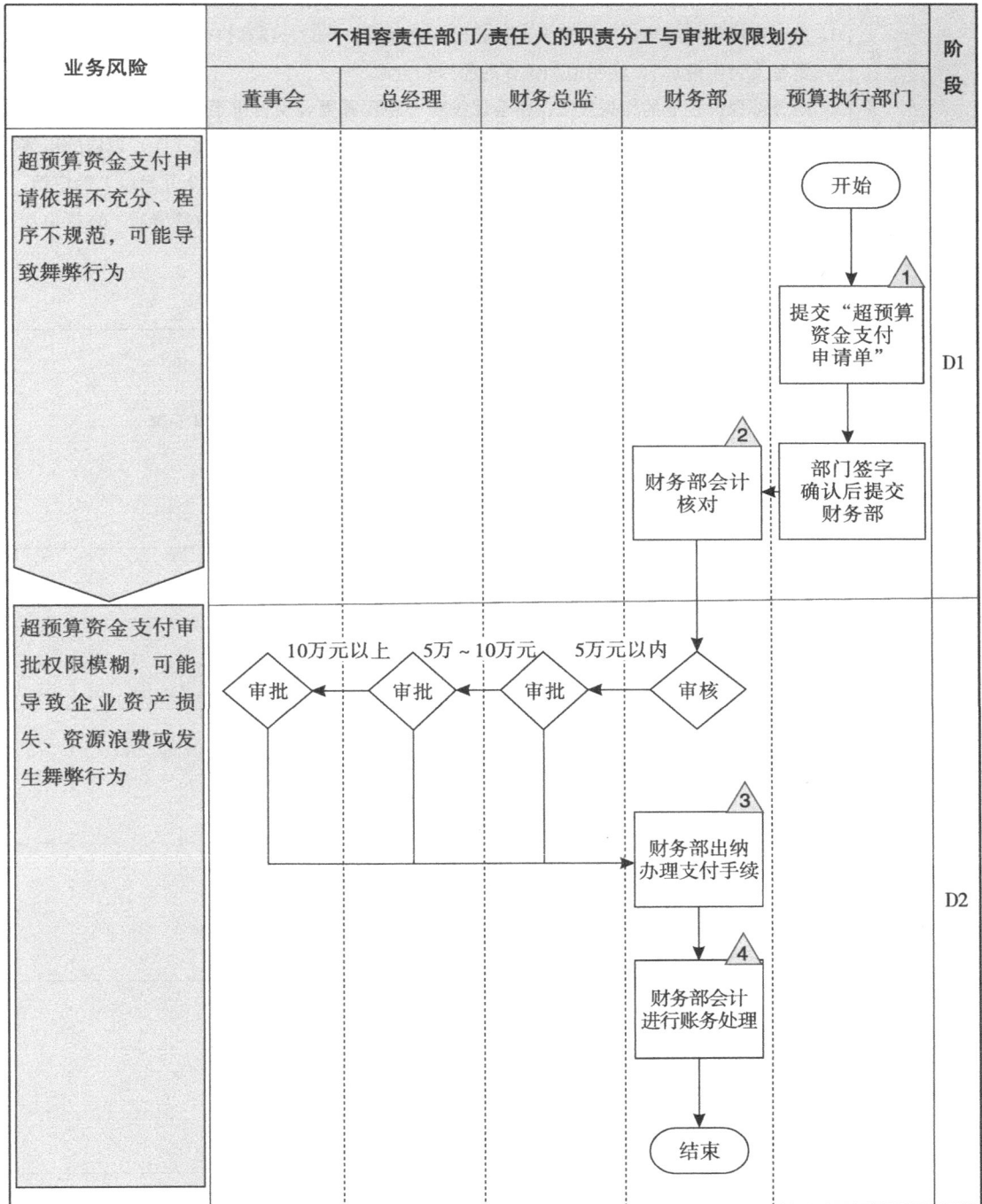

业务风险	不相容责任部门/责任人的职责分工与审批权限划分					阶段
	董事会	总经理	财务总监	财务部	预算执行部门	
超预算资金支付申请依据不充分、程序不规范，可能导致舞弊行为				财务部会计核对 ②	开始 提交"超预算资金支付申请单" ① 部门签字确认后提交财务部	D1
超预算资金支付审批权限模糊，可能导致企业资产损失、资源浪费或发生舞弊行为	审批（10万元以上）	审批（5万~10万元）	审批（5万元以内）	审核 财务部出纳办理支付手续 ③ 财务部会计进行账务处理 ④ 结束		D2

2. 超预算支付审批流程控制表

控制事项		详细描述及说明
阶段控制	D1	1. 由于市场环境变化，实际资金支付超出预算范围，此时，预算执行部门提交"超预算资金支付申请单"，注明追加预算的原因和金额 2. 财务部根据企业的相关规定，由会计核对"超预算资金支付申请单"，财务部经理进行复核，并根据审批权限提交相关领导审批。超预算金额在5万元（含）以内的申请提交财务总监审批；5万~10万元（含）的申请由总经理审批；10万元以上的申请，预算执行部门须向董事会汇报，并进行项目论证，董事会讨论同意签署后，方能追加预算或提交股东大会决策
	D2	3. 财务部出纳根据审批后的"超预算资金支付申请单"办理资金支付手续 4. 财务部会计进行相关账务处理
相关规范	应建规范	🗍《预算管理制度》 🗍《超预算资金支付审批制度》
	参照规范	🗍《企业内部控制应用指引》
文件资料		🗍《超预算资金支付申请单》
责任部门及责任人		🗍 董事会、财务部、预算执行部门 🗍 总经理、财务总监、出纳、会计

15.3 预算考核控制

15.3.1 预算执行分析流程

1. 预算执行分析流程与风险控制图

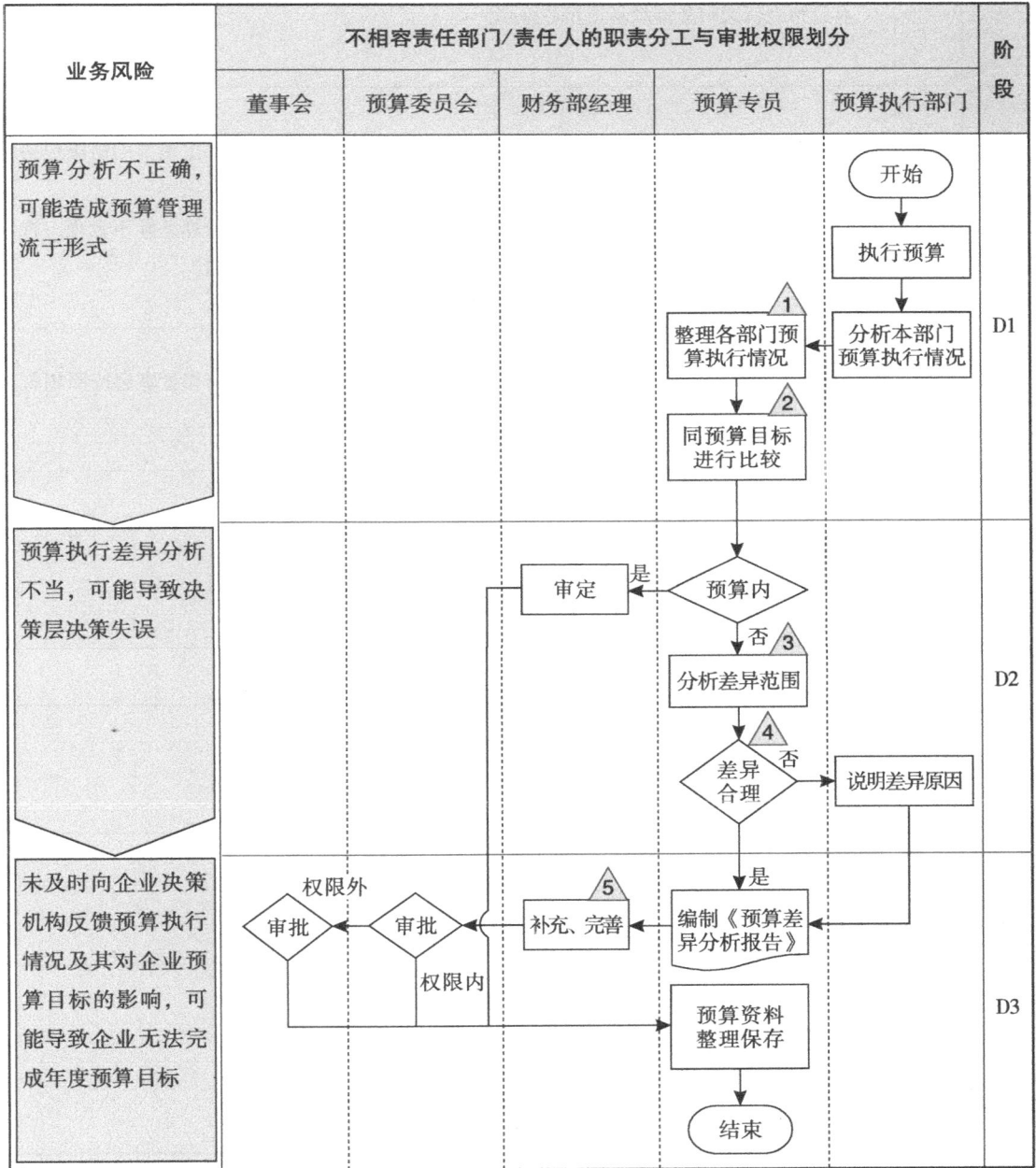

业务风险	不相容责任部门/责任人的职责分工与审批权限划分					阶段
	董事会	预算委员会	财务部经理	预算专员	预算执行部门	
预算分析不正确，可能造成预算管理流于形式				整理各部门预算执行情况 ① 同预算目标进行比较 ②	开始 执行预算 分析本部门预算执行情况	D1
预算执行差异分析不当，可能导致决策层决策失误		审定		预算内 ←是 分析差异范围 ③ 差异合理 ④	说明差异原因	D2
未及时向企业决策机构反馈预算执行情况及其对企业预算目标的影响，可能导致企业无法完成年度预算目标	权限外 审批	审批 权限内	补充、完善 ⑤	编制《预算差异分析报告》 预算资料整理保存 结束		D3

2. 预算执行分析流程控制表

控制事项		详细描述及说明
阶段控制	D1	1. 预算专员依据财务报告和其他相关资料分析、整理各部门的预算执行情况 2. 预算专员将各部门的预算执行情况与各部门的预算目标进行对比，如未超出预算，预算资料直接交财务部经理审定后存档
	D2	3. 对于超出预算的部门，预算专员需进一步分析产生差异的原因，产生差异的情况包括超预算和预算外支出两种 4. 若预算差异合理，预算专员直接编写《预算差异分析报告》；若预算差异不合理，将由预算执行部门说明原因后，预算专员再编写《预算差异分析报告》
	D3	5. 《预算差异分析报告》经财务部经理补充、完善后，交预算委员会和董事会按照相关的审批权限进行审批
相关规范	应建规范	□《预算管理制度》 □《预算执行责任制度》 □《预算执行结果质询制度》 □《预算执行情况预警机制》 □《预算执行情况内部报告制度》
	参照规范	□《企业内部控制应用指引》
文件资料		□《预算差异分析报告》
责任部门及责任人		□ 董事会、预算委员会、财务部 □ 财务部经理、预算专员

15.3.2　预算执行考核流程

1. 预算执行考核流程与风险控制图

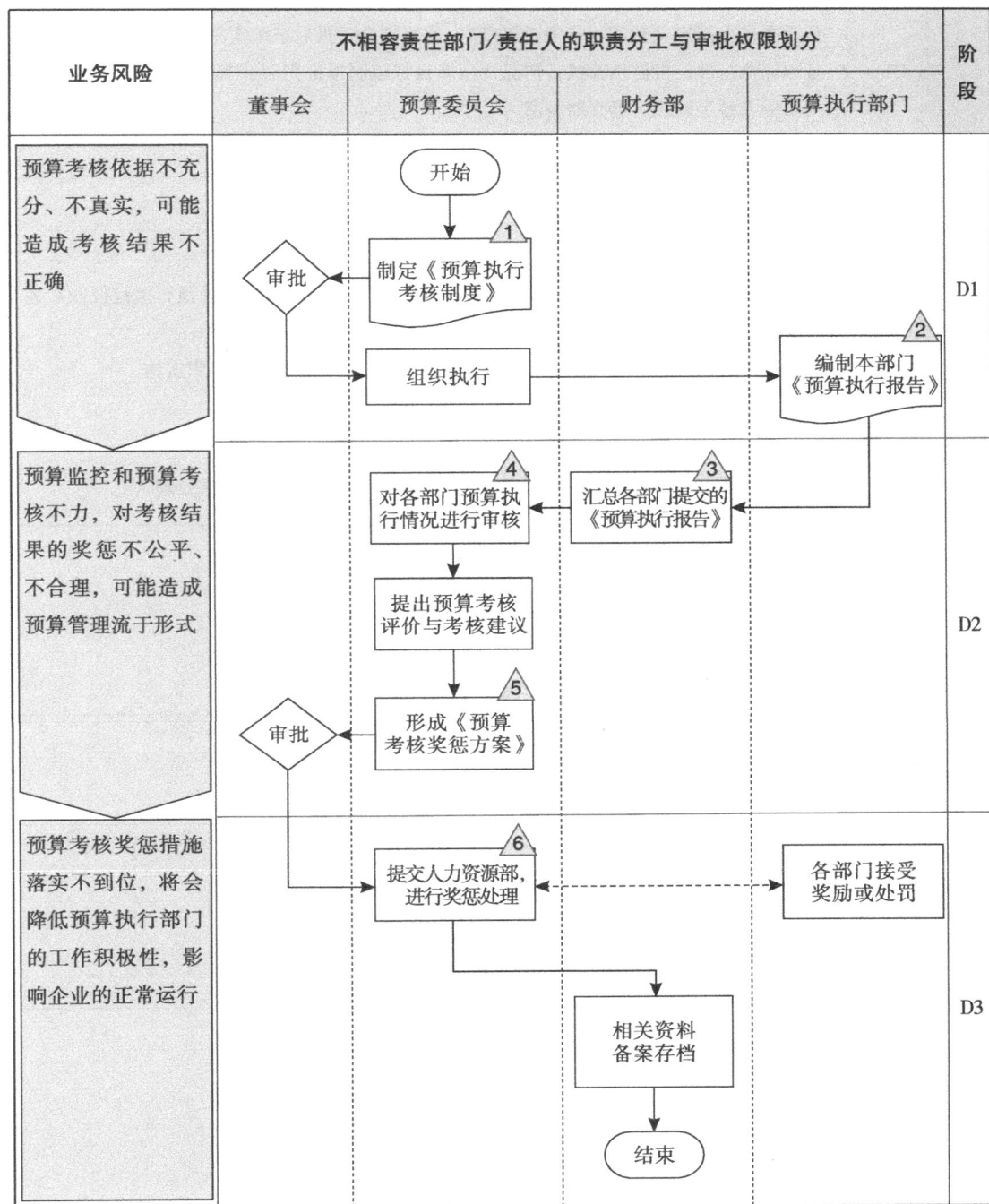

业务风险	不相容责任部门/责任人的职责分工与审批权限划分				阶段
	董事会	预算委员会	财务部	预算执行部门	
预算考核依据不充分、不真实，可能造成考核结果不正确	审批	开始　① 制定《预算执行考核制度》　组织执行		② 编制本部门《预算执行报告》	D1
预算监控和预算考核不力，对考核结果的奖惩不公平、不合理，可能造成预算管理流于形式	审批	④ 对各部门预算执行情况进行审核　提出预算考核评价与考核建议　⑤ 形成《预算考核奖惩方案》	③ 汇总各部门提交的《预算执行报告》		D2
预算考核奖惩措施落实不到位，将会降低预算执行部门的工作积极性，影响企业的正常运行		⑥ 提交人力资源部，进行奖惩处理　相关资料备案存档　结束		各部门接受奖励或处罚	D3

2. 预算执行考核流程控制表

控制事项		详细描述及说明
阶段控制	D1	1. 预算委员会制定《预算执行考核制度》，报董事会审批后组织实施 2. 各预算执行部门根据预算执行情况及预算目标编制本部门《预算执行报告》，并由部门负责人签字确认后提交财务部
	D2	3. 财务部汇总各部门提交的《预算执行报告》 4. 预算委员会以企业正式下达的预算方案为标准，对各预算部门的《预算执行报告》进行审核 5. 预算委员会经讨论形成《预算考核奖惩方案》，交董事会审批后组织实施
	D3	6. 人力资源部根据《预算考核奖惩方案》对各预算执行部门进行奖惩处理
相关规范	应建规范	❒ 《预算管理制度》 ❒ 《预算执行考核制度》 ❒ 《预算执行考核奖惩规定》
	参照规范	❒ 《企业内部控制应用指引》
文件资料		❒ 《预算执行报告》 ❒ 《年度全面预算方案》 ❒ 《预算考核奖惩方案》
责任部门及责任人		❒ 股东大会、董事会、预算委员会、预算执行部门、财务部 ❒ 预算专员、各预算执行部门人员、财务部人员

第 16 章　企业内部控制流程——合同管理

16.1　合同订立控制

16.1.1　合同管理流程

1. 合同管理流程与风险控制图

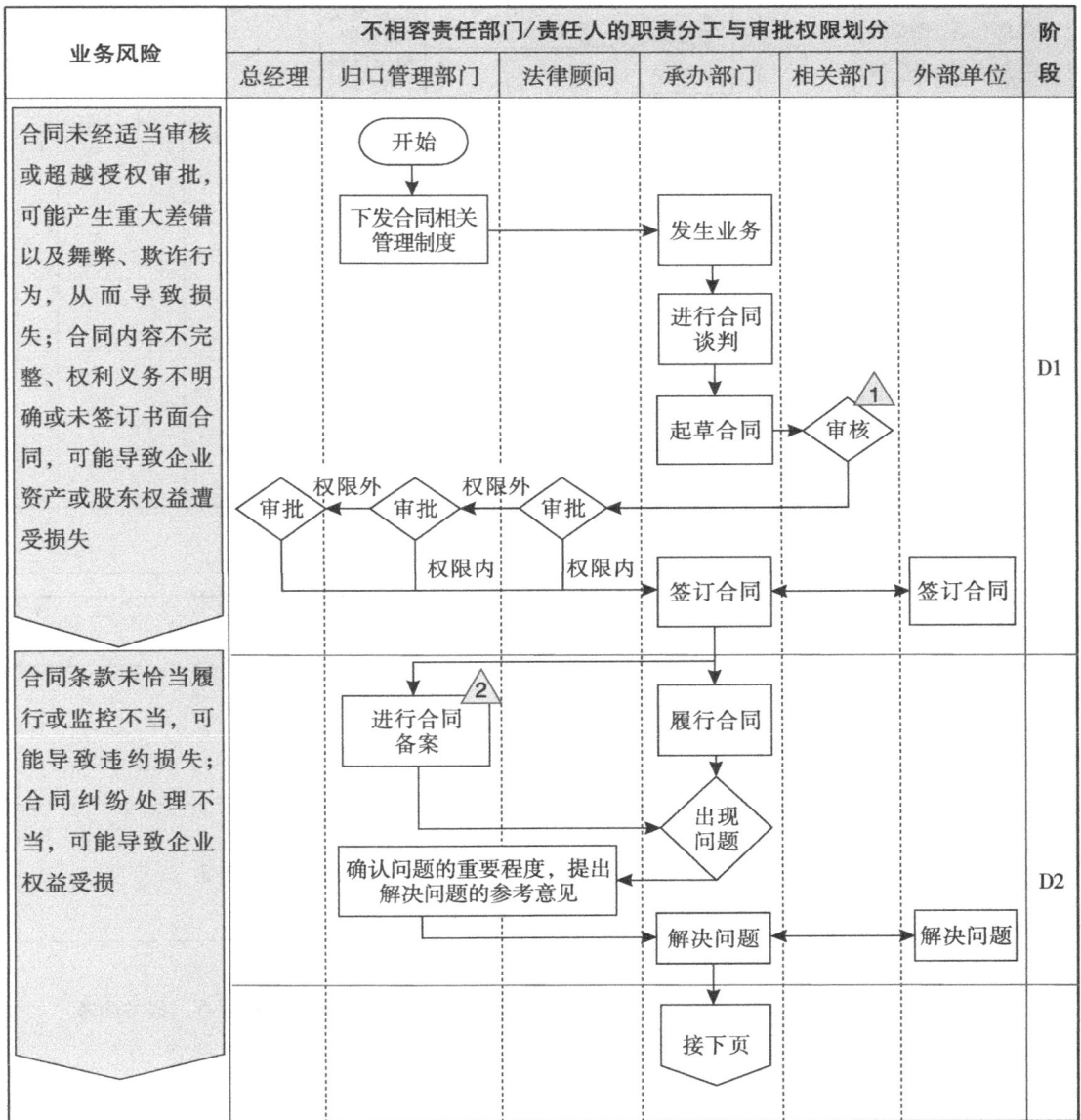

业务风险	不相容责任部门/责任人的职责分工与审批权限划分						阶段
	总经理	归口管理部门	法律顾问	承办部门	相关部门	外部单位	
合同未经适当审核或超越授权审批，可能产生重大差错以及舞弊、欺诈行为，从而导致损失；合同内容不完整、权利义务不明确或未签订书面合同，可能导致企业资产或股东权益遭受损失		开始 ↓ 下发合同相关管理制度		发生业务 ↓ 进行合同谈判 ↓ 起草合同	审核 ①		D1
	审批 ←权限外	审批 ←权限外	审批	签订合同 ←权限内 ←权限内		签订合同	
合同条款未恰当履行或监控不当，可能导致违约损失；合同纠纷处理不当，可能导致企业权益受损		进行合同备案 ② 确认问题的重要程度，提出解决问题的参考意见		履行合同 ↓ 出现问题 ↓ 解决问题 ↓ 接下页		解决问题	D2

（续）

业务风险	不相容责任部门/责任人的职责分工与审批权限划分						阶段
	总经理	归口管理部门	法律顾问	承办部门	相关部门	外部单位	
合同信息安全保密工作不当，可能导致商业秘密泄露；不对合同进行检查，可能导致合同承办部门不能按照相关制度规定管理合同，进而造成合同执行或签订违法、违规		进行合同文件资料保存 ③ → 合同定期统计归集 → 对合同进行定期或不定期检查 → 结束		承上页 → 汇总提交合同的相关资料文件			D3

2. 合同管理流程控制表

控制事项		详细描述及说明
阶段控制	D1	1. 财务部对合同中有关付款的条款进行审核，并提出审核意见
	D2	2. 合同签订后，合同的承办部门将合同交归口管理部门进行编号、备案
	D3	3. 合同归口管理部门需要对各类合同的文件和资料进行编号和恰当保存，以备参考

（续表）

控制事项		详细描述及说明
相关规范	应建规范	🗐《合同管理岗位责任制度》《合同归口管理制度》 🗐《合同分级管理制度》
	参照规范	🗐《中华人民共和国合同法》 🗐《内部会计控制规范——基本规范（试行）》
文件资料		🗐 合同承办部门签订的合同文本
责任部门及责任人		🗐 合同归口管理部门、合同承办部门、财务部 🗐 总经理、法律顾问、归口管理部门人员、承办部门人员、财务部人员

16.1.2　合同签订流程

1. 合同签订流程与风险控制图

业务风险	不相容责任部门/责任人的职责分工与审批权限划分				阶段
	总经理	承办部门	相关部门	外部单位	
未签订书面合同，可能导致企业资产或股东权益遭受损失	开始 → 合同审批通过	商定合同签订方式 → 现场签订 是/否 确定签订时间 / 先行签字盖章 ① → 寄送对方签字盖章 → 当场签字盖章 ②		商定合同签订方式 / 签字盖章 / 当场签字盖章	D1
合同信息安全保密工作不当，可能导致商业秘密泄露；不对合同谈判资料进行及时存档备案，可能导致资料丢失、遗漏等，给企业带来损失		送交合同正本、副本和相关审核资料	保管正本 ③ / 接收合同档案副本和相关审核资料并归档 ④ → 结束		D2

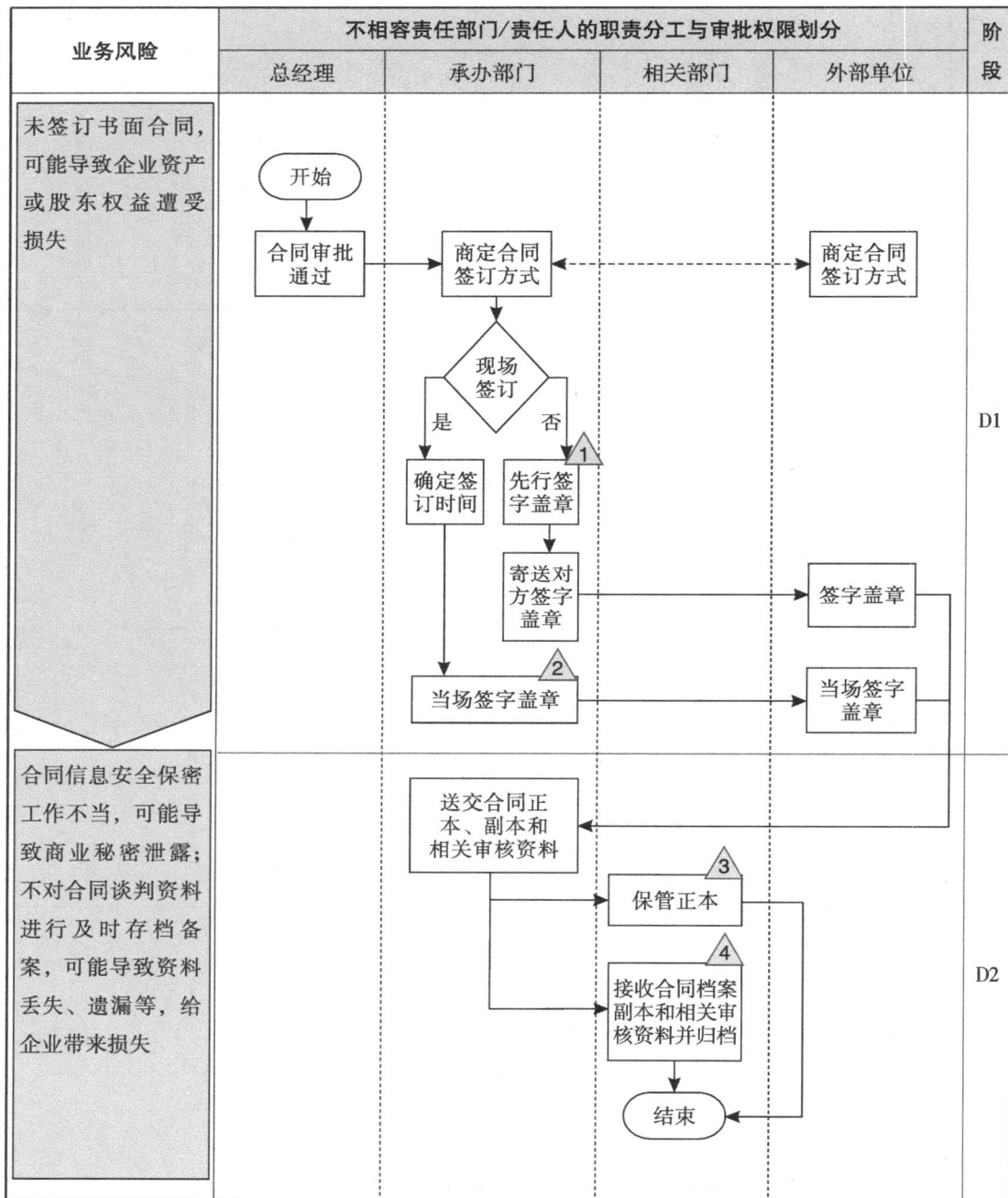

220

2. 合同签订流程控制表

控制事项		详细描述及说明
阶段控制	D1	1. 合同先行签字盖章的，应当由具有审批权限或具备被授权资格的人履行签字盖章手续，不对未经编号、缺少合同审核手续、缺少报签文件以及代签情况下缺少授权委托书的合同用章 2. 当场签字盖章的合同签定方式多用于重大事项。正式订立的合同，包括合同书、补充协议、公文信件、数据电文等应当采用书面形式，货款项即时结清的情况除外
	D2	3. 合同正本由合同归口管理部门保管 4. 合同副本和其他相关审核资料由企业的档案管理部门保管
相关规范	应建规范	🗇《合同章管理制度》《合同保密制度》《档案管理规定》
	参照规范	🗇《中华人民共和国合同法》
文件资料		🗇《××××合同》
责任部门及责任人		🗇 合同承办部门、归口管理部门、档案管理部门 🗇 总经理、承办部门人员、归口管理部门人员、档案管理部门人员

16.2 合同履行控制

16.2.1 合同变更管理流程

1. 合同变更管理流程与风险控制图

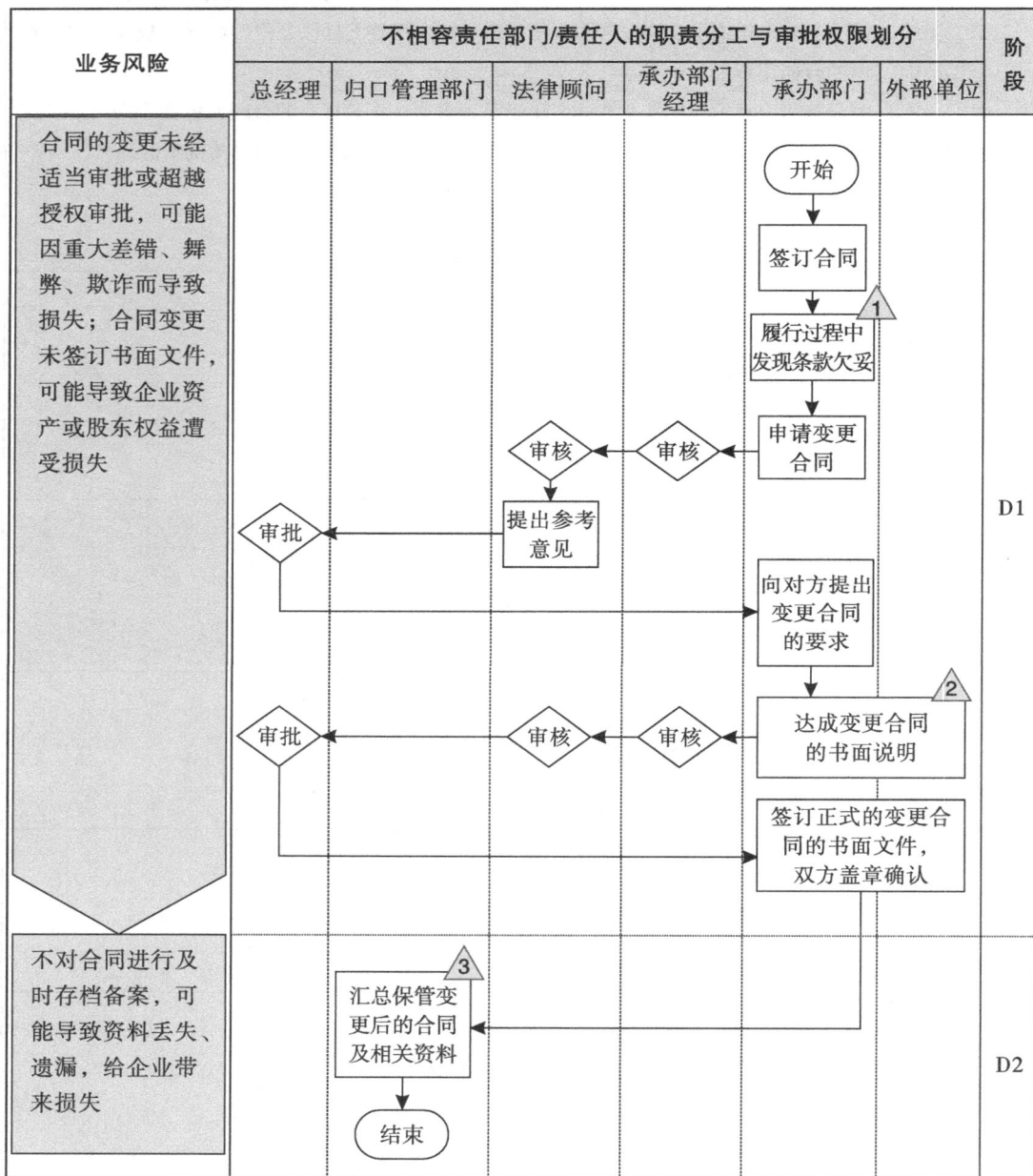

业务风险	不相容责任部门/责任人的职责分工与审批权限划分						阶段
	总经理	归口管理部门	法律顾问	承办部门经理	承办部门	外部单位	

合同的变更未经适当审批或超越授权审批，可能因重大差错、舞弊、欺诈而导致损失；合同变更未签订书面文件，可能导致企业资产或股东权益遭受损失

D1

开始 → 签订合同 → ①履行过程中发现条款欠妥 → 申请变更合同 → 审核 → 审核 → 提出参考意见 → 审批 → 向对方提出变更合同的要求 → ②达成变更合同的书面说明 → 审核 → 审核 → 审批 → 签订正式的变更合同的书面文件，双方盖章确认

不对合同进行及时存档备案，可能导致资料丢失、遗漏，给企业带来损失

D2

③汇总保管变更后的合同及相关资料 → 结束

222

2. 合同变更管理流程控制表

控制事项		详细描述及说明
阶段控制	D1	1. 在合同履行过程中，合同条款如存在不合法或显失公平的问题，合同承办部门要及时提出变更要求 2. 如果甲乙双方未能达成合同变更的共识，可以通过仲裁或诉讼予以解决
	D2	3. 合同归口管理部门负责对变更后的合同及相关资料进行分类汇总、编号等处理，并做好存档保管工作
相关规范	应建规范	☐《合同管理制度》《合同变更管理办法》
	参照规范	☐《中华人民共和国合同法》
文件资料		☐《××××合同/协议》 ☐《合同变更协议书》
责任部门及责任人		☐ 合同承办部门、归口管理部门 ☐ 总经理、承办部门人员、归口管理部门人员

16.2.2　合同纠纷处理流程

1. 合同纠纷处理流程与风险控制图

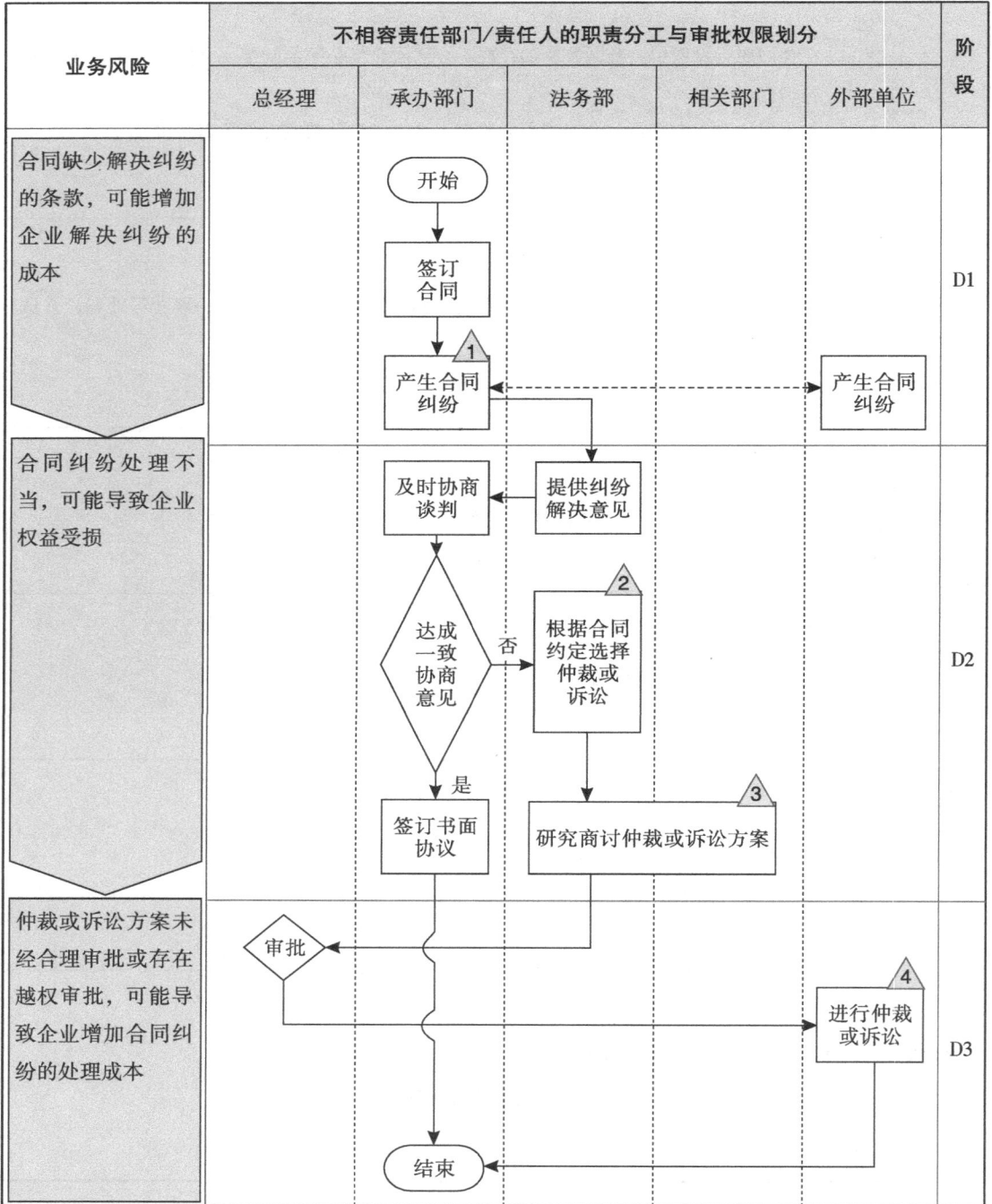

业务风险	不相容责任部门/责任人的职责分工与审批权限划分					阶段
	总经理	承办部门	法务部	相关部门	外部单位	
合同缺少解决纠纷的条款，可能增加企业解决纠纷的成本		开始 → 签订合同 → ① 产生合同纠纷			产生合同纠纷	D1
合同纠纷处理不当，可能导致企业权益受损		及时协商谈判 → 达成一致协商意见（否/是） → 签订书面协议	提供纠纷解决意见 → ② 根据合同约定选择仲裁或诉讼 → ③ 研究商讨仲裁或诉讼方案			D2
仲裁或诉讼方案未经合理审批或存在越权审批，可能导致企业增加合同纠纷的处理成本	审批	结束			④ 进行仲裁或诉讼	D3

2. 合同纠纷处理流程控制表

控制事项		详细描述及说明
阶段控制	D1	1. 合同纠纷产生的原因包括主观上不愿意履行，或者客观上对于无法履行合同的解决方法存在分歧
	D2	2. 法务部根据合同约定选择对企业最为有利的纠纷解决方式 3. 法务部会同合同承办部门以及其他相关部门开会研讨仲裁或诉讼方案，并形成正式的书面意见
	D3	4. 仲裁机构或法院按照国家的相关仲裁法律法规和诉讼法律法规对纠纷作出仲裁或审判
相关规范	应建规范	◻《合同管理制度》《合同纠纷处理制度》
	参照规范	◻《中华人民共和国合同法》
文件资料		◻《××××合同》 ◻《合同变更协议书》
责任部门及责任人		◻ 合同承办部门、法务部、其他相关部门 ◻ 总经理、承办部门人员、法务部人员

第17章 企业内部控制流程——内部信息传递

17.1 内部报告形成控制

17.1.1 内部报告形成流程

1. 内部报告形成流程与风险控制图

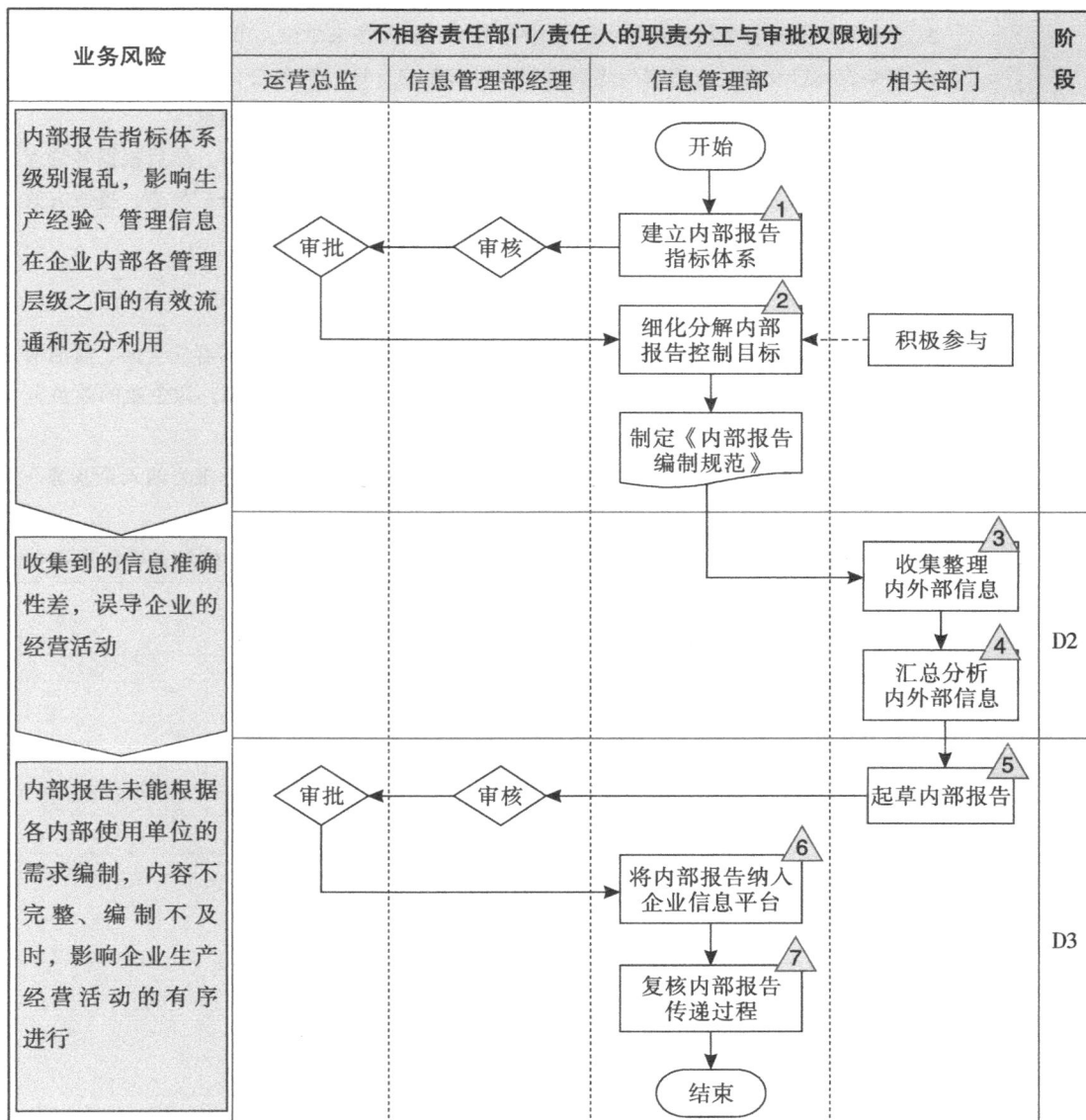

业务风险	不相容责任部门/责任人的职责分工与审批权限划分				阶段
	运营总监	信息管理部经理	信息管理部	相关部门	
内部报告指标体系级别混乱，影响生产经验、管理信息在企业内部各管理层级之间的有效流通和充分利用	审批 ← 审核		开始 → ① 建立内部报告指标体系 → ② 细化分解内部报告控制目标 → 制定《内部报告编制规范》	积极参与	
收集到的信息准确性差，误导企业的经营活动				③ 收集整理内外部信息 → ④ 汇总分析内外部信息	D2
内部报告未能根据各内部使用单位的需求编制，内容不完整、编制不及时，影响企业生产经营活动的有序进行	审批 ← 审核		⑥ 将内部报告纳入企业信息平台 → ⑦ 复核内部报告传递过程 → 结束	⑤ 起草内部报告	D3

227

2. 内部报告形成流程控制表

控制事项		详细描述及说明
阶段控制	D1	1. 信息管理部认真研究企业的发展战略、风险控制要求和业绩考核标准，根据各管理层级对信息的不同需求建立一套级别分明的内部报告指标体系 2. 企业内部报告指标确定后，应进行细化，层层分解，使企业各责任中心及各相关职能部门都有自己明确的目标，以利于控制风险并进行业绩考核
	D2	3. 企业可以通过行业协会组织、社会中介机构、业务往来单位、市场调查、来信来访、网络媒体以及有关监管部门等渠道获取外部信息；通过财务会计资料、经营管理资料、调研报告、专项信息、内部刊物、办公网络等渠道获取内部信息 4. 企业信息管理部及各职能部门应将收集的有关资料进行筛选、整理，然后根据各管理层级对内部报告的信息需求和先前制定的内部报告指标建立各种分析模型，提取有效数据进行反馈汇总，在此基础上进一步改造分析模型
	D3	5. 企业应合理设计内部报告的编制程序，提高编制效率；内部报告内容应全面、简洁明了、通俗易懂；内部报告应形成总结性结论，并提出相应的建议，为企业的效益分析、业务拓展提供有力保障 6. 企业应充分利用信息技术，强化内部报告信息集成和共享，将内部报告纳入企业统一信息平台，构建科学的内部报告网络体系 7. 对于重要信息，企业应当委派专人对其传递过程进行复核，确保信息正确传递给使用者
相关规范	应建规范	🗇《内部报告编制规范》
	参照规范	🗇《企业内部控制应用指引》 🗇《企业内部控制基本规范》
文件资料		🗇 内部报告文件
责任部门及责任人		🗇 信息管理部、相关部门 🗇 运营总监、信息管理部经理、相关部门负责人

17.1.2　内部报告传递流程

1. 内部信息传递流程与风险控制图

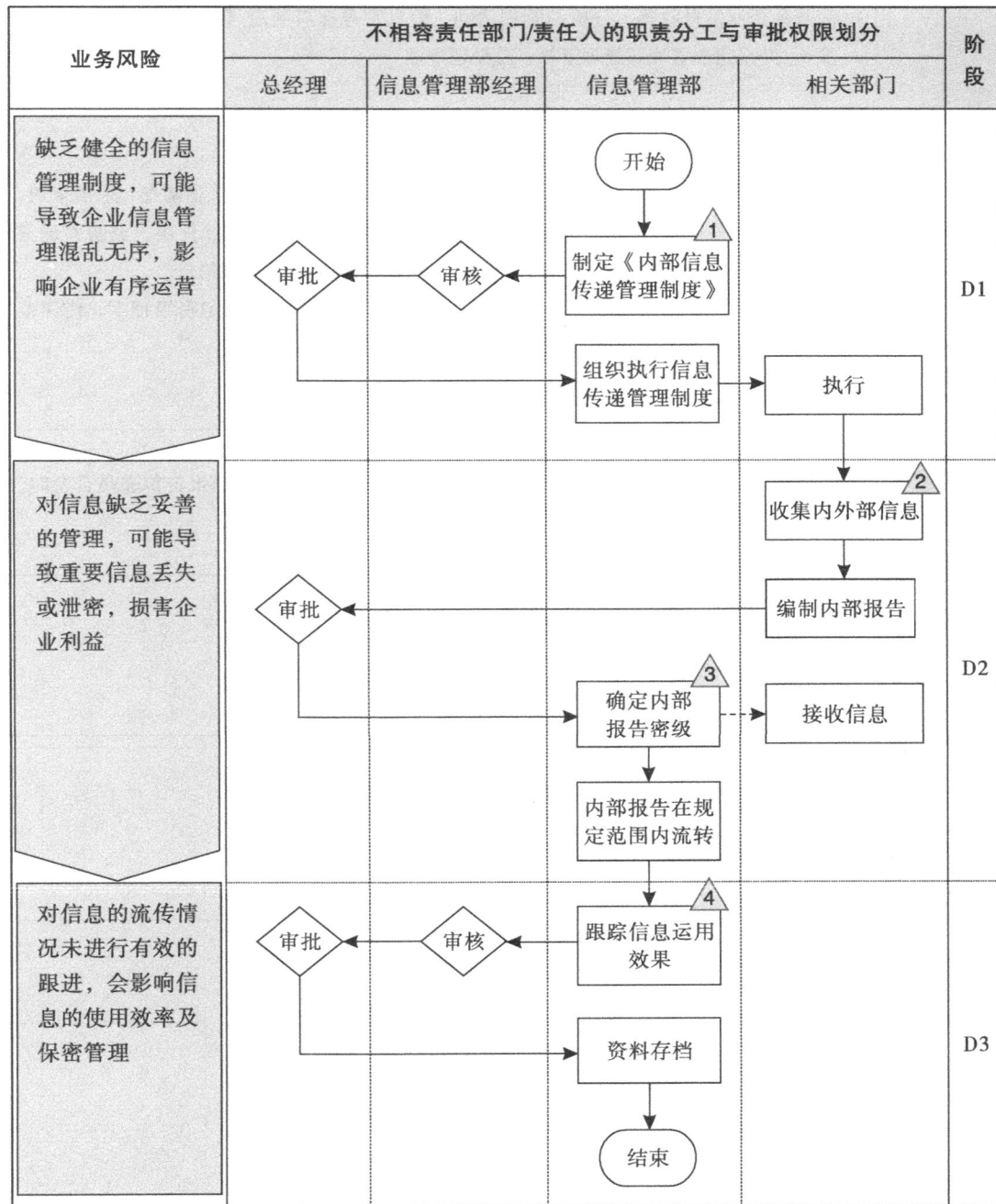

业务风险	不相容责任部门/责任人的职责分工与审批权限划分				阶段
	总经理	信息管理部经理	信息管理部	相关部门	
缺乏健全的信息管理制度，可能导致企业信息管理混乱无序，影响企业有序运营	审批	审核	开始 → 制定《内部信息传递管理制度》① 组织执行信息传递管理制度	执行	D1
对信息缺乏妥善的管理，可能导致重要信息丢失或泄密，损害企业利益	审批		确定内部报告密级 ③ 内部报告在规定范围内流转	收集内外部信息 ② 编制内部报告 接收信息	D2
对信息的流传情况未进行有效的跟进，会影响信息的使用效率及保密管理	审批	审核	跟踪信息运用效果 ④ 资料存档 → 结束		D3

2. 内部信息传递流程控制表

控制事项		详细描述及说明
阶段控制	D1	1. 为规范企业信息收集、分析与管理活动，信息管理部应制定《内部信息传递管理制度》，并报信息管理部经理审核、总经理审批
	D2	2. 企业可以通过行业协会组织、社会中介机构、业务往来单位、市场调查、来信来访、网络媒体以及有关监管部门等渠道获取外部信息；通过财务会计资料、经营管理资料、调研报告、专项信息、内部刊物、办公网络等渠道获取内部信息 3. 信息管理部根据信息需求者要求按照一定的标准对内部报告确定密级程度、传递范围；信息的使用者必须严守信息的机密，禁止商业机密外泄
	D3	4. 信息管理部应对内部报告使用情况进行评估，评估维度包括内部报告传递是否及时、是否遵循使用规则等
相关规范	应建规范	☐《内部信息传递管理制度》
	参照规范	☐《企业内部控制应用指引》 ☐《企业内部控制基本规范》
文件资料		☐《信息工作总结报告》
责任部门及责任人		☐ 信息管理部、相关部门 ☐ 信息管理部经理、各部门经理及内部报告使用者

17.1.3　信息分析管理流程

1. 信息分析管理流程与风险控制图

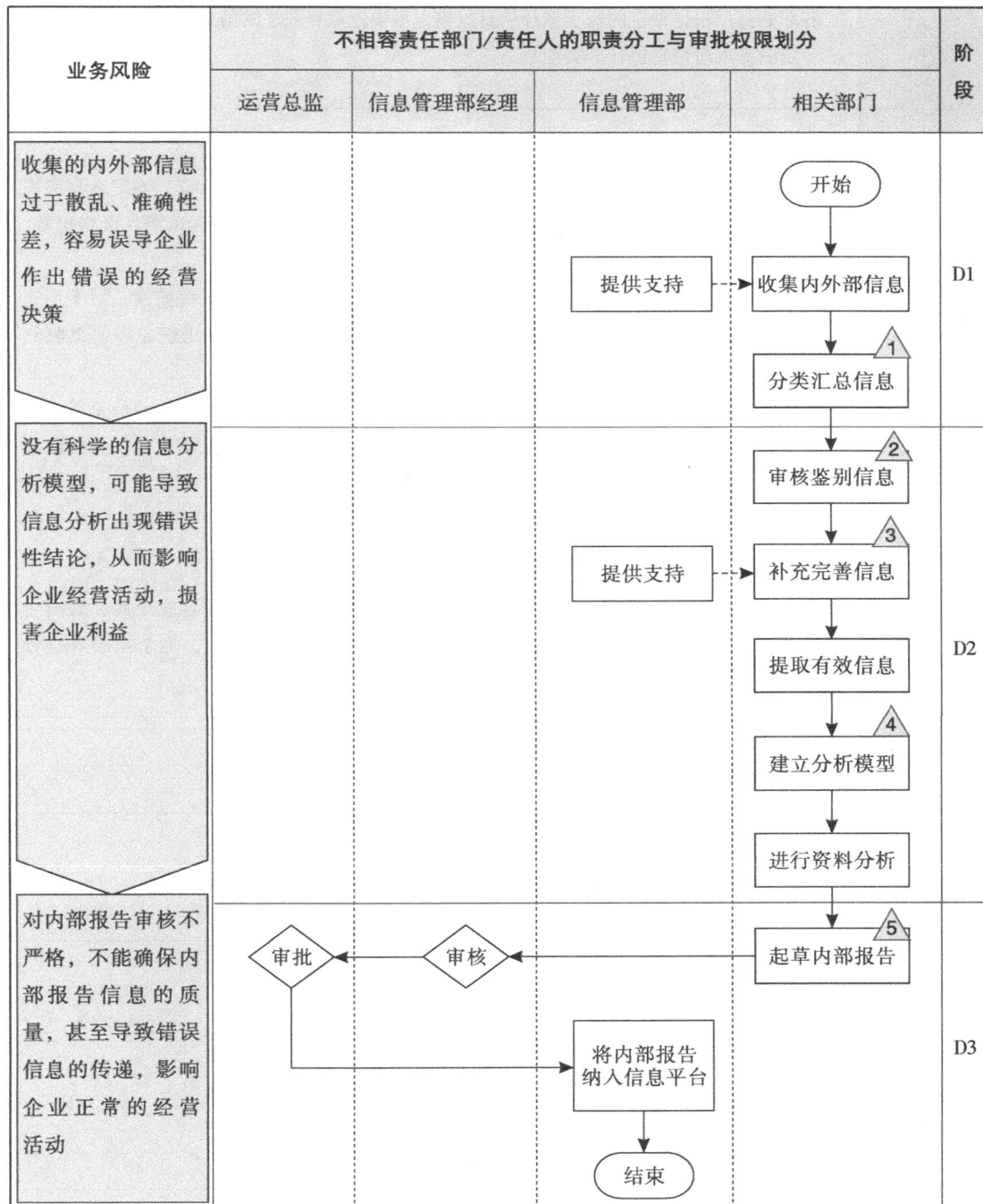

业务风险	不相容责任部门/责任人的职责分工与审批权限划分				阶段
	运营总监	信息管理部经理	信息管理部	相关部门	
收集的内外部信息过于散乱、准确性差，容易误导企业作出错误的经营决策			提供支持	开始 → 收集内外部信息 → ①分类汇总信息	D1
没有科学的信息分析模型，可能导致信息分析出现错误性结论，从而影响企业经营活动，损害企业利益			提供支持	②审核鉴别信息 → ③补充完善信息 → 提取有效信息 → ④建立分析模型 → 进行资料分析	D2
对内部报告审核不严格，不能确保内部报告信息的质量，甚至导致错误信息的传递，影响企业正常的经营活动	审批	审核	将内部报告纳入信息平台 → 结束	⑤起草内部报告	D3

231

2. 信息分析管理流程控制表

控制事项		详细描述及说明
阶段控制	D1	1. 各职能部门根据特定的需求选择信息收集过程中应重点关注的信息类型和内容，按照一定的标准对信息进行分类汇总
	D2	2. 各职能部门对信息进行审核和鉴别，对已经筛选的资料作进一步检查，确定其真实性和合理性；检查信息在事实与时间上有无差错，是否合乎逻辑，其来源、资料份数、指标等是否完整 3. 各职能部门综合运用各种方法收集所需要的信息，确保信息收集的完整性；对于不完整的信息，需要进一步补充和完善，必要时可申请由信息管理部组织专项信息收集工作 4. 各职能部门筛选、抽取收集到的信息，然后根据各管理层级对内部报告的信息需求和先前制定的内部报告指标建立各种分析模型，提取有效数据进行反馈汇总，并在此基础上进一步改造分析模型
	D3	5. 企业应合理设计内部报告编制程序，提高编制效率；内部报告内容应全面、简洁明了、通俗易懂；内部报告应形成总结性结论，并提出相应的建议，为企业的效益分析、业务拓展提供有力保障
相关规范	应建规范	☐《信息管理制度》
	参照规范	☐《企业内部控制应用指引》 ☐《企业内部控制基本规范》
文件资料		☐ 内部报告文件
责任部门及责任人		☐ 信息管理部、相关部门 ☐ 运营总监、信息管理部经理、各部门经理

17.2　内部报告使用控制

17.2.1　内部报告使用流程

1. 内部报告使用流程与风险控制图

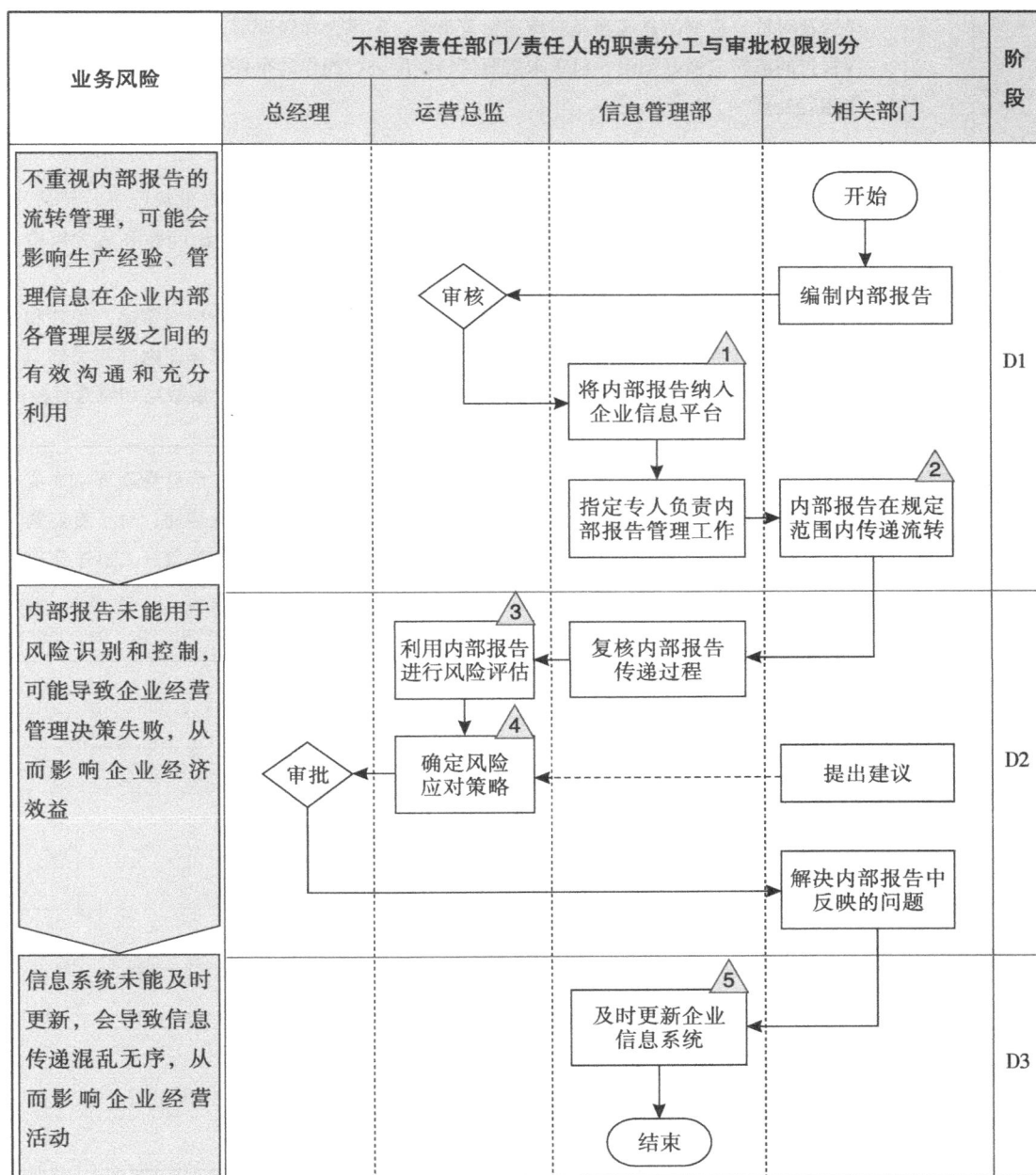

业务风险	不相容责任部门/责任人的职责分工与审批权限划分				阶段
	总经理	运营总监	信息管理部	相关部门	
不重视内部报告的流转管理，可能会影响生产经验、管理信息在企业内部各管理层级之间的有效沟通和充分利用		审核	将内部报告纳入企业信息平台 ①　指定专人负责内部报告管理工作	开始　编制内部报告　②　内部报告在规定范围内传递流转	D1
内部报告未能用于风险识别和控制，可能导致企业经营管理决策失败，从而影响企业经济效益		③　利用内部报告进行风险评估　④　审批　确定风险应对策略	复核内部报告传递过程	提出建议　解决内部报告中反映的问题	D2
信息系统未能及时更新，会导致信息传递混乱无序，从而影响企业经营活动			⑤　及时更新企业信息系统　结束		D3

2. 内部报告使用流程控制表

控制事项		详细描述及说明
阶段控制	D1	1. 信息管理部应充分利用信息技术强化内部报告信息集成和共享，将内部报告纳入企业统一信息平台，构建科学的内部报告网络体系 2. 内部报告应当按照职责分工和权限指引中规定的报告关系传递信息，但为保证信息传递的及时性，重要信息应当及时传递给董事会、监事会和经理层；企业各管理层对内部报告的流转应做好记录，对于未按照流转制度进行操作的事件，应当调查原因，并作相应处理
	D2	3. 企业管理层应通过内部报告提供的信息对企业生产经营管理中存在的风险进行评估，准确识别和系统分析企业生产经营活动中的内外部风险，涉及突出问题和重大风险的，应当启动应急预案 4. 企业各级管理人员应当充分利用内部报告作出有效决策，确定风险应对策略，管理和指导企业的日常生产经营活动，及时反映全面预算执行情况，协调企业内部相关部门和各单位的运营进度，严格绩效考核和责任追究，确保企业实现发展战略和经营目标
	D3	5. 信息管理部应及时更新信息系统，确保内部报告有效安全地传递；信息管理部应在实际工作中尝试精简信息系统的处理程序，使信息在企业内部更快地传递；对于重要紧急的信息，可以越级向董事会、监事会或经理层直接报告，便于相关负责人迅速作出决策
相关规范	应建规范	🗐《内部报告传递制度》
	参照规范	🗐《企业内部控制应用指引》 🗐《企业内部控制基本规范》
文件资料		🗐 内部报告文件
责任部门及责任人		🗐 信息管理部、相关部门 🗐 总经理、运营总监、信息管理部经理、各部门经理

17.2.2　内部报告保管流程

1. 内部报告保管流程与风险控制图

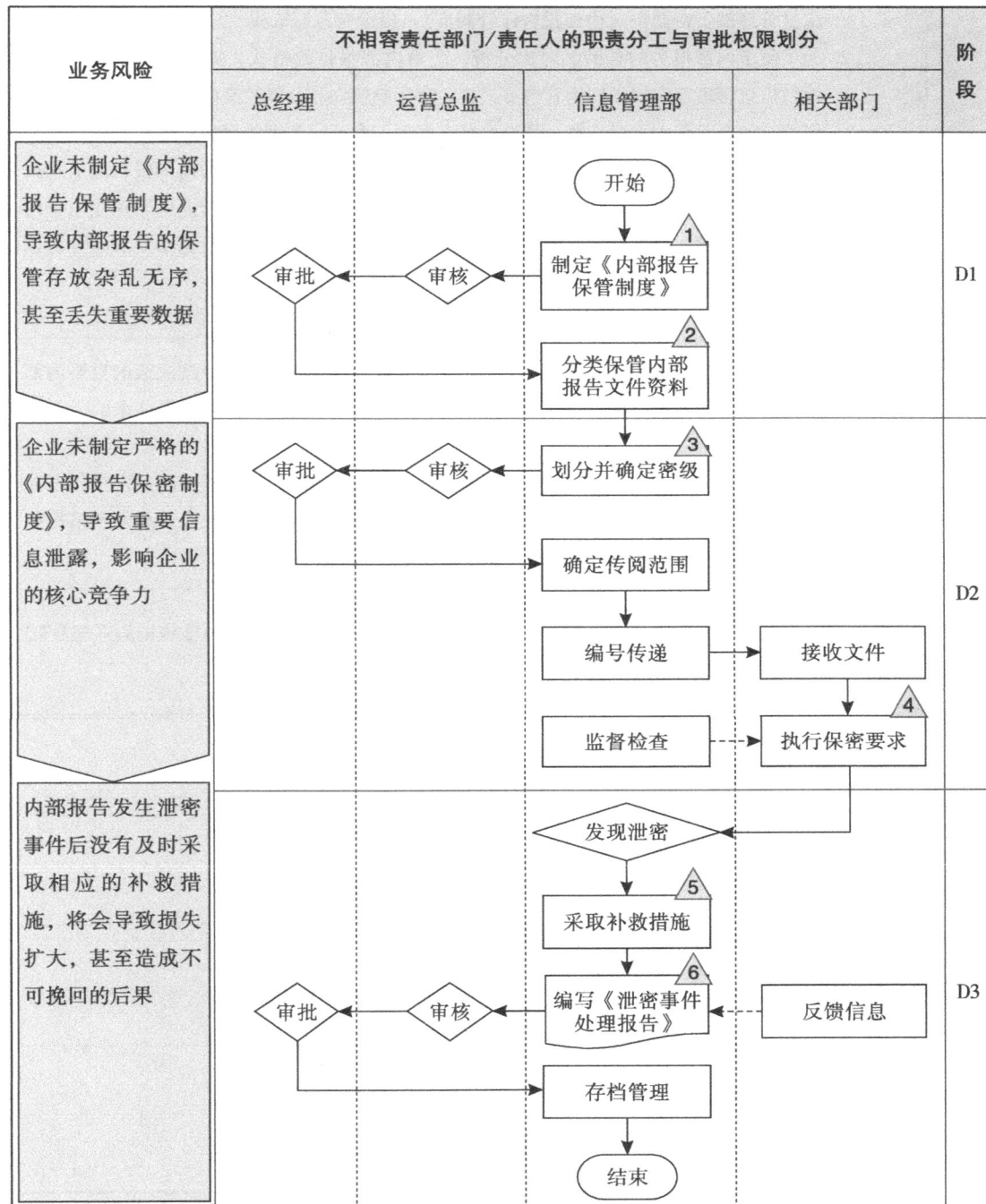

业务风险	不相容责任部门/责任人的职责分工与审批权限划分				阶段
	总经理	运营总监	信息管理部	相关部门	
企业未制定《内部报告保管制度》，导致内部报告的保管存放杂乱无序，甚至丢失重要数据	审批 ←	审核 ←	开始 → ①制定《内部报告保管制度》 → ②分类保管内部报告文件资料		D1
企业未制定严格的《内部报告保密制度》，导致重要信息泄露，影响企业的核心竞争力	审批 ←	审核 ←	③划分并确定密级 → 确定传阅范围 → 编号传递 → 监督检查	接收文件 → ④执行保密要求	D2
内部报告发生泄密事件后没有及时采取相应的补救措施，将会导致损失扩大，甚至造成不可挽回的后果	审批 ←	审核 ←	发现泄密 → ⑤采取补救措施 → ⑥编写《泄密事件处理报告》 → 存档管理 → 结束	反馈信息	D3

2. 内部报告保管流程控制表

控制事项		详细描述及说明
阶段控制	D1	1. 信息管理部负责制定《内部报告保管制度》，报运营总监审核、总经理审批 2. 为了便于内部报告的查阅、对比分析，改善内部报告的格式，提高内部报告的有效性，信息管理部应按类别保管内部报告，对影响较大、金额较高的内部报告必须严格保管，如企业重大重组方案、债券发行方案等；对不同类别的报告应按影响程度规定保管年限，只有超过保管年限的内部报告才能销毁，对影响重大的内部报告应当永久保管，如公司章程及相应的修改、公司股东登记表等；有条件的企业应当建立电子内部报告保管库，分性质，按照类别、时间、保管年限、影响程序及保密要求等分门别类地储存电子内部报告
	D2	3. 内部报告信息的密级分为绝密、机密、密级三级：直接影响公司经营决策的重要内部报告信息为绝密级；重要的公司业务往来内部信息为机密级；一般业务往来的内部信息为秘密级 4. 企业应当制定严格的《内部报告保密制度》，明确保密内容、保密措施、密级程度和传递范围，防止泄露商业秘密；使用内部报告的各职能部门及相关人员必须严格执行保密要求，不论有意或无意外泄重要信息者，都将追求其责任
	D3	5. 一旦发生泄密事件，信息管理部应及时采取相应的补救措施，尽可能将损失降至最低 6. 信息管理部应编写《泄密事件处理报告》，报上级领导审批
相关规范	应建规范	▢ 《内部报告保管制度》 ▢ 《内部报告保密制度》
	参照规范	▢ 《企业内部控制应用指引》 ▢ 《企业内部控制基本规范》
文件资料		▢ 内部报告文件 ▢ 《泄密事件处理报告》
责任部门及责任人		▢ 信息管理部、相关部门 ▢ 总经理、运营总监、信息管理部经理、各部门经理

第 18 章　企业内部控制流程——信息系统

18.1　信息系统开发控制

18.1.1　信息系统战略规划流程

1. 信息系统战略规划流程与风险控制图

业务风险	不相容责任部门/责任人的职责分工与审批权限划分				阶段
	董事会	信息化领导小组	信息部	用户部门	
信息系统战略规划未与企业业务目标保持一致，可能导致开发的信息系统没有实际利用价值	开始 → 下达企业业务目标	①提出信息系统战略规划项目　②进行可行性分析	参与		D1
信息系统战略规划方法不适合企业的实际情况，可能导致信息系统开发无法顺利完成		拟定项目框架要求　③选择信息系统战略规划方法　④起草《信息系统战略规划方案》	参与		D2
信息系统战略规划未经适当审核或超越授权审批，可能产生重大差错及舞弊、欺诈行为，从而导致损失	审批	⑤对方案进行评价和仿真　⑥撰写《信息系统战略规划总结报告》　组织开发信息系统	进行仿真　开发　结束		D3

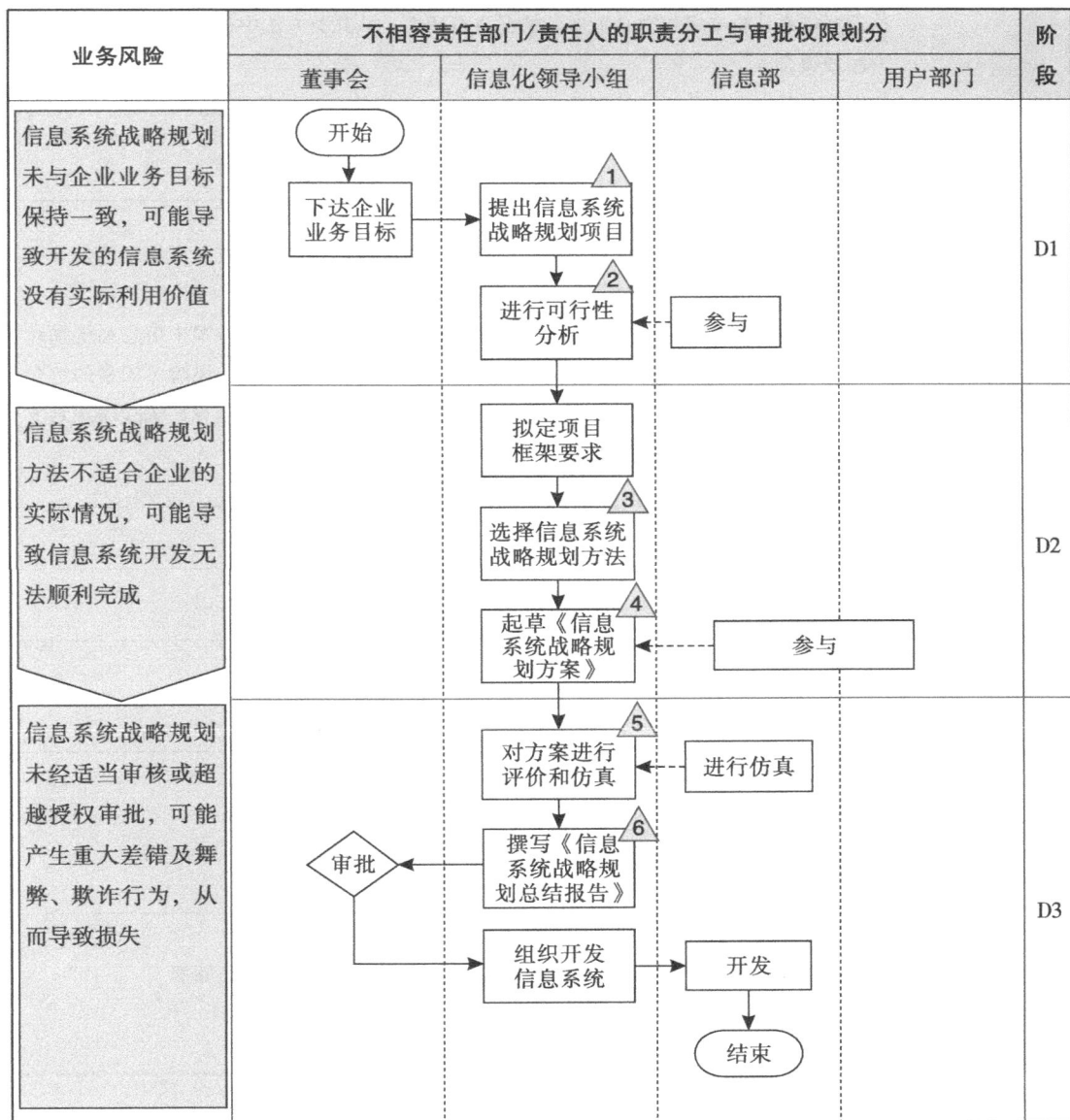

237

2. 信息系统战略规划流程控制表

控制事项		详细描述及说明
阶段控制	D1	1. 信息化领导小组根据企业业务目标以及实际情况提出信息系统战略规划项目 2. 信息化领导小组组织评价专家组对项目进行可行性分析，主要成员包括外部聘请的专家、企业信息部、使用部门相关人员
	D2	3. 信息系统战略规划方法的选择是通过定性研究确定可能较为适合本企业情况的方法，这需要依靠评价专家组对企业实际情况进行研究，从几类方法中选出几种有代表性的方法或组合 4. 选择出两种以上方法后，按照这些方法分别起草《信息系统战略规划方案》。不同的方法最后形成的文档是不同的，但都包括信息系统的模型描述
	D3	5. 信息部按照上述方案中的描述，使用信息系统定量仿真软件对该方案所规划的信息系统进行仿真计算 6. 仿真结束后，信息化领导小组组织评价专家组和信息部结合不同方案中信息系统预计的设备、开发、部署等费用预算，以及对不同方案之间实施难度、风险等因素的综合考虑，选择其中的一种方案作为最终方案。最后，撰写最终的《信息系统战略规划方案》和《信息系统战略规划总结报告》
相关规范	应建规范	☐《信息系统管理制度》
	参照规范	☐《企业内部控制应用指引》
文件资料		☐《信息系统战略规划方案》 ☐《信息系统战略规划总结报告》
责任部门及责任人		☐ 董事会、信息化领导小组、信息部、财务部、生产部、销售部、仓储部 ☐ 信息部经理、信息规划专员

18.1.2　信息系统自行开发流程

1. 信息系统自行开发流程与风险控制图

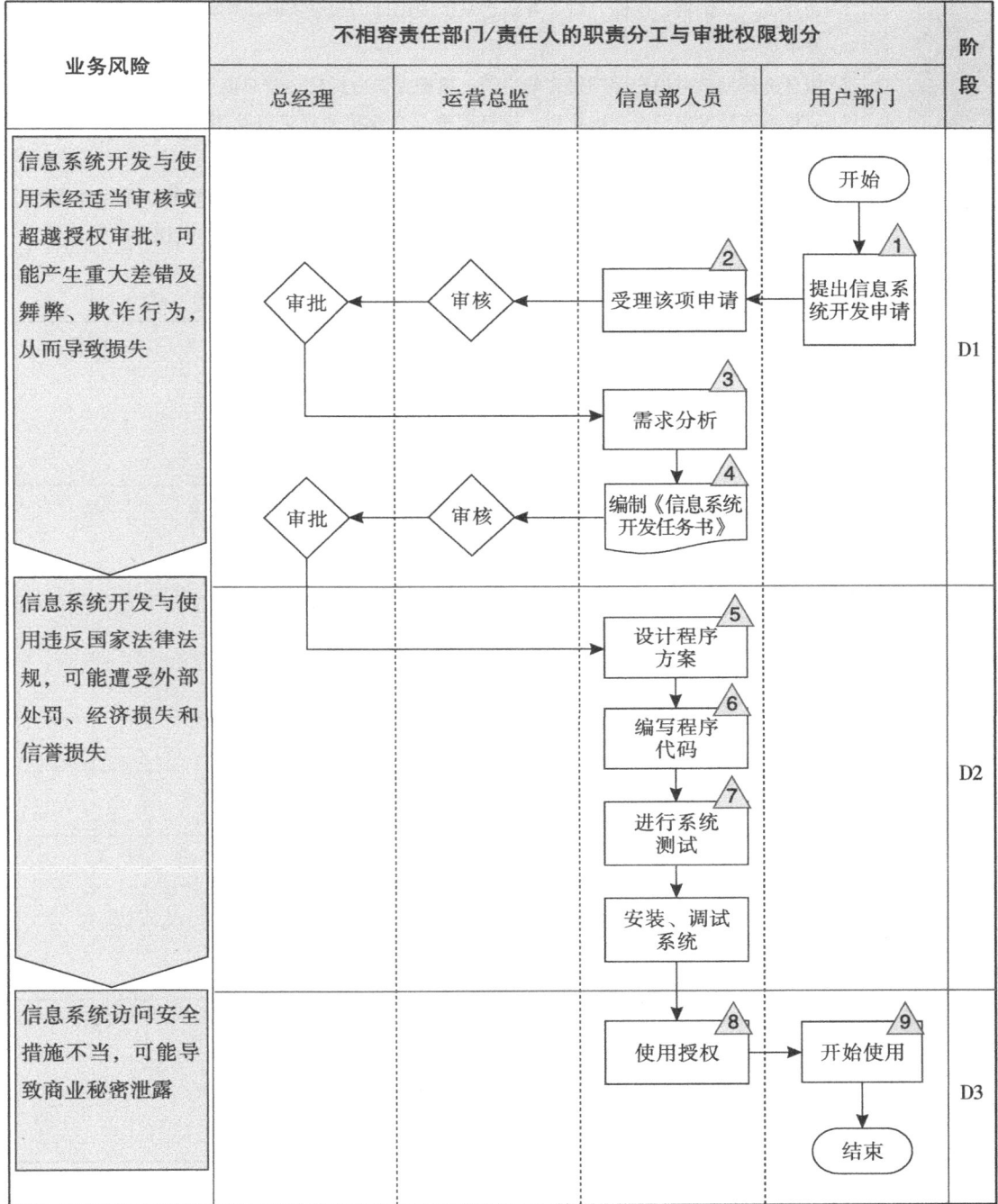

业务风险	不相容责任部门/责任人的职责分工与审批权限划分				阶段
	总经理	运营总监	信息部人员	用户部门	
信息系统开发与使用未经适当审核或超越授权审批，可能产生重大差错及舞弊、欺诈行为，从而导致损失	审批	审核	② 受理该项申请	开始 ① 提出信息系统开发申请	D1
			③ 需求分析		
	审批	审核	④ 编制《信息系统开发任务书》		
信息系统开发与使用违反国家法律法规，可能遭受外部处罚、经济损失和信誉损失			⑤ 设计程序方案		D2
			⑥ 编写程序代码		
			⑦ 进行系统测试		
			安装、调试系统		
信息系统访问安全措施不当，可能导致商业秘密泄露			⑧ 使用授权	⑨ 开始使用	D3
				结束	

2. 信息系统自行开发流程控制表

控制事项		详细描述及说明
阶段控制	D1	1. 企业生产、销售、仓储、财务等信息系统使用部门根据实际工作需要提交信息系统开发申请 2. 信息部仔细核对用户部门提交的申请，审核无误后提交运营总监审核、总经理审批 3. 信息系统开发申请通过审批后，信息部根据企业相关规定以及用户部门的实际情况，分析信息系统需求 4. 在分析需求的基础上编制《信息系统开发任务书》，提交运营总监审核、总经理审批，《信息系统开发任务书》包括信息系统名称、应达到的技术性能、操作环境、具体工作计划、开发人员以及费用预算等内容
	D2	5. 系统分析人员设计信息系统开发的具体方案 6. 信息部的程序员编写代码 7. 信息部的测试员进行系统测试
	D3	8. 安装、调试后，系统最终上线，信息部设置用户部门的使用权限 9. 用户部门在信息部的授权下使用信息系统
相关规范	应建规范	🗇《信息系统管理制度》 🗇《信息系统开发管理办法》
	参照规范	🗇《企业内部控制应用指引》
文件资料		🗇《信息系统开发任务书》 🗇《信息系统设计方案》
责任部门及责任人		🗇 信息部、财务部、生产部、销售部、仓储部 🗇 总经理、运营总监、编程员、设计员、测试员、信息部人员

18.1.3　信息系统开发招标流程

1. 信息系统开发招标流程与风险控制图

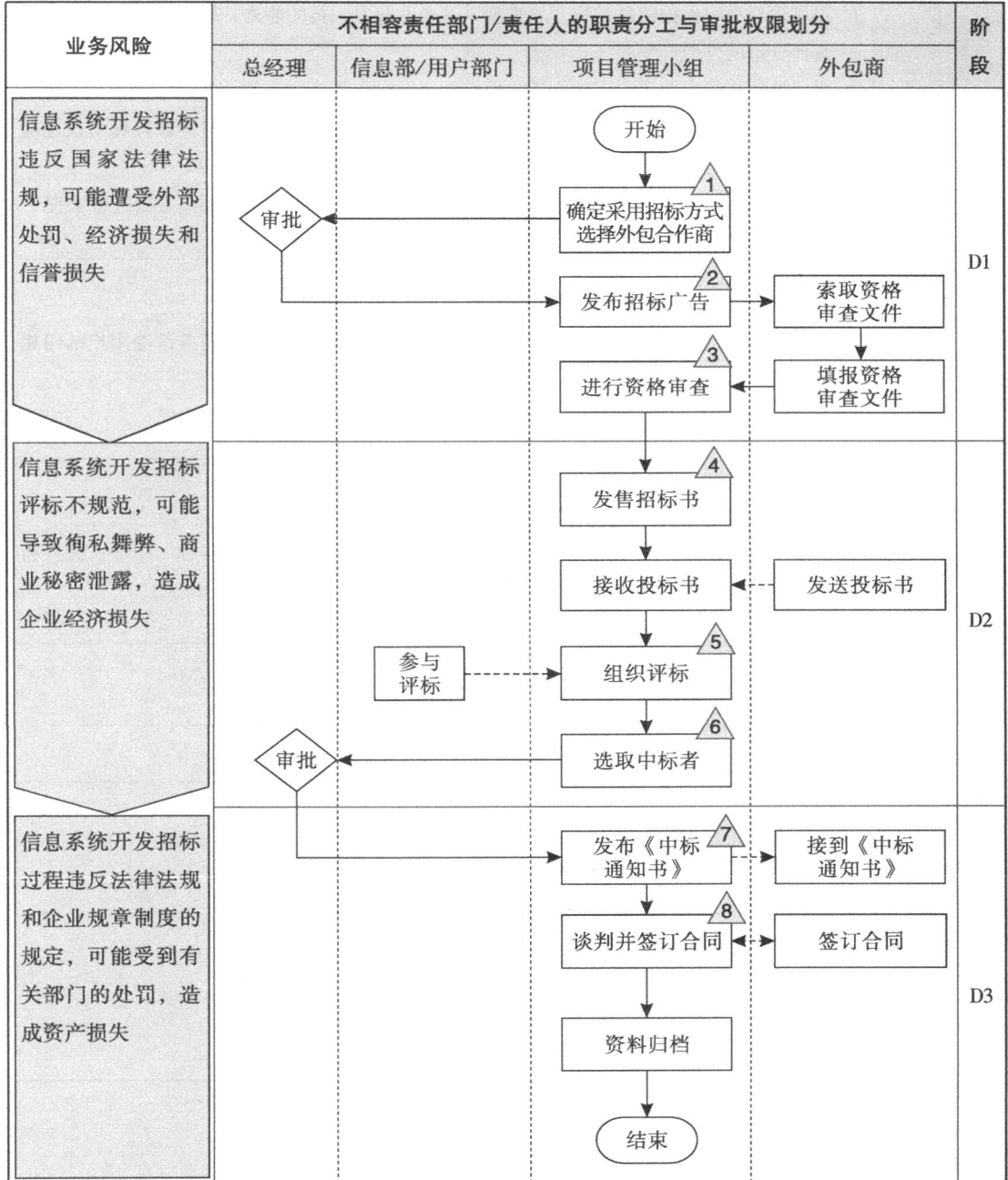

业务风险	不相容责任部门/责任人的职责分工与审批权限划分				阶段
	总经理	信息部/用户部门	项目管理小组	外包商	
信息系统开发招标违反国家法律法规，可能遭受外部处罚、经济损失和信誉损失	审批		开始 ① 确定采用招标方式选择外包合作商 ② 发布招标广告 ③ 进行资格审查	索取资格审查文件 填报资格审查文件	D1
信息系统开发招标评标不规范，可能导致徇私舞弊、商业秘密泄露，造成企业经济损失	审批	参与评标	④ 发售招标书 接收投标书 ⑤ 组织评标 ⑥ 选取中标者	发送投标书	D2
信息系统开发招标过程违反法律法规和企业规章制度的规定，可能受到有关部门的处罚，造成资产损失			⑦ 发布《中标通知书》 ⑧ 谈判并签订合同 资料归档 结束	接到《中标通知书》 签订合同	D3

2. 信息系统开发招标流程控制表

控制事项		详细描述及说明
阶段控制	D1	1. 项目管理小组根据信息系统开发难度以及企业开发人员的能力，确定采用招投标方式选择合适的外包开发商 2. 项目管理小组发布招标广告，说明招标方式，招标项目的名称、用途、规格、质量要求及数量或规模，履行合同期限与地点，投标保证金，投标截止时间及投标书投递地点，开标的时间与地点，对投标单位的资质要求以及其他必要条件 3. 项目管理小组收到外包商的资格审查文件后，对外包商资质、信誉等方面进行审查
	D2	4. 项目管理小组向选定的外包商发售招标书 5. 项目管理小组组织信息部、生产部、销售部、采购部、仓储部、财务部等用户部门相关人员进行评标 6. 经过评审之后，项目管理小组选择中标者，报总经理审批
	D3	7. 项目管理小组向中标单位发布《中标通知书》 8. 项目管理小组负责与外包商谈判并签订合同，合同相关条款必须符合《中华人民共和国合同法》及相关法律法规的规定
相关规范	应建规范	❒《信息系统管理制度》 ❒《信息系统开发招标管理规定》
	参照规范	❒《中华人民共和国合同法》 ❒《中华人民共和国招标投标法》
文件资料		❒《信息系统招标广告》 ❒《信息系统开发招标书》 ❒《信息系统开发中标通知书》
责任部门及责任人		❒ 项目管理小组、信息部 ❒ 总经理、项目管理小组组长及成员

18.2　信息系统运行与维护控制

18.2.1　硬件设备更新修复申请流程

1. 硬件设备更新修复申请流程与风险控制图

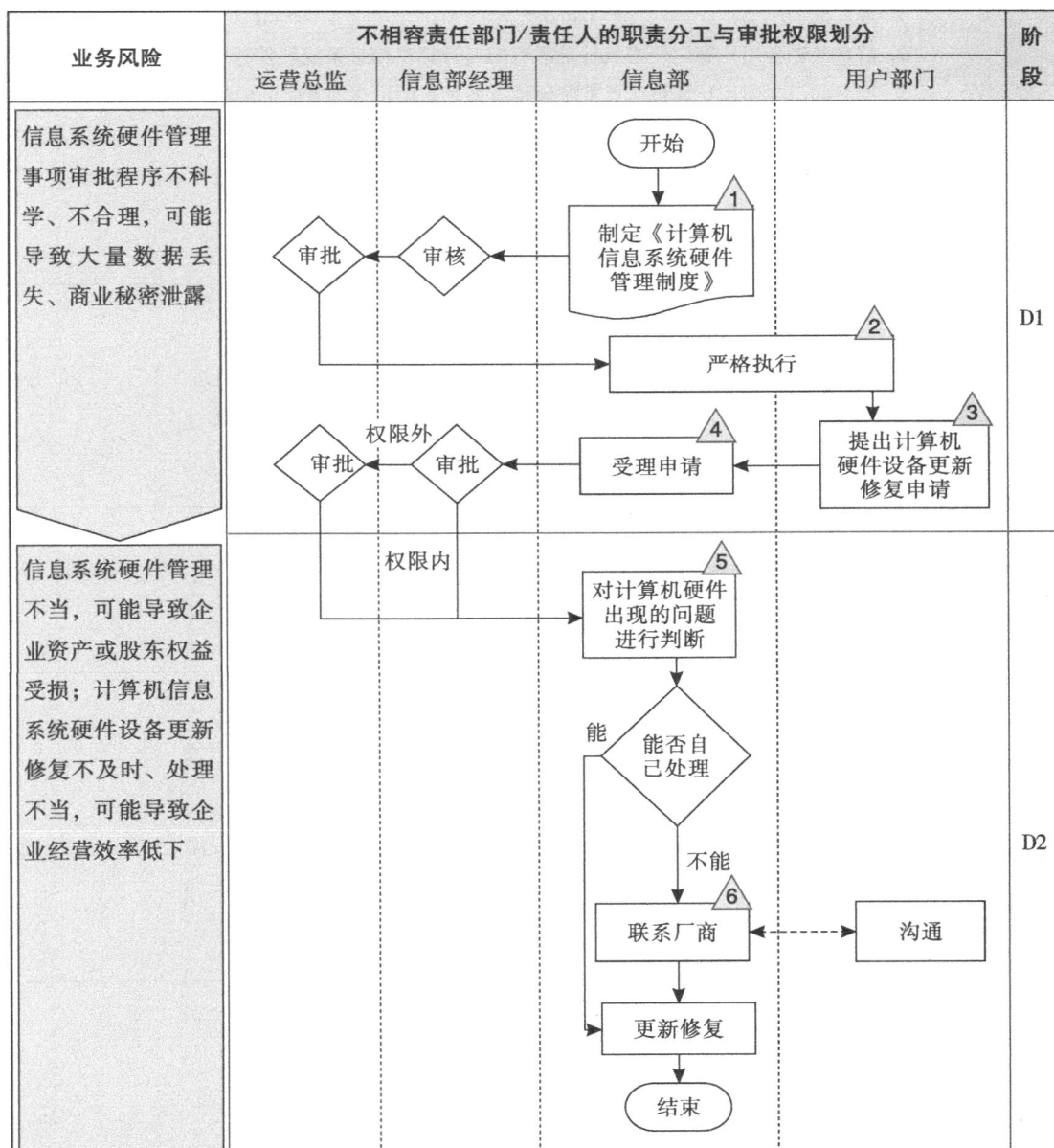

业务风险	不相容责任部门/责任人的职责分工与审批权限划分				阶段
	运营总监	信息部经理	信息部	用户部门	
信息系统硬件管理事项审批程序不科学、不合理，可能导致大量数据丢失、商业秘密泄露	审批 ← 审核		① 制定《计算机信息系统硬件管理制度》 开始		D1
			② 严格执行		
	审批 ← 审批 权限外		④ 受理申请	③ 提出计算机硬件设备更新修复申请	
信息系统硬件管理不当，可能导致企业资产或股东权益受损；计算机信息系统硬件设备更新修复不及时、处理不当，可能导致企业经营效率低下	权限内		⑤ 对计算机硬件出现的问题进行判断　能否自己处理　能　不能　⑥ 联系厂商　更新修复　结束	沟通	D2

2. 硬件设备更新修复申请流程控制表

控制事项		详细描述及说明
阶段控制	D1	1. 信息部负责制定《计算机信息系统硬件管理制度》，经信息部经理审核后，提交总经理审批 2. 信息部和各用户部门严格执行批准后的《计算机信息系统硬件管理制度》 3. 用户部门在使用计算机信息系统硬件设备过程中出现问题时，向信息部提出计算机信息系统硬件设备更新修复申请 4. 信息部经理和运营总监根据企业规定的审批权限对更新修复申请进行审批
	D2	5. 信息部人员根据计算机硬件出现问题的实际情况判断是否能自己处理 6. 无法自行处理的，信息部要根据合同约定联系厂商，及时更新修复
相关规范	应建规范	⬜ 《信息系统管理制度》 ⬜ 《计算机信息系统硬件管理制度》
	参照规范	⬜ 《企业内部控制应用指引》
文件资料		⬜ 计算机信息系统硬件更新修复申请单
责任部门及责任人		⬜ 信息部、财务部、生产部、销售部、仓储部 ⬜ 运营总监、信息部经理、信息部人员

18.2.2　信息化会计档案的管理流程

1. 信息化会计档案的管理流程与风险控制图

业务风险	不相容责任部门/责任人的职责分工与审批权限划分				阶段
	信息部经理	会计档案管理员	财务部经理	会计	

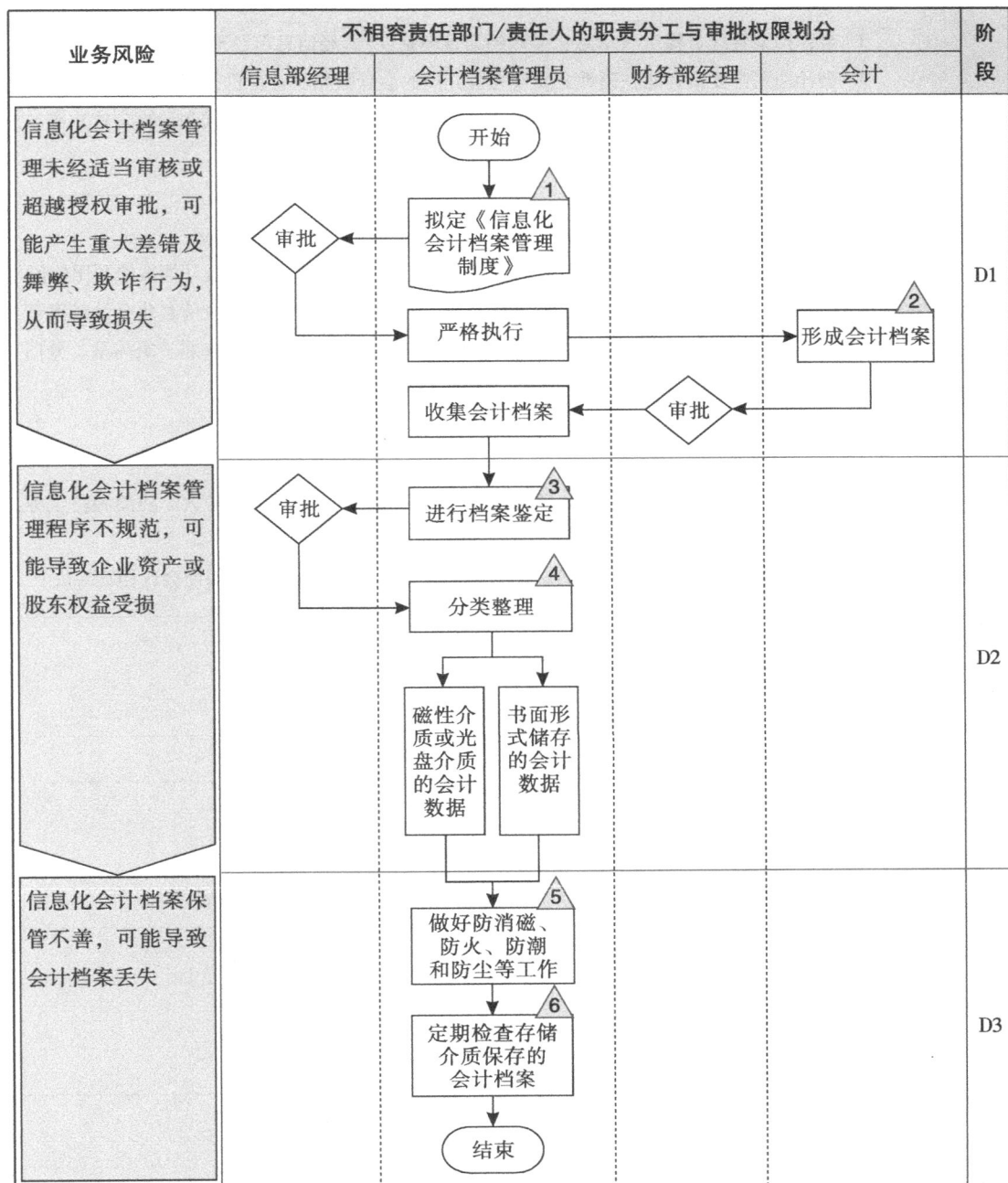

业务风险	阶段
信息化会计档案管理未经适当审核或超越授权审批，可能产生重大差错及舞弊、欺诈行为，从而导致损失	D1
信息化会计档案管理程序不规范，可能导致企业资产或股东权益受损	D2
信息化会计档案保管不善，可能导致会计档案丢失	D3

流程步骤：
开始 → ① 拟定《信息化会计档案管理制度》 → 审批（信息部经理） → 严格执行 → ② 形成会计档案（会计） → 审批（财务部经理） → 收集会计档案 → ③ 进行档案鉴定 → 审批（信息部经理） → ④ 分类整理 → 磁性介质或光盘介质的会计数据 / 书面形式储存的会计数据 → ⑤ 做好防消磁、防火、防潮和防尘等工作 → ⑥ 定期检查存储介质保存的会计档案 → 结束

245

2. 信息化会计档案的管理流程控制表

控制事项		详细描述及说明
阶段控制	D1	1. 会计档案管理员拟定《信息化会计档案管理制度》，经信息部经理审批后严格执行 2. 会计档案主要指存储在磁性介质或光盘介质的会计数据和计算机打印出来的书面形式的会计数据，包括记账凭证、会计账簿、会计报表（包括报表格式和计算公式）等
	D2	3. 会计档案管理员对收集到的会计档案进行鉴定，去粗取精，确定会计档案的利用价值 4. 把零散的、需要修改的会计档案进行分类、组织和编目，建立健全信息化会计档案管理体系。分类主要是根据会计档案的时间、内容或形式的异同，按照一定体系，分门别类、系统化地区分档案和整理档案，使其构成有机整体
	D3	5. 会计档案管理员负责信息化会计档案的管理工作，做好防消磁、防火、防潮和防尘等工作 6. 对于存储介质保存的会计档案，应定期检查，防止由于介质损坏而使会计档案丢失
相关规范	应建规范	▢《信息系统管理制度》 ▢《信息化会计档案管理制度》
	参照规范	▢《企业内部控制应用指引》
文件资料		▢ 记账凭证 ▢ 会计账簿 ▢ 会计报表
责任部门及责任人		▢ 信息部、财务部 ▢ 信息部经理、会计档案管理员、财务部经理、会计